Ernst-Friedrich Harmsen
Ernst von Borsig
Märkischer Gutsherr und Gegner des Nationalsozialismus

Ernst-Friedrich Harmsen

Ernst von Borsig
Märkischer Gutsherr und Gegner des Nationalsozialismus

\

 verlag für berlin-brandenburg

1. Auflage 2015
© Verlag für Berlin-Brandenburg, Inh. André Förster
Binzstraße 19, D–13189 Berlin
www.verlagberlinbrandenburg.de

Umschlag: Stephanie Raubach, Berlin
Satz und Gestaltung: Ariane Sept, Fredersdorf
Druck: CPI – Clausen & Bosse, Leck
Printed in Germany

ISBN 978-3-945256-25-1

Inhalt

Editorische Notiz

Diese biografische Studie zu Ernst von Borsig, einem Urenkel August Borsigs, des Begründers der Berliner Industriedynastie, ist die erste quellenbasierte Arbeit über ihn. Ernst von Borsigs Leben zeigt, wie er seiner Verpflichtung auf dem elterlichen Gut nachkommt und sich dabei den menschlichen und politischen Forderungen seiner Zeit stellt. Für diese Studie waren besonders die Quellen wichtig, die bislang noch unveröffentlicht im Familienarchiv und im Landesarchiv Berlin ruhten.

Ein großer Teil der verwendeten Quellen liegt bisher nur handschriftlich vor, sie wurden für diesen Band erstmals transkribiert und aufgearbeitet. Textzitate und Textübernahmen sind kursiv gesetzt wie auch die Berichte von Zeitzeugen aus gefilmten Interviews zum Leben und Wirken von Ernst und Barbara von Borsig.

Im Anhang finden sich Materialien und kurze Biografien, in denen für den Besitz Groß Behnitz und Ernst von Borsigs Begegnungen wesentliche und zeittypische Menschen beschrieben werden, die sonst in der Literatur kaum zu finden sind – so Behnitzer Personenzusammenhänge und Wirkungskreise sowie deren Überschneidungen.

Die Namen im Text mögen wegen Namensgleichheiten in den Borsig-Generationen verwirren. Ein Stammbaum der Familie im Anhang bringt eine Übersicht. Die Brüder der dritten Generation nach August Borsig – Arnold Borsig, Ernst Borsig und Conrad Borsig – werden im Text meist ohne „von" genannt (1909 wurde die Familie Borsig geadelt). Deren Kinder, die vierte Generation, werden mit dem „von Borsig" genannt, also: Arnold von Borsig, auch Tet Arnold von Borsig, Arnold oder Tet, Ernst von Borsig oder Ernst, außerdem Albert von Borsig oder Albert. Die Adelstitel der Freunde und Besucher werden nicht an allen Stellen genannt, stattdessen häufiger verwendete Kurzformen ihrer Namen; oft wurden sie damals in der Schule nur mit dem Nachnamen oder ihren Spitznamen angesprochen.

Die Überschrift des letzten Abschnittes der vorliegenden Studie, *Das Ende einer Epoche*, wurde nach Absprache mit Dagmar Gräfin von Bernstorff ihren Erinnerungen entlehnt, ebenso zahlreiche Textzitate.

Kindheit

Ernst August von Borsig ist der zweite Sohn und das vierte Kind des
Fabrikbesitzers Ernst Borsig und seiner Gattin Margarethe Borsig, geborene Gründler. Er wird am Dienstag, dem 16. Oktober 1906 *morgens um ein Viertel vor acht Uhr* geboren.

Das ist der Tag, als der Schuster Voigt, ein ehemaliger Strafgefan-
gener, sich die während seiner Haft erworbene Kenntnis der preußischen Heeresdienstordnung zunutze macht. Er verkleidet sich und
versucht, sich in Hauptmannsuniform einen Pass im Rathaus von
Köpenick zu verschaffen, um das Land Preußen zu verlassen, weil er
immer wieder erfolglos versucht hatte, Arbeit und einen Wohnsitz zu
bekommen, was ohne Pass nicht möglich war, den er als ehemaliger
Häftling nicht erhielt: der so genannte Hauptmann von Köpenick.
Diese Zeit in Deutschland ist eine bürgerlich-militärische unter der
Herrschaft des Kaisers aus dem Haus der Hohenzollern und ist von
starken sozialen Gegensätzen geprägt. Gesellschaftlich gilt der Mann
zu dieser Zeit in bürgerlichen Kreisen erst als Offizier etwas, und
militärischer Befehl und Gehorsam steht in Preußen fast über allem.
Demgegenüber hat sich im Bürgertum eine Schicht herausgebildet,
die hoch geachtet und angesehen ist: Industrielle und Bankiers stellen
den neuen Adel dar und werden vom Kaiser auch in den Preußischen
Adelsstand erhoben. Die Borsigs gehören dazu.

Im Tagebuch von Ernsts Vaters ist an diesem Tage nichts eingetragen; die Einträge enden in diesem Jahre am 8. August. Am Tage der
standesamtlichen Geburtsanmeldung durch den Vater ist der Name
für seinen Jüngsten noch nicht entschieden. Dass es schließlich der
Name des Vaters und des Urgroßvaters und Firmengründers wird,
wirkt später sicher wie ein hoher Anspruch an ihn, dem er auch ge-
nügen will. Er kommt über vier Jahre nach der jüngeren Tochter Annelise zur Welt und ist ein Nachzügler, um den kaum Aufhebens gemacht wird, ganz anders als bei dem ersten Sohn Arnold, der über
sieben Jahre älter ist als Ernst und sein Vorbild wird.

Die erste Tagebuchnotiz des Vaters über Ernst findet sich am 24.
Januar 1907: *Der kleine Ernst ist mit der Neuerung in seiner Milch nicht sehr*

einverstanden. Er schreit viel u. nimmt ab[1]. Ist er bis dahin wohl von der Mutter Gretel oder von einer Amme gestillt worden?

Dass die Mutter sich besonders um ihren Jüngsten sorgt, mag in der Erzählung von Annelise anklingen, die sich als Kind darüber wundert, dass beim Spargelessen die Mutter die Köpfe abschneidet und sie für den Jüngsten reserviert; dieses Bevorzugen von Ernst finden die Geschwister ungerecht und ziemlich merkwürdig.[2]

Ernst mit langen Haaren vor einem
Bilderbuch

Ernst mit dem älteren Bruder
Arnold von Borsig

Oft sieht man Ernst auf Kinderbildern ganz nah bei seinem älteren Bruder stehen oder sogar auf dessen Knien sitzen. Es sind der Zeit und Technik gemäß gestellte Aufnahmen.

Als Jüngster erlebt Ernst die sich auf den Ersten Weltkrieg zuspitzende Zeit äußerlich ab 1912 wohl noch ganz im heilen und geschütz-

1   TBEB 24.1.1907.
2   Äußerung Annelise Harmsen im Familienkreis, Mai 1955.

ten Rahmen der Familie, der sich dadurch weitet, dass er zum ersten Mal im Sommer 1912 mit der ganzen Familie die Ferien im Mittelgebirge verlebt. Im Herbst dieses Jahres darf er nun gemeinsam mit den anderen Kindern und den Eltern das 75. Firmenjubiläum der A.BORSIGschen Maschinenfabrik in Tegel mitfeiern, für den fast Sechsjährigen fast ein bisschen viel.

Sein langes Haar wird erst um 1912 jungenhaft gekürzt, als er Schüler wird. Auf den Fotos fällt auf, dass Ernst als kleineres Kind nicht in ein Matrosenhemd gesteckt wird wie viele Jungen in diesen Jahren. Das Hemd kommt dann erst zu Beginn seiner Schulzeit. Das ist auch die Zeit der vermehrten Aufrüstung besonders der kaiserlich-deutschen Marine. Die ist der Stolz von Kaiser Wilhelm II. von Preußen, der mit der britischen Flotte gleichziehen und international glänzen will.

Mit fast neun Jahren allerdings steht Ernst schon mit Hemd und Krawatte im Zentrum der ganzen Familie vor Arnold und seiner Mutter oder ergreift an seinem Geburtstag das Steuerruder der MS Gretel.

Ernst zwischen seinen Schwestern Margret und Annelise vor dem Pony mit seinem Bruder Arnold, Reiherwerder etwa 1912

Ernst am Steuerruder der MS Gretel im
Borsig-Hafen Tegel mit neun Jahren

Zu Hause auf dem Reiherwerder, der Halbinsel im Tegeler See, erlebt er in der weißen kleineren Villa, außer den Geschwistern und den Eltern, die französische Erzieherin, oft den Chauffeur Echmann und natürlich das Zimmermädchen und die Mamsell, besonders nach dem endgültigen Umzug aus der gemütlicheren, kleinen alten Villa in die große Villa auf dem Reiherwerder im November 1913, wo jeder der Brüder nun zwei Zimmer bewohnen wird, während die Schwestern in einem Zimmer zusammen sind.

Gerne läuft er morgens hinunter zum Bootshaus an der Liepebucht, wo er schnell ins Wasser tauchen kann, fährt auch gelegentlich von dort bis zur Anlegestelle bei der Großen Villa mit dem Bootsführer mit, der den Vater zum Werk drüben in Tegel über den See bringt.

Wie oft wird er wohl die Baustelle der Großen Villa besucht und auch von innen das Werden des Baues untersucht und angeschaut haben? Hinzu kommen gelegentlich an Wochenenden die Fahrten nach und die Aufenthalte in Behnitz, wo Ernst ganz selbstverständlich den Gang des Jahres, die Arbeit auf den Feldern, die Fischerei auf dem See mit dem Fischer Kirschstein und die Jagden im Herbst, Winter und Frühling erlebt. Er selbst wird später – wie der Vater – ein begeisterter Jäger. Ernst sieht das Wirken der Pflanzenliebe seines Vaters draußen und in den Gewächshäusern, der dem Obergärtner Quart die Fürsorge für die Pflanzen und Gebüsche überträgt, die er von nah und fern heranschafft. Er sieht den Vater auch selbst überall dort Hand anlegen, wo es nötig ist, wenn zum Beispiel Nistkästen konstruiert werden sollen. Dass das Gelände des Reiherwerder im Frühjahr 1918 nach dem Kohlrübenwinter hinter der großen Villa bis zum Tennisplatz umgepflügt wird, damit dort Kartoffeln angebaut werden können, weil die Zufuhr von Nahrungsmitteln aus anderen Ländern durch den Krieg und die britische Blockade fast vollständig zusammengebrochen ist, sieht der Elfjährige als ganz normales, spannendes Ereignis und als zeitliche Notwendigkeit, auf die man reagiert.[3]

Ganz gelegentlich nur erfahren wir etwas über den Jüngsten in Briefen und Karten, die der Vater an seinen Sohn Arnold ins Feld schreibt, zum Beispiel im Januar 1917: *Mit Ernst habe ich angefangen, einen Modellierbogen Schützengräben auszuschneiden.* Der Zehnjährige war erkältet und fiebrig gewesen und durfte ein paar Stunden auf sein, während die größeren Schwestern auf dem gerade zugefrorenen Tegeler See Schnee fegten, um Eislaufen zu können. Hier nimmt sich der Vater Zeit, und das Ausschneiden des Modellierbogens ist wohl auch der Nähe zum Ältesten geschuldet. Als die älteren Schwestern Ostern 1917 für ein Jahr nach Berlin ins Internat gehen, ist er das letzte Kind im Hause. Der Vater schreibt später auch von Ernsts leicht fiebriger Erkrankung am 9. Juni 1918. Das ist der Tag, als ihm die Würde eines Ehrendoktors verliehen wird, Ernst wegen seiner Erkältung jedoch nicht teilnehmen darf. Eine gewisse elterliche Strenge im Umgang mit einer Erkrankung wird hier sichtbar. Anfang August

---

[3] Ernst Borsig: Briefe an Arnold von Borsig, 26.4.1918.

1918 schreibt der Vater an Arnold, dass Ernst mit der älteren Schwester Margret aus den Ferien zurückgekommen sei.[4]

Viel mehr Persönliches erfahren wir aus seiner Kindheit nicht. In diesem Sinne ist er ein Nachzügler im Kreise der Kinder und steht nicht so sehr im Vordergrund wie das erste Kind Arnold oder die Schwestern. Briefe der Mutter, die sicher ausführlich über alle Kinder berichtet hat, liegen nicht mehr vor.

In der Kriegszeit erlebt er, wie sich alle Sorge um den Bruder im Felde dreht. Regelmäßig werden von den Geschwistern Briefe und von der Mutter zusätzlich Pakete gepackt und mit der Feldpost verschickt. Wenn er vom Bruder keine Antwort auf seine Briefe erhält, bockt er wohl, schweigt sich ihm gegenüber eine Zeitlang aus, so dass Arnold das in seinen Briefen durchaus vermerkt.[5]

Ernst genießt als Jüngster besonders bei seiner Mutter eine gewisse Bevorzugung. Die Zuneigung zum Jüngsten ist bei seinen Geschwistern wohl unterschiedlich ausgeprägt, bei Annelise kann man die Nähe zu Ernst aber in allem, was und wie er an sie schreibt, spüren, kaum je direkt ausgesprochen, doch immer vorhanden. Innerstes, seine Probleme, die Freundinnen, alles teilt Ernst mündlich oder schriftlich mit ihr. Während seiner Schulzeit in Roßleben trifft er sie während der Tanzfeste, die gemeinsam von der Klosterschule Roßleben mit der Landfrauenschule Reifenstein[6] gefeiert werden. Auch von daher ist Annelise mit Ernsts Freunden und seinen älteren Mitschülern vertraut und befreundet sich mit vielen von ihnen. Diese Freunde bleiben ihr auch nach 1933 während der Zeit der nationalsozialistischen Herrschaft vertraut. Annelise besucht Ernst auch später in Behnitz, wenn sie kann; sie weiß um seine Haltung und seine Unterstützung für die Freunde der Kreisauer Widerstandsgruppe um die Grafen Moltke und Yorck, viele von ihnen ehemalige Schüler von

4   Postkarte der Eltern vom 17.1.1917 an Arnold von Borsig. Ernst Borsig am 9.6.1918 an Arnold von Borsig. Ernst Borsig am 6.8.1918 an Arnold von Borsig, alle ArchEFH.
5   Brief Arnolds an Eltern und Geschwister, 9.11.1917 aus Beine.
6   Annelise von Borsig besucht 1920/1921 ein Jahr die Landfrauenschule Reifenstein.

Roßleben. Annelise ist durch seinen frühen Tod wohl am stärksten von den Geschwistern betroffen.

Die Geschwister Borsig erleben jeder für sich den Kosmos einer großbürgerlichen Familie des gerade angebrochenen 20. Jahrhunderts mit Dienstboten und dem starken Bezug zur Firma, der Maschinenfabrik A.BORSIG in Tegel. Sie haben Tiere, für die sie Verantwortung übernehmen müssen, haben ihre Beete in dem großen Garten. Daheim spielen sie auch gemeinsam kleinere Theaterstücke, Weihnachten das Krippenspiel, das nach dem Ersten Weltkrieg auch für die Arbeiter und Angestellten im Casino an der Berliner Straße in Tegel gegenüber der Firma aufgeführt wird. Die Kinder spielen es auch auf dem Reiherwerder und in Behnitz vor den Gutsleuten. Gelegentlich beteiligen sich Schulkameraden von Arnold am Theaterspiel. So ist es für Ernst später in Töschwitz, wo er den ersten Teil seiner Ausbildung absolvieren wird, ganz selbstverständlich, für die Gutsherrin Erna Preiß ein Theaterstück mit den anderen Praktikanten des Gutes einzustudieren.

In den strengeren Wintern laufen die Geschwister Schlittschuh auf dem Tegeler See, treffen hier auf dem Eis die Kinder der Beamten[7] der Firma oder Schulkameraden von Arnold wie den „kleinen Ziekow", dessen Familie gegenüber dem Reiherwerder an der Uferpromenade des Tegeler Sees einen Hof und eine Gaststätte hat, üben sich auch im Ski-Langlauf oder im Bowling auf dem Eis.

Geringer als zu Annelise ist Ernsts Nähe zu der älteren Schwester Margret, die er in vielem kritisch sieht, da sie nicht so leicht und schaffend mit dem Leben umgeht wie ihre jüngere Schwester.

Noch einmal anders ist und bleibt das Verhältnis zu dem Ältesten, zu Arnold, der in gewisser Weise ein Vorbild für ihn ist, den er liebt und bewundert, der ihm zugewandt ist, mit dem er sich streiten und wieder versöhnen kann, der ihm schon frühzeitig fehlt, besonders in der Zeit, in der er ihn nahe gebraucht hätte, während seines Schuljahres in Dahlem und dann in Roßleben in den Jahren der Pubertät.

---

[7] Beamte im damaligen Sprachgebrauch sind den heutigen Angestellten in der Industrie vergleichbar.

Dass Arnold seinen jüngeren Bruder während seiner Vorbereitung zur Prüfung im November/Dezember 1925 noch zu sich nach Darmstadt einlädt, Ernst in den Kreis seiner studentischen Freunde, den *Sitte-Kreis*, einführt, ihn ernst nimmt, dankt ihm der Bruder und nimmt so Kontakt zu den Freundinnen und Freunden des Bruders auf. Einige von ihnen werden auch die seinen.

Während seiner nun folgenden landwirtschaftlichen Lehre und später während seines Studiums in München sind die Brüder in brieflichem Austausch, meist sachlich, dann natürlich auch über die Firma, an deren Schicksal Ernst innerlich stark Anteil nimmt.[8] Als Tet Arnold 1934 schließlich vor dem Gestapo-Zugriff aus Deutschland flieht, sieht er den jüngeren Bruder nur noch gelegentlich, meist im Ausland, bevor er dann im Frühjahr 1939 endgültig in die Vereinigten Staaten geht. Das ist ein stiller Verlust, ist Ernst doch in dieser Zeit vollauf mit seinen betrieblichen Aufgaben auf dem Gut in Behnitz gefordert.

Schulwege

1912 beginnt für Ernst mit sechs Jahren die Zeit des Unterrichtes, für dessen Planung, Durchführung und Erfolg sich besonders Ernsts Mutter immer verantwortlich fühlt.

Der jüngste Spross von Ernst und Margarethe Borsig wird in den ersten zwei Schuljahren allerdings nicht mehr wie die älteren Geschwister zu Hause unterrichtet, sondern besucht in Alt-Tegel die von der Firma errichtete Grundschule. Der Großvater Albert war zu Hause unterrichtet worden, auch sein Vater Ernst Borsig und dessen Brüder Arnold und Conrad, nämlich von Dr. Goetz Martius, ihrem Hauslehrer, der gleichzeitig der Vertraute ihrer Mutter Anna wurde. Max Päpke, der Lehrer des älteren Bruders Arnold, wird Ernst nicht mehr unterrichten, obschon er noch enge Beziehungen zur Familie Borsig pflegt.[9]

---

[8] Ernst von Borsig am 9.7.1930 aus München an seinen Bruder Arnold wegen Mängeln an Borsig-Hall Pumpen, die von einer Bekannten reklamiert werden.
[9] Max Päpke (1881–1918).

Ernst, der da noch nicht selbst schreibt, diktiert zum Fest der Einweihung der großen Villa auf dem Reiherwerder 1912 seiner Mutter einen Eintrag in das Gästebuch: *Mein Nest ist das Best!*[10]

Mit sechs Jahren also geht Ernst durch den Forst, vorbei am Humboldt-Schlösschen und über die Sechserbrücke nach Alt-Tegel, dann nach dem Besuch der ersten Grundschulklassen in Tegel auf die Humboldt-Oberrealschule in Borsigwalde, die sein älterer Bruder noch besucht und im Folgejahr 1916 vorzeitig abschließen wird, um in den Krieg zu ziehen.[11]

Ernst wird am 8. April 1915 im Alter von achteinhalb Jahren in die 1.Vorklasse der Humboldt-Oberrealschule aufgenommen. Als er im März 1919 von der Humboldtschule abgemeldet wird, ist er zwölfeinhalb Jahre alt. Soll er in dieser politisch schwierigen Zeit aus dem industriellen und etwas unruhig-revolutionären Tegel in das möglicherweise friedliche und nach der Nobilitierung Borsigs vielleicht standesgemäßere Dahlem geschickt werden?

Das Arndt-Gymnasium Dahlem, eine damals ganz junge Schule mit besonderer pädagogischer Prägung, erfuhr ja schließlich die besondere Unterstützung durch seine Majestät, den damaligen und letzten deutschen Kaiser und König von Preußen!

Ernsts Umschulung von der Humboldt-Oberrealschule in Tegel auf das Arndt-Gymnasium nach Dahlem ins Internat der Schülerheimkolonie ist ein früher Schritt aus der elterlichen Fürsorge. Der Aufwand, tägliche Fahrten von Tegel nach Dahlem zu organisieren, war in dieser Zeit für die Eltern nicht denkbar. Ein bisschen wie aus dem Nest gestoßen fühlt er sich wohl auch, als er in politisch aufregender Zeit direkt nach den revolutionären Ereignissen des Winters 1918/19 am 24. April 1919 in die Untertertia B des AGD aufgenommen wird. Der Dahlemer Gymnasialdirektor Krammer besiegelt seine Aufnahme auf dem Abgangszeugnis der Humboldt-Schule.[12]

Das eine Jahr auf dem Reformgymnasium Dahlem darf vielleicht als eine bewusste elterliche Maßnahme angesehen werden, durch die

[10] GBReih September 1912.
[11] AGD-Archiv: Abgangszeugnis der Humboldt-Oberrealschule zu Berlin-Tegel vom 31.3.1919, ArchEFH: Kopie des Zeugnisses.
[12] Zeugnis der HORS: AGD-Archiv, Kopie: ArchEFH.

Ernst als Schüler, etwa 1918

Ernst den pädagogischen Vorstellungen des Vaters und den gesell-schaftlichen Vorstellungen der Mutter gemäß gebildet werden soll; aber es hält ihn dort anscheinend nicht. Was hat es mit dieser beson-deren Schule auf sich, die ihn nicht recht anspricht, so dass die El-tern noch einmal nach einer Alternative suchen? Ist es die Gesinnung der Menschen aus dem Villenviertel Dahlem und ihrer Sprösslinge so kurz nach dem Krieg? Sind es die Lehrer und die Lehrmethoden, denen Ernst mit seinen dreizehn Jahren nichts abgewinnen kann? Fällt es der Mutter zu schwer, den jetzt pubertierenden, unterneh-mungslustigen, schnell aufschießenden Jüngling zu Hause einzubin-den, da die Geschwister nicht da sind und der Vater wenig zu Hause und betrieblich wie auch verbandspolitisch voll eingespannt ist?

Wir wissen es nicht. Quellen oder Briefe aus dieser Zeit finden sich bisher nicht. Ein Eintrag aus einem Reisetagebuch der Mutter von

1910 von einer Reise mit ihrem Mann ins Thüringisch-Fränkische, die Arnold als Elfjähriger einige Tage begleitet, weist allerdings darauf hin, dass schon für den Ältesten gedanklich ein Internat infrage gekommen war; dieser Gedanke war aber seinerzeit nicht umgesetzt worden. Die Mutter schreibt darin:

Schulpforta, *ein altes Zisterzienserkloster, jetzt die berühmte Landesschule, in der alle möglichen Bekannte gewesen [...] Wir ließen uns alle Räume und Einrichtungen zeigen und waren erstaunt über die sehr strenge Disziplin die dort zu herrschen scheint. Arnold war die Sache sehr interessant, aber scheinbar auch etwas ungemütlich in der Idee daß er vielleicht einmal dorthin kommen könnte. Wir sagten wohl öfters einmal: Dies wäre eine gute Schule für Dich.* [13]

Arnold ist da gerade erst elf Jahre alt!

Der Gedanke an die Unterbringung der Söhne in einem Internat ist zu der Zeit anscheinend normal in diesen Familien. Heute wird eine so frühe Trennung von der Familie wohl eher als lieblos empfunden.

Sicher fehlt Ernst jetzt der große Bruder, der zwar gerade aus dem Krieg zurück ist, aber nun sein einjähriges Praktikum in der Firma in Tegel als Vorbereitung zum späteren Ingenieurstudium beginnt. Es fehlt ihm ganz sicher auch die vier Jahre ältere Schwester Annelise, die nach ihrem Jahr im Internat viel bei ihrer Tante und der Lieblingscousine Cornelia von Schnitzler in Klink ist und dort in die Kunst des Kochens eingeführt wird. Dafür kommt er mehr unter Gleichaltrige.

Mangelnde Schulleistungen in Dahlem sind es wohl nicht, die Ernsts Umschulung bewirken, wird er doch ohne weiteres von der Untertertia B in die Obertertia versetzt.

Der jetzt vierzehnjährige Ernst kommt nach nur einem Jahr im Dahlemer AGD von Berlin und dem heimischen Tegel fort auf eine sehr alte und ehrwürdige protestantische, altsprachliche *Klosterschule* nach Thüringen. Die Klosterschule Roßleben arbeitet auch mit einem reformpädagogischen Konzept. Nach außen wird sie vertreten durch einen Erbadministrator aus der Familie derer von Witzleben. Diese Familie beteiligt sich später auch am Widerstand gegen die Diktatur Hitlers. Schulleiter ist bei Ernsts Aufnahme bis 1921 Oberstudiendi-

---

[13] Reisetagebuch Margarethe von Borsig, 9.5.1910, ArchEFH.

Die Familie am Kaffeetisch im Garten

rektor Prof. Dr. Walter Michaelis (1873–1967). Ernst verbringt nun seine Schulzeit nicht vollständig abgeschieden in Roßleben, sondern fährt selbstverständlich ziemlich häufig nach Tegel und auch mit den Eltern auf das Borsigsche Gut Behnitz; das ist in der Familie so üblich. Auch seinen 15. Geburtstag feiert er in Berlin. Sein Patenonkel Walther von Miquel, der ehemalige Landrat des Kreises Westhavelland, einer der treuesten Gäste auf dem Reiherwerder, besucht ihn an diesem Tage. Zusammen beobachten und verfolgen sie die partielle Mondfinsternis an diesem Geburtstagssonntag, dem 16. Oktober 1921.[14]

Die neuen Kameraden und der streng geregelte Schultag mit seinen sozialen und schulischen Aufgaben werden starken Einfluss auf Ernst ausüben.

[14]   GBReih 16.10.1921 Eintrag Walther von Miquel.

Das Internat – Klosterschule Roßleben

Roßleben liegt landschaftlich schön am Rande des Thüringischen Beckens an der Unstrut abseits der großen Verkehrslinien.

In Roßleben trifft Ernst neben Söhnen von Bekannten aus dem Kreis der Firma auf eine Zahl junger Menschen auch aus dem alten Adel, die ihn offenbar interessieren: Er strebt wie daheim mehr zu den gleichaltrigen und älteren Schülern und deren Brüdern, später auch zu deren Schwestern. Dies wird deutlich aus den Einträgen in das Gästebuch seiner Eltern, denn gern fährt er nun mit seinen Roßlebener Freunden nach Berlin zu den Eltern und Geschwistern auf den Reiherwerder.

Das Bedürfnis nach gedanklichem Austausch mit den Kameraden und Freunden lässt die Jungen teils untereinander, teils auch mit den Borsigs endlose Gespräche führen, die sich immer wieder um Ehre und Ruhm – aber auch um deren Fragwürdigkeit drehen. Das Philosophieren mit ihrem Lehrer Dr. Wilhelm Weise fördert offenbar diese Lust, so dass Ernst sich mit den Freunden immer wieder darin übt, in den Gesprächen verschiedene Haltungen und Standpunkte einzunehmen. Das hilft, die ihnen vermittelten konventionellen Wertmaßstäbe zu durchschauen, zu relativieren und eigene Werte im Rahmen ihrer Weltanschauung zu bilden.

Die Besuche von Ernsts engeren Roßlebener Freunden auf dem Reiherwerder beginnen mit dem von Wolf von Gersdorff am 8. April 1923. Otto von Rumohr kommt vom 27. September bis zum 1. Oktober 1923 und schreibt ein kräftiges *Meminisse iuvabit!*[15] ins Gästebuch. Dann kommt er mit Hans-Christoph Zech von Burkersroda im April 1924, es folgen Besuche von Eberhard von Puttkamer und Wolf von Kessel, und selbst viel ältere ehemalige Schüler von Roßleben treffen sich nun fast regelmäßig dort im Nordwesten Berlins. Auch der Tutor der Wohngruppe Ernsts, Dr. Weise unternimmt mit Realschülern der Oberprima zwischen dem 29. August und dem 2. September 1924 eine größere Berlin-Exkursion, bei der unter anderem die Borsigwerke und die von Borsig unterstützte Schulfarm auf

---

[15] *Man wird sich erinnern!* von Vergil.

Ernst von Borsig als Schüler in
der Klosterschule Roßleben in
Thüringen

der Insel Scharfenberg im Tegeler See besucht werden, aber auch am
1. September das Flugfeld Tempelhof und das Albatros-Flugzeugwerk
in Berlin-Johannisthal. Dort werden den Schülern die unterschiedlichsten Flieger wie auch die Steig- und Wendefähigkeit der Leicht-
flieger vorgeführt. Burkhart von Erffa begeistert sich daran und beschreibt dies im Roßlebener Schulblatt.[16]

Diesem ersten größeren Besuch der Roßlebener Schüler im Au-
gust/September 1924 in Berlin folgt am 13. Dezember 1924 ein Besuch auf dem Reiherwerder, wo die Primaner und einige jüngere
Schüler samt ihrem Lehrer Dr. Weise Aufnahme finden.[17]

[16] Roßleber Nachrichten, Chronik der Anstalt Nr. 4, Januar 1925, RoßlArch. Es
      sind dies unter anderem Albrecht Aldehoff, Erich Gerber, Walter Gottschalk,
      Gunthart Loewe, Otto May, Hans-Joachim Münzinger und Ekkehard von
      Neuenstein, die sich in das Gästebuch eintragen. GBReih.
[17] Siehe Anhang: Schüler in der Wohngruppe Dr. Weise von 1923/24, RoßlArch:

Ernst ist Teil der Wohngruppe von Dr. Weise; mit den Mitschülern dieser Gruppe scheint er allerdings später, außer mit Philipp von Münchhausen, kaum Kontakte gehabt zu haben. Vielleicht gehört Ernst zu den älteren Schülern dieser Gruppe und übernimmt dadurch besondere Verantwortung für die Jüngeren? Erst während des Studiums in München und dann in Behnitz kommt die Freundschaft mit Philipp von Münchhausen zum Tragen. Der ist ursprünglich in seiner Klasse, tritt jedoch im letzten Schuljahr von der Prüfung zurück und wird ein Jahr nach Ernst seine Prüfung absolvieren.

Lehrer und Rektor

Mit seinem Lehrer Dr. Wilhelm Weise[18] verbindet Ernst offenbar schicksalsmäßig mehr als nur die Achtung vor dem Tutor. Im Jahr nach seinem Eintritt als Schüler kommt Wilhelm Weise als Assessor an die Klosterschule Roßleben, unterrichtet dann als Studienrat die Fächer Mathematik, Physik und Chemie sowie Erdkunde und Philosophie, ein Spektrum, mit dem ein Lehrer viele Schüler erreichen kann, zeigt es doch das Faktische wie das Mögliche. Mit dieser Fächerkombination ist Weise auch ein fachlich versierter, echter „Protektor des naturwissenschaftlichen Vereins" in Roßleben. Mit seinen Schülern untersucht Weise beispielsweise die Geologie dieser Region, stellt Untersuchungen über den Schlammtransport der Unstrut an, entwickelt mit den Schülern ein plastisches Relief der näheren Umgebung von Roßleben in Gips. Mit diesen Tätigkeiten und dem gedanklichen Austausch darüber lassen sich die Schüler fesseln. Das ist in bester Weise anwendungsbezogene und lebenspraktische Pädagogik.

Weise ist auch der *sehr verehrte Klassenlehrer*[19] von Heinrich von Lehndorff, dessen Klassenleiter er im Realschulzweig ist. Mit ihm besucht er im Dezember 1924 Berlin. Heini, wie Lehndorff genannt

---

Verzeichnis der Schüler, welche im Berichtsjahre 1925/26 das Zeugnis der Reife erhalten haben.

[18] Wilhelm Weise, siehe Anhang: Biografische Hinweise.
[19] Roßlebener Nachrichten a.a.O, Abschrift des Berichtes.

wird, schreibt für das Roßlebener Schulblatt einen lebendig-anschaulichen Bericht über den Besuch bei den Borsig-Werken, über die Ausbildung der Lehrlinge dort und die wirtschaftlich schwierige Lage der Firma.[20]

Wilhelm Weises eigenes Leben bietet Erfahrungen, mit denen er Jugendlichen und ihren Fragen begegnen kann: Mit 23 Jahren unterbricht er sein Studium, um als Freiwilliger gleich zu Beginn des Kriegs sein Leben im anscheinend gerechten Kampf für das Vaterland einzusetzen, wird Infanterist und schon im Oktober 1914 so schwer verwundet, dass er für diesen Dienst untauglich wird. Nach seiner Genesung geht er im Sommer 1915 zu den Fliegern, wird Flugzeugführer und Kampfflieger und wird schließlich in Luftkämpfen mehrfach verwundet. Damit gehört er zu den Kriegsteilnehmern, die durch ihre Biografie Interesse wecken wie auch gleichermaßen die Fantasie, den Wagemut und die Ängste von Jugendlichen ansprechen.

Vermutlich kommt Wilhelm Weise eine besondere Rolle in der Erziehung der ihm anvertrauten Schüler zu, bildet er sie doch naturwissenschaftlich, bringt ihnen das Verständnis vom Zusammenhang Erde – Mensch im Erdkundeunterricht nahe und unterrichtet sie in Philosophie. Offenbar begeistert er seine Schüler für das Fliegen. Einige von ihnen werden nach der Schulzeit zur Luftwaffe gehen – auch Ernst von Borsig leistet seine Wehrübungen im Juni 1938 dort ab[21] – und im Verlauf der verbrecherischen kriegerischen Unternehmungen und Auseinandersetzungen des Dritten Reichs ihr Leben lassen.[22]

Nach neunjähriger Tätigkeit in Roßleben geht Weise an seine Ausbildungsschule zurück, an die Latina der protestantischen Fran-

[20] Später werden sich Ernst von Borsig und Heinrich von Lehndorff nur gelegentlich wieder treffen mit den Freunden, die den später so genannten Kreisauer Kreis um Moltke und Yorck bilden. Lehndorff wird in der Folge des 20. Juli 1944 nach kurzzeitigem Entkommen verhaftet, es gelingt ihm noch einmal die Flucht nach Westen, wo er sich den Verfolgern schließlich ergibt; nach dem Schauprozess und dem Freislerschen Todesurteil im Volksgerichtshof am 4.9.1944 wird er umgebracht.

[21] Ernst an Albert von Borsig, 11.6.1938.

[22] Waldemar von Glasow wird als Hauptmann der Luftwaffe am 12.10.1940 vor der Küste Englands abgeschossen, Hans-Detlev von Kessel verliert bei der Legion Condor in Spanien 1937 sein Leben.

ckeschen Stiftungen in Halle, deren Leiter er schon vor Beginn des Krieges ist. Offenbar laviert er in der Zeit des Krieges als Schulleiter dieser evangelischen Stiftung geschickt mit der Schulaufsicht, indem er der Schule 1939 einen in dieser Situation „vaterländisch aktuelleren" Namen geben lässt, nämlich den des Generalfeldmarschalls von Mackensen, der von 1865 an drei Jahre als Schüler die Latina in Halle besucht hatte.[23]

Es gibt eine Fotografie Weises im Kreise der Kollegen ungefähr aus der Zeit des Abiturs von Ernst von Borsig: Weise wirkt ruhig, leutselig, zeitlos, anders als die anderen Mitglieder des Lehrerkollegiums, die in unterschiedlichen Facetten den Übergang vom alten Reich zur Aufbruchszeit in Weimar zu repräsentieren scheinen.

Auf dieser Fotografie von 1924/25 sitzt der Rektor der Klosterschule Dr. Ulrich Heinemann in der Mitte der ersten Reihe.[24] Er ist – zumindest im Abiturjahr – der Deutschlehrer Ernst von Borsigs. Korrekt gekleidet trägt er Jackett und Weste, eine Uhrenkette, an seinem linken Revers ein helles Abzeichen mit quadratischem Kopf. Seine schwarzen Stiefel sind vornehm durchgeschnürt; alles sitzt – genau wie der Stehkragen mit dem Schlips und der Schlipsnadel. Sein ovaler Kopf ist knapp mit modisch gelegtem Haar versehen, Geheimratsecken lassen das Gesicht noch weiter hervortreten; sein Blick wirkt kalt, fast zynisch. Unterstrichen wird diese Strenge durch die Schmisse auf seiner linken Wange, die er als Mitglied einer schlagenden Verbindung von korporierten Studenten erhielt. Bei ihm gibt es keine nach unten gezogenen Mundwinkel oder etwa schon Falten: Er erscheint als ein durchsetzungsbereiter Mittvierziger.

Der Deutschunterricht bei Herrn Dr. Heinemann beflügelt Ernst offenbar nicht sehr; er wird ihn kaum geschätzt haben, tritt ihm doch hier offenbar jemand als Lehrer entgegen, der peinlich jede Ungenauigkeit in Wortwahl, Stil und Schrift kritisiert, einen größeren gedanklichen Wurf kaum unterstützt und letztlich die kraftvolle Schrift des Zöglings mit *nur genügend* bewertet.

---

[23] Helmut Obst und Paul Raabe: Die Franckeschen Stiftungen zu Halle (Saale). Geschichte und Gegenwart, Halle 2000, Seite 184.
[24] Siehe Anhang: Lebenslauf von Dr. Ulrich Heinemann.

Lehrer der Klosterschule (Foto: Kollegium Roßleben Roßl Arch)
Obere Reihe von links: Ass. Ernst Lorenz, Ass. Dr. Louis Wille, Ass. Dr. Fritz
Bangemann, Ass. Ernst Bauermeister, Oberschullehrer Willi Nichterlein, Paul
Timpernagel; Mittlere Reihe: Ass. Konrad Albrecht, StR Prof. Karl Most, OStR
Kurt Sachse, StR Wilhelm Weise, StR Walter Bubbe; Untere Reihe: Klosterpfarrer
Prof. Georg Simon, Rektor Dr. Ulrich Heinemann, StR Prof. Dr. Hermann
Grosch (Mikosch genannt); Etwa 1924/25

Dr. Heinemann schreibt unter den Prüfungsaufsatz, dass der als
*nicht genügend bezeichnet werden muß, was auch sehr häufig bei den übrigen
Aufsätzen der Fall war, die der Prüfling in Prima anfertigte.* Er sieht nicht
auf das, was hinter dem Aufsatz dieses jungen Menschen steht: ein
Lebensmotiv.

Dieser Zögling hat etwas zu sagen, was er ausführlich und schnör-
kellos tut. Seinen Abituraufsatz wird er zwar kaum zur Hälfte aus den
zwanzig Seiten seines Entwurfs in der vorgegebenen Zeit ins Reine
übertragen, aber die Gliederung und die Einleitung zum Thema er-
lauben einen Blick auf sein Denken: *Straßburg und Italien, zwei Mark-*

steine in Goethes Leben, so das Thema. Kühn ergänzt Ernst das Thema anschließend:

Der Freundschaftsbund mit Schiller, der dritte und wichtigste Markstein in Goethes Leben.

Der Freundesbund an sich wird sein Lebensthema bleiben. Grundsätzliche Betrachtungen dazu kennzeichnen die Einleitung seines Prüfungsaufsatzes[25]:

Zweierlei, können wir sagen, bestimmt den Lebensweg eines Menschen. Die innere Natur gibt Richtung und Ziel, die äußeren Einflüsse drängen ihn teils ab vom Weg oder beschleunigen seine Lebensaufgabe. Die einen sind wohl weniger abhängig vom Äußeren als die anderen, und es sind dies wohl meistens die bedeutenderen Menschen, wie überhaupt das Innere für jeden Menschen den Ausschlag geben sollte. Doch keiner kann sich ganz der Außenwelt entziehen.

Diese etwas ungelenken einleitenden Worte könnten wie ein Thema über Ernst von Borsigs Leben stehen. Er wird sich nicht der Außenwelt entziehen. Er wird ins Praktische, in die Landwirtschaft gehen, als er sich von den Freunden und dem Heim der letzten fünf Jahre verabschiedet. Und die Freunde werden wohl zum Wichtigsten in seinem Leben.

Ende der Schulzeit

Als Ernst von Borsig nach fünfjährigem Aufenthalt in der Klosterschule am 26. Februar 1925 mit dem Reifezeugnis Roßleben verlässt, geht aus dem Zeugnis ziemlich deutlich hervor, dass ihm alles Strebsame abgeht. Sein Betragen wird als „gut", sein Fleiß allerdings nur als „genügend" bewertet. Dass er den sportlichen Anforderungen in Roßleben nicht genügt und er vermutlich auch kein großes Interesse an sportlichem Wettbewerb hat, mag auch seinem frühen schnellen Längenwachstum geschuldet sein: In der Familie überragt er als Jüngster bald die älteren Geschwister und die Eltern. Von der Hum-

---

[25] Aus der Einleitung des Abituraufsatzes. RoßlArch, übertragen von EFH.

boldtschule war in seinem Abgangszeugnis das Turnen gar nicht testiert worden.[26]

Sein schnelles körperliches Wachstum kostet ihn sicher Kräfte, die auch für Intellektuelles gebraucht werden. Diese Kräfte gewinnt er erst, als er ganz, auch körperlich, während der landwirtschaftlichen Ausbildung und dann im Studium gefordert wird.

Was das Sprachliche angeht, mag erstaunen, dass Ernst in Roßleben offenbar einen guten Draht zum Lateinunterricht findet, das Ergebnis im Abitur ist gut, das Griechische genügt. Das Französische, das er als Kind zu Hause von der französischen Erzieherin Eugenie Thomé fließend gelernt hat, wird ihm in Tegel als gut bewertet, in Roßleben genügt es nur; er wird es nicht weiter vertieft haben. Englisch wurde in beiden Schulen nicht gelehrt. Er nimmt sich allerdings im Februar 1926 in einem Brief an seinen Bruder vor, es zu lernen, weil er es sehr schade findet, die vielen Artikel und Schriften, die Arnold aus den USA schickt, nicht verstehen zu können; und der Mutter sei es wohl zu mühsam, sie zu übersetzen.[27]

Er eignet sich erst später als Student in München Grundlagen des Englischen an und vertieft sie bei einem Aufenthalt in England 1930, um ein Stipendium für die USA zu bekommen und seinem älteren Bruder nachfolgen zu können. Arnold hatte in den Jahren 1926/27 in den USA, zusätzlich zu seinem Darmstädter Studium, in verschiedensten Betrieben der Industrie und der großflächigen industriellen Landwirtschaft praktische Erfahrungen gesammelt.

Unter den Sachfächern in der Prüfung sticht die Physik im Ergebnis mit einem „gut" hervor. Hier hat er wohl Interesse und schulisch prüfbare Fähigkeiten auch durch Wilhelm Weises Wesen erwerben wollen und können. Wichtiger allerdings als das Ergebnis der Abiturprüfung sind Ernst die Freunde.

Als schließlich der Roßlebener Rektor Dr. Heinemann am 26. Februar 1925 in einem von ihm so formulierten *feierlichen Aktus* die jetzt ehemaligen Schüler nach dem *gemütlichen Zusammensein der Abiturienten mit den Lehrern und Schülern der Prima und Sekunda* am Tage nach der

---

[26] Zeugnis der Reife, Klosterschule Roßleben, RoßlArch.
[27] Brief an Arnold am 5.2.1926 aus Töschwitz, ArchEFH.

Prüfung verabschiedet, stellt er ihnen Sokrates als Vorbild einer idealen Lebensauffassung durch Erfüllung der Pflicht gegen sich selbst, seine Mitbürger, sein Vaterland und Gott vor. Mit dem Vaterland und Gott hat Heinemann wohl lieber noch einmal in die Mottenkiste der Kaiser- und Vorkriegszeit gegriffen, anstatt die Fragen, Hoffnungen und Ängste dieser vor ihm sitzenden jungen Menschen aufzunehmen, die jetzt ihre berufliche Zukunft ins Visier nehmen, in einer Zeit, die scheinbar problemlos vor ihnen steht.

Der Roßlebener Freundeskreis

Ernsts Freundschaften mit den älteren Schülern ergänzen sich durch deren jüngere Brüder und Schwestern wie beispielsweise die mit der eine Woche jüngeren Edelgard von der Schulenburg, die mehrfach zu den Festen auf den Reiherwerder kommt. Die Realschüler der Klasse unter seiner kennt er weniger; später tauchen weitere ehemalige Roßlebener wieder bei ihm und in seinem Leben auf, die letztlich zu Gegnern des Nationalsozialismus werden wie beispielsweise sein Klassenkamerad Philipp von Münchhausen, knapp zwei Jahre älter als er, oder Botho von Wussow, den er in der Schule schon gar nicht mehr kennen lernt, mit dem er jedoch bei den späteren Besprechungen zur Planung der künftigen Gestaltung der Landwirtschaft und der Wirtschaft im Nachkriegsdeutschland zusammen mit den anderen Kreisauern in Groß Behnitz spricht.[28] Deutlich ist: Die Freunde, die er während seiner Internatszeit gewinnt und zu denen er in der Folge die Beziehung ausbaut, verliert er im Verlauf der folgenden zwanzig

---

[28] Freunde Ernst von Borsigs aus Roßleben, die dem Krieg zum Opfer fallen: Hans-Christoph Zech von Burkersroda kommt 1945 mit 41 Jahren in russischer Haft um. Waldemar von Glasow wird als Hauptmann der Luftwaffe und Staffelführer am 12.10.1940 vor der Küste Englands abgeschossen. Glasow war in Weises Tutelengruppe. Hans-Detlev von Kessel als Staffelkapitän bei der Legion Condor 1937 im spanischen Bürgerkrieg mit 27 umgekommen, Eckardt Freiherr von Neuenstein am 27.11.1943 mit 43 Jahren in Russland gefallen, Otto von Rumohr Weihnachten 1942 mit 36 Jahren in Russland vermisst, Gustav-Albrecht Fürst zu Sayn-Wittgenstein-Berleburg in Russland seit Sommer 1944 mit 39 Jahren vermisst.

Jahre durch die Kriegsereignisse und durch den Anschlag auf Adolf Hitler vom 20. Juli 1944. Er selbst kommt bald nach Beginn der sowjetischen Besetzung von Behnitz um, eine Folge der verbrecherischen Politik des Dritten Reichs, die nicht nur auf ein Wiedergewinnen der nach dem Ersten Weltkrieg verloren gegangenen Gebiete zielte, sondern Ausbeutung und Versklavung der besetzten Länder anstrebte.[29]

Der knapp drei Jahre jüngere Heinrich von Lehndorff, der einen eindrücklichen Bericht über den Besuch der Primaner in den Borsigwerken für die Roßlebener Schulmitteilungen geschrieben hatte und darin auch die im Gespräch mit Dr. Landmann[30] erfahrene damals schon deutlich werdende prekäre wirtschaftliche Situation der Firma erwähnt, wird Ernst von Borsig nur gelegentlich wieder treffen mit den Freunden, die den später so genannten Kreisauer Kreis um Moltke und Yorck bilden. Lehndorff wird in der Folge des 20. Juli 1944 nach kurzzeitigem Entkommen verhaftet, es gelingt ihm noch einmal die Flucht nach Westen, wo er sich den Verfolgern schließlich ergibt; nach dem Schauprozess und dem Freislerschen Todesurteil im Volksgerichtshof am 4. September 1944 wird er umgebracht.

Schritte ins Leben

Das erste große Fest, das Ernst mit seinen ehemaligen Roßlebener Mitschülern auf dem Reiherwerder feiert, findet am Sonntag, dem 29. März 1925 statt, also gut einen Monat nach dem erfolgreich bestandenem Abitur, einige bleiben auch erst einmal dort in dem gastfreundlichen Haus, zu ihnen gehören Trotha, Helldorff und Sayn-Wittgenstein. Zu diesem Fest kommen nun auch die Schwestern

---

[29] Freunde Ernst von Borsigs aus Roßleben, die als Gegner dem Regime zum Opfer fallen: Nikolaus von Halem am 9.10.1944 mit 39 Jahren in Brandenburg-Görden ermordet. Heinrich Graf von Lehndorff am 4.9.1944 mit 35 Jahren in Plötzensee ermordet. Ulrich Wilhelm Graf von Schwerin von Schwanenfeld am 8.9.1944 mit 42 Jahren in Plötzensee ermordet. Peter Graf Yorck von Wartenburg am 8.8.1944 mit fast 40 Jahren in Plötzensee ermordet. ArchRoß , GBReih, GBBehn. Siehe auch Antje Vollmer: Doppelleben. Heinrich und Gottliebe von Lehndorff im Widerstand gegen Hitler und von Ribbentrop, Frankfurt a. M. 2010.

[30] Heinz Landmann, Privatsekretär von Geheimrat Ernst Borsig, siehe Anhang.

der Roßlebener Schulfreunde, die Freundinnen von Ernsts Schwester Annelise aus Reifenstein, die Berliner Freunde selbstverständlich, aber auch jüngere Roßlebener Schüler.

Ernsts Schwester Annelise kennt die meisten schon von den gemeinsamen Tanzereien in Reifenstein, Roßleben und auf dem Reiherwerder.

Hans-Peter von Helldorf erzählt dichtend im Reiherwerder Gästebuch von einem Bootsausflug mit Eberhard von Puttkamer, dem „langen Eb". Der Ausflug endet schließlich in einem kühlen Bad im Tegeler See: Man schwimmt zurück auf den Reiherwerder und erholt sich im schon angenehm warmen Sonnenschein – ein typisches Ereignis dort in Borsigs Revier gegenüber der großen Maschinenfabrik in Tegel:

Ein Vergnügen sonder Art
Ist doch eine Wasserfahrt.
Noch war ich nicht lange hier
Erfaßte mich die Wißbegier
Einmal leise anzufragen,
Ob das Wasser mich würd tragen,
Ob im leichten Ruderboot
Ich wohl ohne große Not
Könnte mich spazieren fahren.
Doch man täuscht sich in „den" Jahren!
Scheint die Sonne lieb und heiß,
Wähnt man sich im Paradeis,
Glaubt nicht mehr ans kalte Wasser.
Also, wie gesagt, getan.
Ich stieg munter in den Kahn
Und fuhr in Richtung Spandau hin.
Der lange Eb war auch mit drin.
Und er in seiner schlanken Länge
Brauchte Platz in großer Menge.
Rüstig glitt das Boot dahin
Und mit heiter frohem Sinn
Dachten wir: wie ist das Leben

Doch so heiter uns gegeben.
Möwen kreisten auf und nieder
Brachten [dar] ihr weiß Gefieder
In der silberklaren Haut
Deren tollen Übermut
Wir noch nicht erfahren hatten.
Oh! Ganz plötzlich! kann man's glauben?
Gurgeln, Zischen, Rauschen, Schnauben!
Triefend kam man an am Lande.
Ach was war es für 'ne Schande!
Aber auch das größte Leid
Ist verbunden stets mit Freud,
Denn der Fall ins kalte Naß,
machte uns doch recht viel Spaß.[31]

Der knapp ein Jahr ältere Klassenkamerad und Mitabiturient Bernhard von Trotha dichtet am Ende dieser Freiheits-, Feier- und Ferienwoche auf dem Reiherwerder ins Gästebuch:

Wenn einmal uns Menschen das Glück gelacht,
schnell ist der Hass der Götter erwacht.
Sie reißen hinweg uns von dem, was wir lieben
und trennen uns dort, wo wir gern verblieben
und klein wie wir hier und unvollkommen
taumeln wir weiter wie benommen.
Doch wie uns im Sturme der Felsen erklingt,
und nur des Nachts die Nachtigall singt,
so tönt in des Abschieds Wehmutsakkord
hell unseres Herzens Stimme fort.
Nur allgemach wird's um uns lichter,
man schwingt sich auf und wird zum Dichter.
Man übersinnt, was man erlebt
und merkt es kaum, wie sich alles verwebt. –
Das soll signiert für alle Zeiten

[31]   Hans-Peter von Helldorf, GBReih 31.3.1925.

dies Buch der Nachwelt unterbreiten:
Wer hier gewesen, dem verbleibt
die tief gefühlteste Dankbarkeit,
und klingen wird es noch und noch:
Haus Reiherwerder lebe hoch![32]

Ernst von Borsig tritt im Anschluss an die Schulzeit zusammen mit seinen Klassenkameraden Hans-Peter von Helldorff, Eberhard von Puttkamer und Erbprinz Gustav-Albrecht von Sayn-Wittgenstein zu einer Art militärischem Grundwehrdienst in die so genannte Schwarze Reichswehr im Pommerschen ein. Da die Reichswehr durch den Versailler Vertrag mit den Siegermächten von 1919 zu einer reinen Berufsarmee bestimmt wird, deren Stärke auf 100 000 Mann beschränkt ist, sucht sie insgeheim und daher illegal einen Stamm von Reservisten auszubilden, die ihr später im Falle eines neuen Krieges zur Verfügung stehen sollen. Diese Vorbereitungen zum Ausbau der Reichswehr werden ab 1933 sehr schnell im neuen „Führerstaat" genutzt und weisen nach 1935 mit der Einführung der allgemeinen Wehrpflicht direkt den Weg zum Zweiten Weltkrieg.

Stolz kommen die jungen Leute jedenfalls gemeinsam in Uniform auf den Reiherwerder und besuchen auch das Gut Groß Behnitz, wo sie im Kreise der Familie, oft auch mit Ernsts Schwester Annelise, nahe dem Wasser sitzen und hier die Zeitsituation mit dem Behnitzer Pfarrer Johannes Lux[33] und dessen Frau[34] diskutieren. Hat ihn sein Lehrer Weise so sehr beeindruckt, dass Ernst seine späteren Wehrübungen bei der Luftwaffe absolviert?

Die Besuche dieses wachsenden Freundeskreises junger Menschen auf dem Reiherwerder und die Feste werden nun häufig wiederholt, und es sind nicht nur die Jugendlichen aus Roßleben mit ihren Schwestern und Annelises Freundinnen und Cousinen, sondern man feiert auch mit den Sprösslingen der Werksdirektoren und dem Nachwuchs im Firmenmanagement wie mit Heinz Landmann.

---

[32] Bernhard von Trotha, GBReih 31.3.1925.
[33] Johannes Lux (1874–1961).
[34] Hedwig Lux, geb. Wendt (1875–1961).

Von links: Gustav-Albrecht von Sayn-Wittgenstein, Pastor Johannes Lux, Annelise von Borsig, Hans-Peter Graf von Helldorf, Margarethe von Borsig, Ernst von Borsig, Hedwig Lux, Margret von Borsig, Krankenschwester Frieda Claus in Behnitz 1925

Gustav-Albrecht von Sayn-Wittgenstein, Ernst von Borsig, Margarethe von Borsig, Hedwig Lux, Pastor Johannes Lux, Annelise von Borsig, Hans-Peter Graf von Helldorf, Schloss Groß Behnitz 1925

Ernst von Borsig in
Reichswehruniform

Berufsfindung und Erbe

Obwohl es während des Endes der Schulzeit offenbar schon besprochen ist und festzustehen scheint, dass er Landwirtschaft studieren wird[35] um später das Gut Groß Behnitz zu übernehmen, will der junge Ernst von Borsig auch in der Firma A.BORSIG mit seinem Bruder und dem Vetter Albert zusammen Verantwortung tragen. Er vergleicht dies auch mit der Situation zwischen seinem Vater, der die Firma betrieblich leitet, und dessen Bruder Conrad, der die kaufmännische Leitung der Firma innehat. Zwischen beiden bestehen – für

---

[35] Schulakten, RoßlArch.

Ernst deutlich zu erkennen – starke Spannungen, die sich im Privaten wie auch im betrieblichen Ablauf zeigen.[36]

Seinem Vater gegenüber äußert sich Ernst recht deutlich gleich nach seiner vorgezogenen Volljährigkeitserklärung, wie unklar sein Berufs- und Studienziel noch sein müsse zu einer so frühen Zeit und gleich nach dem Abschluss der Schulzeit. Wird er nicht vielleicht eher Volkswirtschaft und Jura studieren anstatt in die Landwirtschaft zu gehen?[37]

Tatsächlich wird er neben der Landwirtschaft später in München an der Technischen Hochschule auch Volkswirtschaft und Jura an der Ludwig-Maximilians-Universität studieren. In der juristischen Fakultät findet er die meisten seiner Freunde. Seine Diplome wird er in Volks- und Landwirtschaft und sein Studium mit einer Dissertation als Doktor der Staatswissenschaften abschließen. Damit übertrifft er in der Breite den Studienabschluss seines Vetters Albert von Borsig; er wird in dieser Beziehung auch seinen älteren Bruder, den Diplomingenieur Arnold von Borsig, in den Schatten stellen.

Dass der Vater schon länger überlegt hatte, Ernst stärker an der Verantwortlichkeit für die Firma und das Gut zu beteiligen, führt dazu, dass er am 26. April 1926 mit neunzehn Jahren vorzeitig für volljährig erklärt wird. Nun kann er – genau wie Arnold – rechtsgültig Verträge unterzeichnen, was für die Situation der Firma und Erbauseinandersetzungen nötig sein kann. Insofern fühlt er seine wachsende Verantwortung für das Erbe und bringt sich gegenüber dem Vater und dem Bruder ein.

Und er will an den Geschicken der Firma beteiligt sein. Direktor Rudolf von Bennigsen-Foerder, Geschäftsführer der A.BORSIG Zentralverwaltung GmbH, schreibt nach einem Gespräch mit Ernst im Zusammenhang mit Plänen zu einem Unterbeteiligungsvertrag in einem Vermerk von 1926, dass Ernst die Möglichkeit erwägt, aktiv als Mitgesellschafter in die A.BORSIG oHG einzutreten:

Er hat übrigens hier noch ausdrücklich gesagt, daß es nicht in seinem Wunsch liege, nur als Angestellter seines Bruders und seines Vetters [Albert, EFH] *in*

---

[36]   TBEB 12.2.1903,3.1.1905, 20./21./26.1.1905.
[37]   Ernst an den Vater am 27.4.1926 aus Töschwitz.

der Firma tätig zu sein, sondern daß er, wenn er den Wunsch hätte, sich in der Firma zu beschäftigen, er dies ebenso wie sein Bruder und Vetter als Mitchef tun möchte.[38]

Ernst schreibt in diesem Zusammenhang vertrauensvoll wiederholt seiner Schwester Annelise:

[...] zur Fabriksache [...] Nun habe ich offen gesagt etwas Kummer wegen Arnold und mir. Ich wollte eigentlich schon lange Dich mal fragen, wie alles wird, denn ich bin doch nun 19 und habe doch ein gewisses Recht dazu. Es ist mir [...] natürlich unangenehm wegen Papa, der sich wohl darüber ärgern würde [...] ich habe doch gewisse Befürchtungen, daß Arnold doch auch zu sehr versuchen wird, Autokrat zu werden und auch meinen Einfluß im Werk vollständig auszuschalten [...] Du wirst Dich wundern, daß ich Dir das so einmal schreibe, ich halte es aber eigentlich doch für richtig, daß ich schon jetzt im Bilde bin und auch meine Ahnung so äußern kann. Denn es ist klar, daß ich natürlich an einem solchen Werk auch hänge und mir auch Entscheidungen obliegen, und es ist vielleicht auch gerade bei Arnolds Natur eine gewisse Ruhe oft nötig [...].[39]

In diesem Brief vom 6. März 1926 versucht er, Empfindungen und Gefühle zu klären, was ihm hilft, dem Vater klarer gegenüber zu treten. Ein gutes Jahr später relativiert er Annelise gegenüber seine Haltung zum älteren Bruder ganz deutlich: Arnold ist ihm ja auch Vorbild.

Es ist so spaßig mit Arnold, ich habe ihn ja so furchtbar gern, und doch ist er so stark, daß ich fast etwas Angst vor ihm habe.[40]

Seinem Vater schreibt er zu diesem Thema einen ausführlichen und sehr offenen Brief aus Töschwitz von dem Gut von Reinhold und Erna Preiß, wo er sich während des ersten Teils seiner landwirtschaftlichen Ausbildung innerlich intensiv auch mit dem Geschick der Firma und seiner Zukunft befasst:

Ich glaube ja sicher, dass einst Arnold das Werk leiten wird [...] und sicher das Zeug dazu hat. Und nun wirst Du aber andererseits verstehen, dass ich, wenn ich auch ein sehr begeisterter Landwirt würde, nun [nicht, EFH] ganz

[38] LAB A Rep. 226 Nr. 217.
[39] Ernst an Annelise von Borsig am 6.3.1927.
[40] Ernst an Annelise von Borsig am 13.10.1927.

Werk Werk sein lassen möchte. Denn man fühlt sich ihm doch sehr nahe ver-
bunden, und mein Interesse wird immer stark bleiben. Mit der Firma verbindet
sich doch auch der Name und Ansehen der Familie, und es ist eben das, worauf
wir alle stolz sind. Und da ist es doch verständlich, dass ich mit dem Werk in
einem bestimmten Verhältnis bleiben möchte und mir nicht geradezu neugierig
vorkomme, wenn ich mal Einsicht in die Firma haben möchte.[41]

In diesem Brief zeigt er ein tiefgehendes Verständnis für Entwick-
lungen und Zusammenhänge, wie er sie erkennt, nämlich, dass eine
leitende Zusammenarbeit zwischen seinem Bruder Arnold und dessen Vetter Albert kaum weniger Spannungen brächte als die zwischen
seinem Vaters und dessen Bruder Conrad, die latent nicht nur das
persönliche Verhältnis der beiden Chefs betreffen, sondern auch die
Situation in der Firma:

Andererseits kann ich aber auch verstehen, dass Arnold möglichst große Frei-
heiten in seinen Handlungen und Entschließungen haben möchte, und doch ist
er da schon immer an Albert gebunden, sodaß diese [Freiheit, EFH] *eigentlich*
fortfällt.[42]

Hier sieht er eine mögliche und wesentliche Aufgabe für sich in
Bezug auf seinen Bruder und seinen Vetter Albert, mit dem er recht
gut auszukommen scheint, einen Ausgleich auch zwischen diesen
beiden schaffen zu können:

Und kann da nicht oft Vermittlung eines Dritten, der mit unbefangenen
Augen die Sache ansieht, segensvoll wirken? Denn ich glaube nicht, dass Ar-
nolds und Alberts Arbeiten besser als das von Dir und Onkel [Conrad Borsig,
EFH] *geht.*[43]

Und ganz allgemein und grundsätzlich gesprochen fährt er fort: *Ist*
es aber überhaupt richtig, dass zwei Menschen, die ein solches Werk leiten, an-
dern, zumal wenn sie auch Sinn haben, dafür verantwortlich sind? Denn da ist
nun doch ein industrielles Unternehmen etwas anderes wie ein Gut, dafür [...]
aber auch größer und verantwortungsvoller.[44]

Dieser Brief an seinen Vater am Tage nach seiner vorzeitigen Volljährigkeitserklärung weist deutlich auf grundsätzliche Schwierigkei-

---

[41] Ernst von Borsig an den Vater, 27.4.1926.
[42] A.a.O.
[43] A.a.O.
[44] A.a.O.

ten im Klärungsprozess der Familie hin, wo offene Worte wie diese in den Gesprächen zu Hause wohl gefehlt haben. Der junge Ernst von Borsig bemüht sich schriftlich um diesen Klärungsprozess, indem er deutlich und ziemlich erwachsen Stellung bezieht.

Demgemäß schreibt er an Annelise: *Sehr nett wäre es von Dir, wenn Du mich mal* **jetzt** *über die Firma ein wenig orientiertest, wie es geht – usw. Mit der Kalkulation ist ja sehr schön, das ist ja wohl die Hauptsache […].*[45]

Sie kann er besonders gut fragen, weil sie nach einem Praktikum und sachbezogenen Studium an der TH Charlottenburg immer wieder in der Firma im metallurgischen Labor, schließlich sogar stellvertretend leitend dort arbeitet, auch wenn die Eltern gemeinsam unterwegs sind oder der Vater seinen Aufgaben in der Öffentlichkeit nachgeht, so dass Ernst gar befürchtet, sie käme gar nicht mehr aus dem „Familiensumpf" heraus, da sie immer noch zu Hause wohnt.

Landwirtschaftliche Ausbildung

Die zukünftigen Berufe der Söhne Arnold und Ernst sind, wie es zu dieser Zeit üblich ist, vom Vater vorbestimmt worden,[46] der damit eine Möglichkeit sieht, sinnvoll eine Erbteilung vornehmen zu können, um Werke und Gutsbesitz den Namensträgern der Familie Borsig zu erhalten: Arnold wird Ingenieur und studiert Wirtschaft, Ernst soll Landwirt werden und das Rittergut Groß und Klein Behnitz übernehmen. Genau so macht es parallel auch des Seniors jüngerer Bruder Conrad Borsig: Sein Sohn Albert soll nach dem Studium in München, nach den kaufmännischen Praktika in Hamburg und dem Aufenthalt in Argentinien leitend in die Geschäftsführung der Firma eintreten, der jüngere Sohn Günther – nach dem Unfalltod des mittleren Bruders Hans im Sommer 1925 in den Bergen des Oberengadins – soll das neu in den Jahren 1922–1925 erworbene Rittergut Prillwitz bei Kyritz in Pommern bewirtschaften und leiten. Die Töchter beider

---

[45]   Ernst an Annelise von Borsig am 7.10.1926, 6.3.1927 und 26.5.1927.
[46]   Berufe der Väter, zukünftiger Beruf des Schülers, Schulakten Roßleben.

Familienteile werden – in immer wieder an die jeweilige Wirtschafts-lage veränderten Testamenten – finanziell abgefunden.

In einem Brief an seinen Bruder schildert Ernst Ende 1925, wie sich schließlich nach langer Suche und einer großen Zahl von Ange-boten durch die Landwirtschaftskammer ein Ausbildungsbetrieb fin-det, den auch der Vater akzeptiert. Offenbar schreibt der Landwirt Reinhold Preiß an Ernst in die Firma, denn Heinz Landmann, der Privatsekretär des Vaters *klingelt [...] an, Herr Preiß, der zukünftige Lehr-herr, hätte geschrieben, er würde es mit mir versuchen, er hätte zwar schon Jahre lang niemanden genommen, aber weil ich es wäre, da wollte er es mal probie-ren, ich sollte mit Papa hinkommen, damit der Papa wüßte, wo sein Söhnchen hinkäme...*[47] Die Mutter dämpft schnelle Reisepläne, sie kennt die Arbeitsfelder ihres Mannes und seinen Terminplan und meint, dass es vor dem 1. Januar – 1926 – wohl nichts würde. Das ist Ernst auch sehr lieb, möchte er doch vor Beginn der Lehre kurz noch einmal nach Darmstadt zu seinem Bruder, um dort eine Frau wiedersehen zu können, die er bei seinem letzten Besuch lieb gewonnen hat: die Malerin Ali Lichtenstein – von der die Eltern jedoch nichts wissen. Die Eltern halten eine solche Fahrt und Ausgabe nicht für sinnvoll, da der Bruder doch bald käme und Ernst gerade dort gewesen sei. Ernst beschreibt in einem Brief an seinen Bruder lebendig und verzwei-felt, wie die Mutter jede neue Truhe oder etwas Schönes zu kaufen wichtiger fände, als ihm eine solche Fahrt zu ermöglichen. Erst als er schließlich sagt, warum er wirklich nach Darmstadt will, ändert sich die rundweg ablehnende Haltung der Eltern im Gespräch ein wenig. Dennoch wird er nicht fahren, es siegt vielleicht doch die „Vernunft" der Eltern.

Lehrjahr in Töschwitz/Niederschlesien

Also wird Töschwitz der erste Ausbildungsort für Ernst. Die Ritter-güter Nieder-Töschwitz und Talbendorf kommen 1904 in den Besitz von Reinhold und Erna Preiß. Sie liegen im Kreis Lüben-Steinau in

---

[47] Ernst an Arnold von Borsig, ohne Datum, Ende 1925.

Niederschlesien und gehören zum Regierungsbezirk Breslau. Preiß errichtet am Ostrand des Straßendorfes Töschwitz in den Jahren 1910 und 1911 ein repräsentatives neues Gutshaus mit einer Parkanlage. Den Gutsverwalter lässt er im alten Wasserschloss Talbendorf wohnen. Seine Erfahrungen als Landwirt und seine Stellung unter den Landwirten im Umfeld werden wohl Auslöser für seine Wahl zum Landesältesten gewesen sein.[48]

Töschwitz mit dem Rittergut Nieder-Töschwitz[49] liegt an der Grenze zwischen dem leicht welligen Breslau-Magdeburger Urstromtal mit seinen Altmoränen und dem davon nördlich gelegenen Glogau-Baruther Urstromtal. Ein kleines Fließgewässer durchquert das Gelände des Guts von Nieder-Töschwitz auf 0,5 ha nördlich der Chaussee und wird nördlich des Schlosses zu einem Teich aufgestaut, ein Park schließt sich an; auf der südlichen Seite der Straße, die nordwestlich-südöstlich verläuft, sind weite Ackerflächen. Die Wälder des Guts liegen noch weiter südlich. Vom Niederhof gelangt man nordwärts auf einer kleinen Straße zur durchgehenden Bahnlinie Stettin–Glogau–Breslau mit einem Personen-Halteplatz am Bahnwärterhäuschen. Der nächste Bahnhof, der auch Güterbahnhof ist, befindet sich in Culmikau, etwas über 5 km weiter östlich an dieser Strecke der preußischen Ostbahn. Um von dort oder dorthin zu kommen, kann man allerdings auch den Postbus nehmen, der in der Ortsmitte hält.

Das Gut mit seinem Park und den Gärten sowie dem Hof hat 8 ha Fläche. Der größte Teil der Nutzfläche besteht aus 260 ha Acker, 10,5 ha intensiv genutzter Weiden und 30 ha Holz. Die Besonderheit der Preißschen Wirtschaft liegt in der Zucht von schweren Kaltblütern, mit denen zu dieser Zeit noch geackert wird; man nutzt sie auch, um das im Spätherbst geschlagene Holz im Winter aus dem Wald zu holen, ohne den ökologischen Zusammenhang zu schädigen oder die anderen Bäume zu verletzen. Der Verkauf von Zuchthengsten spielt zu dieser Zeit sogar für den Gebrauch der Pferde bei der Reichswehr noch eine große Rolle. Besonders auf dem Rittergut Talbendorf wird

---

[48] Mitteilung Georgia Gräfin von Wrangel, 27.12.2011.
[49] Alphabetisches Verzeichnis der Stadt- und Landgemeinden im Gau Niederschlesien mit den dazugehörigen Ortsteilen, Kolonien, Siedlungen, Dresden 1939.

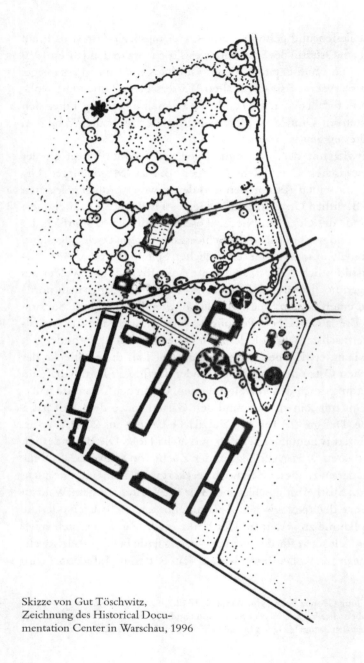

Skizze von Gut Töschwitz,
Zeichnung des Historical Docu-
mentation Center in Warschau, 1996

auch die Zucht von schlesischem schwarz-braunen Niederungsvieh und als eine besondere Spezialität Grassamen- und Zuckerrübenanbau betrieben. Die Vielseitigkeit dieser Arbeitsschwerpunkte von Preiß gibt Ernsts Ausbildung eine große Breite und später auch ausgezeichnete Vergleichsmöglichkeiten mit anderen Betrieben.

Zunächst einmal fühlt sich der nun neunzehnjährige Ernst in Töschwitz wie von seiner Welt ganz abgeschnitten und bittet seinen Bruder Arnold, der sich gerade in London auf einen längeren Amerikaaufenthalt vorbereitet, ganz im Vertrauen in einem Brief, ob der ihm helfen könne, ein Motorrad zu erwerben, um etwas beweglicher sein zu können; finanzieren könne er es nicht. Er schreibt seinem Bruder, unter welchen Zinsbedingungen er Geld von einem Mitarbeiter dafür geliehen bekäme, nämlich zu 15 Prozent. Arnold ist aus mehreren Gründen entsetzt, hat er doch selbst einen Unfall mit seinem Motorrad nur knapp überstanden und weiß im Übrigen, dass die Eltern einen solchen Kauf nie gutheißen würden und dass außerdem dieser Zinssatz völlig überhöht ist. Schon deshalb schreibt Ernst dem Bruder: *Nun dürfen natürlich Papa und Mama überhaupt von allem nichts wissen, denn sie würden sich nur unnütz darüber aufregen, es gäbe außerdem einen großen Krach. Nun mache ich bei Dir die bescheidene Anfrage, ob Du mir das Geld pumpen kannst und was Du mir in der Sache rätst.* Wie um sich vielleicht zu rechtfertigen fügt er an: Da [...] *fahre ich mit Ochsen, Pferden, lade, ziehe Bäume aus dem Wald, stehe den ganzen Tag bei der Dreschmaschine, was eine üble Schweinerei ist usw.*[50]

Arnold schreibt zurück, er habe kein Geld übrig und Ernst könne die notwendigen Wege ruhig mit dem Fahrrad erledigen. Er solle es doch sportlich nehmen, das würden andere auch schaffen. Ernst erlebt diese Antwort als kränkend und als eine Art Bevormundung. Er schreibt dem Bruder wieder und kritisiert ihn heftig; Arnold gibt ihm nun wegen der Form Recht, in der Sache jedoch nicht. Die Brüder können sich klären, denn Ernst sorgt immer wieder beharrlich für eine Klärung, schreibt ihm, fragt und kritisiert auch.

Im Verlauf von Ernsts landwirtschaftlicher Ausbildung bei Reinhold Preiß, bei dem schon der Roßlebener Ehemalige Friedrich von

---

[50]   Ernst an Arnold von Borsig, 5.2.1926.

Kessel gelernt und seine landwirtschaftliche Ausbildung beendet hatte, später bei Wilhelm Meißner in Zuckers in Pommern, wo er den zweiten Teil seiner landwirtschaftlichen Lehre absolviert, erkennt Ernst schließlich immer mehr seine Neigung zur Landwirtschaft, speziell zur Feldwirtschaft. Er findet sich. Und als Arnold ihn in seinem Geburtstagsbrief fragt, ob er wohl den Vater zu oft durch seine Fragen, Behnitz betreffend, von Firmenfragen ablenke, schreibt er zurück, es könne schon sein, *daß Papa hin und wieder durch mich von den Angelegenheiten der Firma abgelenkt und ganz auf Behnitz hingelenkt wird. Dies ist natürlich, da ich des öfteren mich nach Dingen, die in Behnitz geschehen erkundige, darauf aufmerksam mache usw. doch glaube ich, daß es mehr Mamas Einfluß ist der sich dort geltend macht.*[51]

Ernst scheint sich zunehmend der Schwierigkeiten bewusst zu werden, die darin liegen, dass das Gut nicht kontinuierlich im Bewusstsein des Vaters ist, da den die Sorgen um das Wohl der Firma in der immer deutlicher werdenden Wirtschaftskrise umtreiben. Mit der Rolle der Mutter, die offenbar gerne in Tegel und in Behnitz repräsentiert, scheint er trotz seiner Liebe zu ihr auch wegen ihrer Hochschätzung von Materiellem und Förmlichem so seine Schwierigkeiten zu haben.[52]

Trotz sich anbahnender Freundschaften mit verschiedenen Mädchen, die Besucherinnen oder Praktikantinnen auf dem Gut sind, bleibt für ihn *doch die Landwirtschaft [...] aber eben [...] restlos Hauptsache.*[53]

Offenbar tut ihm die Arbeit draußen auf den Feldern und die Hofgemeinschaft in Töschwitz gut, wie er seiner Schwester Annelise schreibt:

Mir geht es nun hier soweit recht gut, und ich muß sagen, daß ich doch sehr zufrieden mit der Landwirtschaft bin, da ich immer so etwas unruhig war, so ist es sicher doch der geeignete Beruf für mich, auch die kolossale Gesundheit, die in allem liegt, ist für mich gut [...]. Du siehst mir macht die Sache Spaß, im

---

[51] Ernst an Arnold von Borsig, 24.10.1926.
[52] Ernst an Annelise von Borsig, 7.10.1926.
[53] A.a.O.

Mutter und Sohn, Weihnachten 1926 auf Reiherwerder

Großen und Ganzen liegt mir die Ackerwirtschaft wohl doch mehr als Vieh,
was ökonomisch wohl nicht das Wahre ist, doch es ist halt so [...].[54]

Inzwischen besucht Reinhold Preiß am 26. Juni 1926 auch die Familie Borsig in Berlin-Tegel auf dem Reiherwerder, wo er von Ernsts immer wachsendem Interesse und seinem vollen Einsatz berichtet, dass er sehr gut in die Hofgemeinschaft Nieder-Töschwitz hineinpasse.[55]

Ernst genießt bei der Familie Preiß Familienanschluss und schätzt das offenbar auch sehr. Zum Dank für die aufopfernde Arbeit von Frau Preiß und ihre nie nachlassende Freundlichkeit möchte er gerne zum Geburtstag von Erna Preiß etwas Besonderes veranstalten und schreibt deswegen an seine Schwester Annelise:

Eine große Bitte hab ich an Dich. Am 23ten August hat Frau Preiß Geburtstag. Wir haben die Absicht, falls wir etwas Hübsches finden, ihr ein Stück

---

[54] A.a.O.
[55] GBReih 26.6.1926.

aufzuführen [...]. *Es muß etwas modernes, lustiges, leicht Aufführbares sein,
nicht so Hans Sachs* [...]. *Zu lang darf es natürlich auch nicht sein, weil wir
höchstens mit den Mädels 2–3 Tage vorher proben können.*

Er bittet Annelise, in Berlin doch zum Buchhändler zu gehen, um
ein Stück für 3 Herren und ein weiteres für 3 Herren und 2 Damen
herauszusuchen. *Du weißt so ungefähr, was ich meine* [...] *Es würde ihr
diebischen Spaß machen, und es wäre ein Zeichen großer Dankbarkeit, die wir
ihr schulden, aber auch ihm würde es großen Spaß machen. Also sei so gut, aber
bald* [...] *weil wir doch noch alles in Gang setzen müssen.*[56]

Wie die Sache dann ausgeht, bleibt im Dunkeln – vermutlich aber
sehr lebendig, da das Theater-Spielen bei Borsigs zu Hause schon üblich war und Ernst klare Vorstellungen zu haben scheint, wie es zu
bewerkstelligen ist.

Anlässlich eines für ihn *sehr, sehr netten* Geburtstagsbriefes von
Arnold äußert sich Ernst ziemlich sorgenvoll über die Zukunft der
Landwirtschaft in Deutschland: *Ich muß sagen, daß mir die Landwirtschaft
große Freude macht, und doch habe ich Angst, daß in wenigen Jahren sie immer
mehr hier an Bedeutung verliert* [...]. Ernst schließt in seinem Brief Gedanken über die wirtschaftliche Entwicklung Deutschlands ein, die
durchaus Hand und Fuß haben. Er fragt sich zum Beispiel, ob und wie
die Landwirtschaft durch Schutzzölle gesichert werden könnte, bittet
Arnold auch deswegen, ihm das amerikanische System der Schutz-
zollpolitik zu erklären.[57]

Am Ende des ersten Lehrjahres blickt Ernst in einem sehr ausführlichen Brief an seinen Bruder Arnold, der in den USA Arbeitsstruk-
turen und Betriebsverhältnisse studiert und auch den Einsatz von
Landmaschinen auf einer Farm in Cincinnati durch eigenes Mitarbei-
ten untersucht, auf dieses Jahr zurück. Im Vorfeld hatte Arnold Ernst
in die USA eingeladen, damit er die amerikanischen Methoden insbesondere der Viehhaltung und Milchwirtschaft kennen lernen solle.
Zusammenfassend antwortet Ernst: *Lieber Arnold, so leid es mir tut und
so gern ich kommen würde da es für mich ja sicher netter ist drüben mit Dir
zusammen zu sein, so halte ich doch es für meine Ausbildung augenblicklich*

---

56 Ernst an Annelise von Borsig, vermutlich Juli 1926.
57 Ernst an Arnold von Borsig in die USA, 24.10.1926.

46

für verkehrt und ich glaube, daß ich unendlich viel mehr [da, EFH] *von haben werde, wenn ich später rübergehen werde.*[58]

Ernst tauscht sich brieflich mit seinem Bruder auch über die Möglichkeiten aus, wie man die noch sehr teuren Borsigschen Dampfpflüge den Landwirten besser und preislich günstiger anbieten könnte. Sie würden die Böden nicht so verdichten wie die jetzt günstiger auf den Markt kommenden Traktoren. Mit Zugpferden gäbe es diese Bodenverdichtung eben auch nicht, wie er festhält.[59]

Trotz seiner erst zwanzig Jahre sieht Ernst sehr deutlich mit seinen Erfahrungen in der ersten Lehrstelle in Niederschlesien, dass er nach einem Jahr Tätigkeit in einem landwirtschaftlichen Großbetrieb wie dem in Töschwitz sowie zahlreichen Besuchen auf unterschiedlichen und auch vergleichbaren Gütern und ohne ein vertiefendes Studium noch nicht die Grundlagen hat, um nützliche Erfahrungen durch das Arbeiten in einer ganz anders gearteten Landwirtschaft wie der amerikanischen machen zu können, die zu wirklichen Verbesserungen zum Beispiel für den Gutsbetrieb in Groß Behnitz führen würden. Er kann das auch begründen:

Ich muß erst hier einmal lernen, was wirklich Landwirtschaft ist […]. *Der Amerikaner arbeitet mit Kapital, der Deutsche ohne, aber mit Menschen.* […] *Es geht* […] *in der Deutschen Landwirtschaft augenblicklich so schlecht, daß d. Landwirt wie wahnsinnig arbeiten muß.* […] *Es wird wohl mehr gearbeitet als in der Industrie, da Direktoren fehlen und es den Leuten selber ans Portemonai geht. Du kennst nun hier z. gr. Teil nur die adeligen Großgrundbesitzer, die früher wenig taten,* […] *aber bist wenig in die wirklichen Landwirtschaftskreise gekommen, die nicht Feudalherren sind, die ihre Sache erst mal landwirtschaftlich glänzend aufziehen und dann auch kaufmännisch* […] *Du ahnst nicht, wie hier teilweise gearbeitet* [wird, EFH], *allerdings vom Großgrundbesitz nur, d. Bauer ist doch noch zu schwerfällig. Ich bin nun fest eigentlich davon überzeugt, daß rein landwirtschaftlich hier mehr geleistet wird, daß wir kaufmännisch allerdings noch viel lernen müssen.* […] *Ich bin doch teilweise auf soviel Gütern gewesen, die einfach in jeder Beziehung glänzen. Nun sagst Du gerade, daß man in Vieh und Milchwirtschaft viel lernen kann, das glaube ich auch, doch*

---

58 Ernst an Arnold von Borsig in die USA, 9.2.1927.
59 Ernst an Arnold von Borsig in die USA, 24.10.1926.

ist es für mich jetzt [...] *wichtig, da ich in einer ausgesprochenen Viehwirtschaft war, jetzt mich stark mit Ackerbau zu befassen, da dies bei 6000 Morgen Feld* [wie in Behnitz, EFH] *doch immerhin sehr wichtig* [...][60]

Ob es wohl bei dem Zwanzigjährigen zusätzlich eine Rolle spielt, dass er hier in Deutschland auch seiner Schwester Annelise nahe sein möchte? Mit ihr möchte er im Kreis von anderen Freunden ins Riesengebirge zum Skifahren, und als Quartier wollen sie in der „Wolfsbaude" bei Spindelmühl auf der böhmisch-tschechischen Seite in den Sudeten unterkommen. Oda von Mallenberg aus dem Preiß-Kreis hat ihn und Annelise dazu aufgefordert, mitzukommen. Ernst ist sich wohl nicht ganz sicher wie die Schwester das finden wird, denn er kann nicht Skilaufen, und es käme wohl so der ganze schlesische Hochadel mit; er kenne die meisten Leute nicht, doch nach dem Urteil von Oda Mallenberg seien einige recht nette drunter, *auch Herren*..., eine Verbeugung und ein Hinweis an sie, Ernst lässt es Annelise aber ganz offen:

Doch lieber Schatz, ich richte mich ganz nach Dir, willst Du nicht, geht Brüderchen woanders mit hin. Vor unserem Skilaufen brauchst Du keine Angst zu haben. Fast alle, die mitmachen, können auch nicht... Jedenfalls solle sie schon Zimmer vormerken, abbestellen könne man sie immer noch.[61]

Es geht hier tatsächlich um das Laufen und Touren in der Weite und auf den Kämmen des Riesengebirges. Annelise war mit dem älteren Bruder drei Jahre zuvor auch auf Skiern gewesen. Ernst wird ihm im Februar in die USA schreiben und berichten, dass er mit Annelise *jetzt 14 Tage zum Skilaufen war: Es war einfach fabelhaft schön. Wir beide haben zusammen in einem Zimmer geschlafen infolge Raummangels.... Und ich sage Dir, Touren haben wir gemacht, das war einfach fabelhaft, es ist ja so wunderschön, der Skisport, am liebsten möchte ich noch einmal gehen. Auch wenn man wenig kann, hat man so viel Freude dran.*[62]

Ernst erwähnt in dem Brief an Arnold, dass *hier eine Tanzerei mit 12 alten Roßlebenern war, was für mich besonders nett war.* Das muss wohl

---

60   Ernst an Arnold von Borsig, in die USA 9.2.1927.
61   Ernst an Annelise von Borsig, vermutlich Mitte Dezember 1926.
62   Ernst an Arnold von Borsig, 9.2.1927.

das Tanzfest vom 5. Februar 1927 gewesen sein, ein großes Wiedersehen, und dem war ein Fest am 10. Januar vorangegangen, was durch das Skilaufen schon fast vergessen war. Dass es ihm möglich ist, in dieser Zeit nicht in Töschwitz arbeiten zu müssen, dürfte dem kalten Winterwetter geschuldet sein und dem anstehenden Wechsel seines Ausbildungsplatzes nach Zuckers in Pommern. Auch im Juni ist er gelegentlich wieder in Tegel, *da Preiß [...] nicht da ist und es doch zu Hause einiges zu feiern gibt.* [63] Das ist zum Beispiel der Polterabend der älteren Schwester Margret, zu dem auch einige seiner Roßlebener Freunde kommen.

Ernst berichtet dem Bruder schließlich von einem Gespräch mit Conrad von Wangenheim, einem der älteren nahen pommerschen Freunde der Eltern. Wangenheim ist Vorsitzender des BDL, des Bundes Deutscher Landwirte, und empfiehlt ihm noch kurz vor seinem Tod die Fortsetzung der landwirtschaftlichen Lehre auf dem Meißnerschen Gut in Zuckers bei Sellin in Pommern, das er gut aus nachbarschaftlichen Verhältnissen kennt. Auf Meißner halte er große Stücke.[64]

Lehrjahr im pommerschen Zuckers

Diesem Rat folgt er ab Juli 1927, lebt und lernt in Zuckers bei der Familie von Wilhelm Meißner, ziemlich weit ab vom öffentlichen Verkehr. Deshalb versucht er in der Folge wieder, ein Fahrzeug zu erwerben und nicht nur ein Fahrrad zu benutzen, da die pommerschen Sandwege damals wie heute zum Radfahren kaum geeignet sind.

Zuckers liegt zwischen Stolp und Rummelsburg abseits der ehemaligen nord-südlich verlaufenden Deutschen Reichsstraße 125; die nächste Bahnstation der Kleinbahn von Zollbrück nach Bütow ist weiter südlich vom Nachbarort Sellin, südwestlich liegen Missow und Gumenz, wiederum Stammgüter der Puttkamers, mit deren Söhnen er seit seiner Roßlebener Schulzeit befreundet ist. Zuckers ist im 19.

---

[63] A.a.O.
[64] A.a.O.

Jahrhundert noch im Wesentlichen Besitz derer von Puttkamer und wird erst ab 1909 von Wilhelm Meißner erworben. Ernst kommt hier also in gewisser Weise in ihm vertrautes Freundesland.

Die Landschaft um Zuckers ist hügelig-sandig, weite Felder bestimmen die eiszeitlich geprägte Landschaft mit vielen Findlingen, und ein kleiner Bach aus den sumpfigen Niederungen nördlich von Zuckers schlängelt sich durch das Dorf nach Südwesten bis zur Biesternitz. Südwestlich des Gutes gibt es einen Bruch mit Torfstich, und im Sommer laden in der Umgebung einige kleinere Moorseen als frühere Toteisseen zum Baden ein. Da geht er gerne mit den Mitarbeitern und Praktikantinnen an den heißen Sommernachmittagen hin. Südlich des Flüsschens gibt es einigen Wald.

Hier in Pommern erlebt Ernst eine ganz andere Landschaft als in Niederschlesien, die besondere pommersche Bodenstruktur und das Meißnersche Familienleben, das geprägt ist durch die jahreszeitlichen Aktivitäten und die Fahrten zu den benachbarten Gütern zu deren Familienfesten. Er schreibt Annelise, dass er so auch auf das Köllersche Gut kommt und dort ihre Freundin Marie-Lies wiedertrifft, die bei Meißners Praktikantin war.

Die Aussicht auf ein kleines Auto, das ihm seine Eltern ermöglichen wollen, materialisiert sich im August 1927, und er bittet Annelise, es ihm doch aus Berlin zum Gut der Eltern von Marie Elisabeth von Köller nach Jakobsdorf bei Labes, südlich von Kolberg, mitzubringen, wohin er einen Tag im September fahren will, um Marie-Lies, Anneliese beste Freundin, vor ihrer Hochzeit noch einmal zu sehen. Sie hat er bei den Tanzfesten auf dem Reiherwerder kennen und bei Meißner als Praktikantin schätzen gelernt und verehrt sie sehr:

Marie-Lies ist doch d. fabelhafteste Kerl, den ich kenne und sie hat mir trotz ihrer Verlobung wohl soviel gegeben wie noch kein anderes Mädel. Und gleich danach schreibt er weiter über sich und die Berufsaussichten in Zuckers: *Ich bin jetzt hier so ganz zufrieden, trotzdem ich mich vor der Büroarbeit graule, doch ich denke noch genug rauszukommen. Ich trage mich jetzt mit dem Gedanken, eventuell noch nächsten Sommer als richtiger Inspektor zu bleiben, wenn er [Meißner, EFH] es möchte. Er lässt einem doch viel Freiheit in allem Disponieren, daß ich wohl eine bessere und selbständi-*

gere Stellung auch nach d. Studium nicht finden werde, zumal er so viel fort ist [...].[65] schreibt Ernst an Annelise am 25. August 1927. Ganz offenbar wird er an die landwirtschaftliche Buchführung, aber auch an die Verantwortung für das wirtschaftliche Geschehen auf dem Gut herangeführt.

Deutlicher wird er noch einmal später: *In meiner Tätigkeit bin ich ganz befriedigt, wenn es auch nicht immer zu interessant. Dieser Bürokratismus zum Davonlaufen. Aber ich habe doch zu tun und weiß, wofür ich dabin, ein wenn auch geringes, doch immerhin etwas nützlich Glied d. menschlichen Gesellschaft, was bis dahin teilweise Fehlanzeige war* [...]. *Ich bin hier nur restlos glücklich, wenn ich recht viel zu tun habe, was jetzt eigentlich der Fall ist* [...], schreibt Ernst kurz vor seinem 21. Geburtstag an Annelise.[66]

Diese Äußerung weist auf eine Haltung sich selbst gegenüber hin, die mit den vorher so häufig wiederkehrenden Selbstzweifeln verbunden ist. Nun endlich spürt er sein Potential und findet tiefe Erfüllung in verantwortlicher Tätigkeit.

Ernst, der durch seinen Lehrherrn Wilhelm Meißner erheblich mehr als auf dem Töschwitzer Ausbildungsgut auf Fragen der Ausbildung gestoßen wird, bringt das auf dem agrarpolitischen Feld mit der Tätigkeit der Deutschen Landwirtschaftsgesellschaft und den Landwirtschaftskammern in Verbindung, *die beide Gott sei Dank nicht im Geringsten politisch wirken* [...] und meint damit parteipolitisch, wovon er nun eben gar nichts hält.[67]

So intensiv steigt Ernst in die Aufgaben in Zuckers ein, dass es unklar ist, ob er Weihnachten 1927 nach Hause kann oder den dortigen Inspektor vertreten wird; das trifft auch für Neujahr zu, so dass sich die möglichen Besuche auf dem Reiherwerder und in Behnitz gegenüber denen im Jahr zuvor erheblich reduzieren.[68] Schließlich erfährt er höchstes Lob durch Wilhelm Meißner und erhält eine ganz unerwartete Gratifikation.

Ein halbes Jahr nach Ernsts Arbeitsantritt in Zuckers schließlich besucht Wilhelm Meißner Anfang Februar 1928 mit seinen Töchtern

[65] Ernst an Annelise von Borsig, 25.8.1927.
[66] Ernst an Annelise von Borsig, 13.10.1927.
[67] Ernst an Arnold von Borsig, 9.2.1927.
[68] Ernst an Annelise von Borsig aus Zuckers am 12.12.1927 in die USA.

Annelise und Ernst von Borsig auf
dem Reiherwerder

Berlin und den Reiherwerder und bleibt dort über Nacht. Er wird
sich auch da ausgesprochen positiv über Ernsts Tätigkeit geäußert
haben, und Ernst entschließt sich in der Folge, bis in den Dezember
1928 hinein eine verantwortliche Stellung in Zuckers als Inspektor
auszuüben und den tatsächlichen Beginn seines Studiums, für das er
sich in München für das Wintersemester 1928/29 eingeschrieben hat,
aufzuschieben. Er erlebt diese verantwortliche Tätigkeit als für sich
so wichtig, dass er seinem Vater erklärt, dass wenn sich eine weitere
solche Stelle böte, er sofort das Studium zugunsten einer solchen Gelegenheit aufgeben würde. Er schreibt ihm auch diesbezüglich einen
längeren Brief im November dieses Jahres nach Ragusa, wo der Vater
sich nach längerer Krankheit erholt. Dabei stellt er ihm eine ganze
Reihe fachlicher Fragen zur Situation in Behnitz. Der Vater antwortet ihm prompt in einem sehr ausführlichen, sachlich ausgewogenen
Brief, in dem er gründlich auf alle Fragen Ernsts eingeht und sich mit

Ernsts Tätigkeit für Meißner durchaus einverstanden erklärt, *wenn Du glaubst, daß es Dir im Studium keinen Eintrag bringen wird, denn Du verlierst natürlich das ¼ Jahr, nicht etwa formell, sondern de facto.*[69]

Ernst beantwortet diesen Brief gleich am 5. Dezember und fasst seine Situation offen so zusammen: *Du weißt garnicht, was für Freude es mir macht, so richtig loszuwirtschaften* [...] *Wann ich zurückkomme, wird Dir wohl egal sein, da vor Weihnachten es mit d. Studium doch nichts wird. Ich hoffe, dass es Dir recht sein wird, wenn ich dann schon etwas intensiv in Behnitz nachher rumgucke, da ja für mich dies jetzt* [...] *vermutlich das Wichtigste ist.* Gelegentlich hatte Ernst wahrgenommen, wie sein Vater in diesem Punkt mit seinem jüngeren Bruder Conrad aneinandergeraten war.[70]

Politische Entwicklung und Studium in München

Ernst äußert sich noch nicht einundzwanzigjährig häufig in deutlichen Worten seinen Geschwistern gegenüber über die politischen Verhältnisse, will sie selbst durchschauen, um Entscheidungen fällen zu können, will sich beteiligen. Auch tauscht er sich mit seinem Bruder Arnold über dessen Ansichten aus. Arnold schenkt seinem Bruder 1926 zu dessen 20. Geburtstag zum Beispiel zwei Bände der Rathenau[71]-Briefe, die Ernst *sehr interessant zu sein scheinen*; vielleicht ein kleiner Hinweis auf die Denkrichtungen der Brüder, die sich in manchem von denen der Eltern absetzen.[72]

Politisch sieht es hier recht finster aus, schreibt er seinem Bruder im Februar 1927 in die USA: *die Deutschnationalen sitzen wieder in d. Regierung drin, wohl alle ziemlich unfähig, das sind schon Trottels. Jetzt zanken*

69 Ernst Borsig sen. aus Ragusa an Ernst jun. nach Zuckers, 25.11.1928.
70 Ernst an den Vater, 5.12.1928; EB an AvB 1918, 27–29.
71 Walther Rathenau, Industrieller und Schriftsteller, wegen seiner jüdischen Herkunft und russlandfreundlichen Politik von den Rechten 1922 ermordeter Reichsaußenminister.
72 Ernst an Arnold von Borsig, 24.10.1926.

diese Leute noch rum, ob Monarchie oder Republik die geeignete Staatsform ist. Ha, mancher lernt's nie. Es ist schon traurig [...].[73]

Von zu Hause aus hat Ernst durch den Vater und die Freunde der Eltern ein durch und durch nationalkonservatives politisches Umfeld. Durch die Ideen seiner Lehrer hat sich sein gedankliches Umfeld darüber hinaus geweitet, und in der Landwirtschaft wie auch in der Industrie herrschen ziemlich klare Vorstellungen darüber, wie man beweglich handeln muss, um wirtschaftlich erfolgreich zu sein.

Offenbar ist es besonders die Mutter, die versucht, die Söhne in ihrer Haltung zu beeinflussen. Als Ernst in England seine in München erworbenen sprachlichen Kenntnisse vertieft, berichtet er seinem Bruder Arnold über die Reaktion der Mutter auf dessen Versuch, mit seinen Freunden und auch aus der Firma heraus politischer zu werden: Arnold war nach seiner Rückkehr aus den Vereinigten Staaten mit einer Reihe von Freunden seines wirtschaftspolitischen Gesprächskreises in die Deutsche Staatspartei eingetreten, die Artur Mahraun[74] 1930 gegründet hatte.

Mama schrieb mir einen entsetzten Brief über Deinen Beitritt zur Staatspartei. Obwohl ich nicht so entsetzt, finde ich es ungünstig, daß Du Deinen Namen für eine Sache gibst, von der man noch keine Ahnung hat wohin sie geht. Mahraun ist mir mit seinen Gedanken äußerst unsympathisch, und wer noch die führende Rolle spielen wird, weiß man doch nicht. Besonders unpraktisch finde ich es aber vor der Wahl. Aber immerhin wirst Du die Sache überlegt haben, ich kann es von hier nicht recht übersehen [...].[75]

Ernst argumentiert hier noch ganz in der Weise, wie es wohl zu Hause üblich ist: erst muss man wissen, wo es hingeht und ob es Erfolgsaussichten gibt. Und seinen Namen, den der Borsigs, darf man nur dem Erfolg geben. Einen vergleichbaren Brief an Arnold hatte es von Heinz Landmann, seinem Freund und Privatsekretär des Vaters gegeben, als er sich für die Errichtung eines Instituts der Arbeit einsetzte und seinen Namen unter den Gründungsaufruf gesetzt hatte,

[73] Ernst an Arnold von Borsig, 9.2.1927.
[74] Artur Mahraun (1890–1950).
[75] Ernst an Arnold von Borsig aus Surrey/GB nach Berlin am 2.9.1930, hs Original, LAB A Rep. 226, Nr. 1284, Dok. 0069.

obwohl er ja noch keinerlei äußerliche Meriten erworben und damit *nur den Namen der Väter eingesetzt* hätte.[76]

Wenig später allerdings relativiert Ernst seinen Brief aus Surrey im Süden von London und gesteht dem Bruder eigene Ausflüge in die Politik zu. Leider liegt der Antwortbrief von Arnold an Ernst nicht vor, aber Ernst dankt ihm nach seinem Umzug nun aus Sussex für seine ausführliche Antwort.

Dein Eindruck von Mahraun ist sehr interessant, und ich kenne ihn nicht, nur die Propaganda der Jungdo gefiel mir sehr daneben. Im übrigen bin ich der Volkskonservativen Partei beigetreten [...] bin aber über Treviranus[77] schwer entsetzt, wenn die Leute blos ihre verdammte Demagogie zu Hause ließen. In kulturellen Sachen usw. bin ich garnicht einverstanden mit ihr, doch es ist meiner Ansicht nötig, nun so vernünftige Rechte als Gegengewicht zu haben [...]. Im übrigen habe ich mich mehr und mehr zu Deiner Ansicht bekannt, daß ein Regieren ohne Sozialdemokratie in diesem Winter unmöglich ist und es hat den Anschein als ob sie beginnt vernünftig zu werden [...].[78]

Hier sieht man mehrerlei: Ernst zeigt, woher die eigene Kritik zunächst stammt, und vielleicht ist die Meinung der Mutter auch die des Vaters, die hier indirekt weitergegeben wird. Ernst verurteilt nicht wirklich, sondern erwartet Informationen von seinem Bruder – die ihm dieser postwendend gibt – es kommt das eigene, gefühlsgeladene Urteil und schließlich das Darstellen der eigenen Aktion durch den Beitritt zur Volkskonservativen Partei, zuletzt das Zustimmen zur Einschätzung seines Bruders über die Rolle der Sozialdemokratie. Das Politische bei ihm ist hier noch sehr beweglich. Das ändert sich in München schnell und gründlich spätestens in der Konfrontation mit den Studenten, die dem nationalsozialistischen Studentenbund (NS-DStB) angehören.

Sein Studium beginnt er nach seiner praktischen Ausbildung mit jetzt 22 Jahren in München, der bayerischen Metropole, recht weit weg von Berlin, wobei er einem familiären Vorbild zu folgen scheint, seinem Vetter Albert, der vier Jahre älter ist als er und im Juli 1927

---

[76] Heinz Landmann an Arnold von Borsig, 25.10.1924.
[77] Gottfried Treviranus (1891–1950).
[78] Ernst an Arnold von Borsig um den 20.9.1930 aus Sussex/GB, handschriftliches Original LAB A Rep. 226, Nr. 1284, Dok. 0065.

sein Wirtschaftsstudium dort mit einer Dissertation abgeschlossen hatte, die mit *magna cum laude* bewertet wurde. Hinter ihm will er nicht zurückstehen.

München hat zu dieser Zeit eine gut besetzte Staatswirtschaftliche und eine Juristische Fakultät, wo Ernst Professoren begegnet, die fächerübergreifend denken und lehren. Zu diesen gehören auch Dr. Hans Nawiasky für Staatsrecht, mit dem er sich befreundet und bei ihm zu Hause verkehrt, Dr. Otto von Zwiedineck-Südenhorst für Nationalökonomie und Finanzwissenschaft und Dr. Lujo Brentano auf dem gleichen Gebiet, der zusätzlich die Wirtschaftsgeschichte vertritt, dazu sein späterer Doktorvater Professor Dr. Adolf Weber, auch ein Nationalökonom. Hinzu kommt Dr. Max Endres für Forstpolitik und Jagdwesen.[79] Seinen Professoren, den Geheimräten Jakob Strieder für Wirtschaftsgeschichte und Wirtschaftsgeographie und Walter Lotz für Statistik und Nationalökonomie, fühlt er sich bis zu seiner Dissertation *zu großem Dank verpflichtet.*

Dass Universität und Technische Hochschule in München eng zusammenarbeiten, macht ihm die Kombination seiner Fächer leicht: Landwirtschaft und Volkswirtschaft, in denen er seine Diplome macht, kann er so verbinden. Einen Schwerpunkt setzt Ernst persönlich mit dem Jurastudium, das er sicher nicht nur wegen seiner Kommilitonen dort ergreift. Studienkollegen, die er besonders schätzt, findet er offenbar in der juristischen Fakultät, wo er auch den ehemaligen Roßlebener Philipp von Münchhausen wiedertrifft; zwei seiner Jura-Kommilitonen werden zu festen Freunden: Heinz von Bodelschwingh und Walter Seuffert[80]. Seuffert ist Assistent des Staatsrechtlers Nawiasky, den Ernst als Persönlichkeit schätzt und als Lehrer verehrt. Beide Kommilitonen werden ihn später regelmäßig in Behnitz besuchen.

Annelise fragt den Bruder brieflich an, ob er ihrer Freundin Margrethe von Kries[81], die ein halbes Jahr jünger ist als er und die er von

---

[79]   Personenstand der Ludwig-Maximilians-Universität München, Sommerhalbjahr 1926, München 1926.
[80]   Walter Seuffert (1907–1989).
[81]   Informationen durch Ina-Maria Hildmann, geb. Naudé, Tochter von Margarethe von Kries, verh. Naudé, an EFH 2013.

den gemeinsamen Tanzereien auf dem Reiherwerder kennt, für das Studium in München ein Zimmer besorgen könne. Er findet eins für sie in der Gentzstraße, gerade mal knapp fünf Minuten von seiner Wohnung entfernt. Die in der Bündischen Jugend aktive junge Frau interessiert sich auch für Ernsts Themen und besucht mit ihm die Vorlesungen von Professor Nawiasky, wirft sich ansonsten aber mit Elan auf die Theaterwissenschaft, Kunstgeschichte und Geschichte, dazu das Gotische und die Religion. Mit Gretchen fährt er nach Salzburg und besucht mit ihr den *Jedermann*, fährt auch gern mit ihr in die Berge, um Touren mit ihr zu machen. Montags früh sitzen sie dann wohl gelegentlich etwas verkatert gemeinsam in einer Vorlesung.

In München wohnt Ernst Borsig in der Agnesstraße 10 im 2. Stockwerk[82], fast an der Ecke zur Isabellastraße, von wo er – auch mit seinem kleinen Ford – erst südlich und dann am Friedhof nach links die Adalbertstraße hinunterfährt, die Arcis-, Barer-, die Türken- und die Amalienstraße kreuzend bis zur Ludwigstraße an die Universität, ein Weg, den er natürlich auch zu Fuß oder mit dem Rad zurücklegen könnte.

Nur ein kleiner Umweg auf dem Weg zur Universität ist der Schlenker in die Schellingstraße 62, Ecke Schraudolphstraße zur Osteria Bavaria, dem Italiener, wo er gerne mit seinen Freunden mittags isst. Dass er mit einem Auto – und keinem deutschen – fährt, wird von den Mitstudenten natürlich bemerkt. In dem Artikel des *Völkischen Beobachters* zur Affäre um den von Ernst so geschätzten Professor Nawiasky wird er deswegen sogar ausdrücklich spöttisch-kritisch als *Salonsozialist* angeprangert.[83]

München ist zu dieser Zeit auch für Ernst von Borsig ein hoch politisches Pflaster. Hier erlebt er die Gegensätze zwischen den nationalsozialistischen Radaustudenten und ganz unpolitischen Studierenden; dazwischen steht er mit seinen Freunden. In den Gesprächen mit den Studienkollegen, besonders aber mit Walter Seuffert und mit Professor Nawiasky bildet sich seine politische Anschauung weiter

---

82 Personenstand der Ludwig-Maximilians-Universität München, Winterhalbjahr 1932/33, München 1932.
83 *Völkischer Beobachter*, Reichsausgabe, München, Sonntag/Montag, 28./29.6.1931, S.1.

Ernst von Borsig junior, Geheimrat Ernst von Borsig,
Arnold von Borsig, September 1929

heraus. Die daraus erwachsende Sicherheit in der Führung von Gesprächen kommt ihm in der akademisch-politischen Arbeit im später von ihm geleiteten Klub zugute.

Gelegentlich und viel seltener als früher fährt er von München nach Berlin, um die Eltern zu besuchen und Freunde zu sehen. Selbstverständlich wird er sich zum 60. Geburtstag seines Vaters am 13. September 1929 nach Berlin begeben haben, wo es vorher einen Fototermin mit dem Vater und dem älteren Bruder gibt. Die Sorgen über die Firma stehen den drei Männern hier ins Gesicht geschrieben. Zum Fest selbst aber flüchtet sich der Vater mit der Familie auf das Schnitzlersche Gut zu seiner jüngeren Schwester Hedwig von Schnitzler nach

Klink an der Müritz, um den anstehenden Ehrungen, Besuchen und Verpflichtungen nach Möglichkeit zu entgehen.

Sooft es ihr möglich ist, besucht Annelise den Bruder in München, wenn sie sich nicht in Berlin auf dem Reiherwerder treffen können. Mit ihm besucht sie auch im Februar 1931 die Eltern, die in Oberstdorf im Allgäu zur Erholung sind.

Aus Tegel erfährt Ernst selbstverständlich sowohl vom Vater wie auch von Heinz Landmann alles, was ihn – auch bezüglich des Studiums – interessieren könnte, so hört er zum Beispiel von einer Tagungseinladung der Friedrich-List-Gesellschaft, zu der ursprünglich der Vater als Landwirt aufgefordert wird. Es geht gemäß dem Thema um *Deutsche Agrarpolitik im Rahmen der inneren und äußeren Volkswirtschaftspolitik.* Heinz Landmann empfiehlt ihm die Teilnahme daran sehr, da *angesichts des ausserordentlichen Niveaus, das die Tagungen der Friedrich List-Gesellschaft bis jetzt immer gehabt haben, die Teilnahme an der ganzen Tagung für Dich sehr wichtig sein wird [...].* Heinz Landmann weist ihn auch darauf hin, dass die Teilnahme an so einer Tagung nicht ein Vergnügen, sondern Arbeit sei, *da ziemliche Anforderungen an die Aufnahmefähigkeit und Arbeitsfähigkeit gestellt* würden.[84]

Natürlich spannt Ernst auch die Eltern gelegentlich ein, um Materialien für die Arbeit an seiner Dissertation zugesandt zu bekommen, die er in seinem Zimmer gelagert und dort vergessen hat. Und dass er dann auch noch holländische Zigarren für seinen Freund Walter Seuffert vom Vater erbittet, spricht dafür, wie sehr er Seuffert und das fachlich-vertiefende Gespräch mit diesem schätzt.[85]

Es ist zu vermuten, dass Ernst, dem Vorbild des älteren Bruders folgend, in München zu seinen eigentlichen Studienfächern auch Philosophie bei Professor Kurt Huber hört, dem späteren Mitglied des Kreises um die Geschwister Scholl. Huber dürfte auch die in dieser Zeit schärfer werdende Auseinandersetzung zwischen den politischen Gruppen an der Universität thematisiert haben. Denn nicht nur in der Universität, auch im und auf dem Lande mehren sich die Kon-

---

[84] Heinz Landmann an Ernst von Borsig, 17.7.1931 zur Tagung 23.–27.10.1931.
[85] Ernst von Borsig an die Eltern, hs, 12.11.1931, LAB A. Rep. 226 Nr. 227 Dok.165f.

Annelise, Ernst und die Mutter Margarethe von Borsig in Behnitz etwa 1930

frontationen zwischen links und rechts, auch in Behnitz, am Rande der Kreisstadt Nauen, wo es im Februar 1931 im Saal der Behnitzer Gastwirtschaft von Glimm bei einer öffentlichen Versammlung der NSDAP zu einer Schlägerei und einem Schusswechsel zwischen Nauener Kommunisten und SA-Leuten kommt, dessen juristische Untersuchung allerdings später im Sande verläuft.[86]

Davon wird Ernst von Borsig sicher gehört haben. Dass er ein gutes Vierteljahr später selbst in eine Schlägerei mit nationalsozialistischen Studenten geraten würde, stellt er sich da sicher nicht vor, auch wohl nicht, dass er zwölf Jahre später unmittelbar nach der Verhaftung der Geschwister Scholl nach München fahren wird, um zu sehen, ob er den beiden helfen kann und ob noch anderer studentischer Widerstand gegen das nationalsozialistische Regime dort existiert. Allerdings erlebt er auf jener winterlichen Reise in München die grauenerregend aufgepeitschte Pogromstimmung unter den Studenten gegen

[86]   LAB A. Rep. 358-01 Nr. 608.

die so genannten Feinde des Reiches, kann aber wohl das letzte, bis dahin noch unveröffentlichte 6. Flugblatt der Weißen Rose, das von dem erst später verhafteten Kurt Huber verfasst ist, bekommen; höchst wahrscheinlich gelangt es durch ihn zu Moltke, der es nach Istanbul mitnimmt, von wo es über die westlichen Geheimdienste nach England gebracht und später von Flugzeugen der englischen Royal Air Force über Deutschland abgeworfen wie auch über Radiosendungen der BBC verbreitet wird.[87]

Studienfreunde und die nationalsozialistischen Studentenkrawalle

Einige von Ernst von Borsigs Münchner Studienfreunden erschließen sich durch Berichte über die seinerzeit von den Nationalsozialisten so genannte Nawiasky-Affäre in München, andere als Mitglieder des Akademisch-Politischen Clubs, den Ernst zeitweilig leitet. Viele werden ihn später in Behnitz besuchen. Zu den Münchener Freunden gehört Walter Grünfeld[88], der im Sommersemester 1931 in München studiert und auch Ansichten der Deutschen Staatspartei zuneigt. Grünfeld ist, aus Berlin kommend, Vertreter des Deutschen Studentenverbandes und des demokratischen Studentenbundes und schreibt in seinen Erinnerungen lebendig über sein Studium in München; in dieser Zeit ist Grünfeld auch häufig mit Walter Seuffert, der wie er Mitglied des Demokratischen Studentenbundes ist und aus Darmstadt stammt, zusammen: *Zu den engsten Freunden Seufferts gehört damals Ernst von Borsig,*[89] berichtet er. Grünfeld wird wegen Hitlers Rassenpolitik nach dessen Machtergreifung sehr bald Deutschland verlassen. Seuffert wird nach dem Krieg der SPD beitreten und nach Gründung der Bundesrepublik Deutschland 1949 Mitglied des Deutschen Bundestages, schließlich Richter am Karlsruher Bundesverfassungsgericht. Bei gemeinsamen gelegentlichen Mittagsbesuchen in der gut

---

[87] MB 463 vom 19.3.1943 Anm. 5. MB 465 vom 3.4.1943 und Anm. 1.
[88] Walter Grünfeld (1908–1988), siehe www.gutenberg.org/files/7049/old/8rblk10. txt
[89] www.gutenberg.org/files/7049/old/8rblk10.txt

bürgerlichen Osteria Bavaria an der Schellingstraße treffen die drei Studenten häufiger auch auf Hitler und seine Gefolgsleute, die dort offenbar gerne essen.[90]

Ein weiterer guter Bekannter Ernsts ist der etwas jüngere Jurist Claus Bastian, den Ernst in der Nawiasky-Geschichte aus den Händen der Nazi-Studenten heraushauen wird.[91] Bastian, auch Mitglied im Akademisch-Politischen Club (APC), kommt bald nach der Machtergreifung der Nazis 1933 als Häftling Nr.1 der SS in das Konzentrationslager Dachau. Karl Graf von Spreti, auch Jurist und später im Auswärtigen Dienst tätig, kommt häufig mit seiner Frau Sabina, genannt Ina, nach Behnitz zu Besuch; mit dessen Bruder Max pflegt er schon in München Freundschaft. Mit Philipp von Münchhausen hat er die Schulbank gedrückt und Feste gefeiert; hier kommen die beiden wieder zusammen und verstehen sich auch politisch sofort: Sie sind zusammen im APC, in dem Ernsts Kommilitone Detlev von der Schulenburg Mitglied wird.[92] Zu dieser Freundesgruppe gehört auch der Berliner Jurastudent Friedrich von Wilmowsky, dessen Eltern eng mit Ernsts Eltern und auch mit seiner Schwester Annelise befreundet sind. Wilmowsky wird Ernsts Eltern später in Tegel den Ablauf der Ereignisse bei der Schlägerei mit den Nazi-Studenten schildern.[93]

Nicht zuletzt muss nun wohl Barbara von Müffling genannt werden, die nach der Begegnung mit Ernst von Borsig in München von der Archäologie zur Volkswirtschaft wechselt. Zur Archäologie war sie offenbar durch ihren Onkel Theodor Wiegand gekommen, der als Ausgräber der griechischen Zentren von Milet und Priene im damaligen Osmanischen Reich einen so starken Eindruck auf sie gemacht hatte, dass sie Lust bekam, in seine Fußstapfen zu treten.[94] Natürlich gehört auch Gretchen Kries zu Ernsts engerem Freundeskreis und

---

[90] A.a.O.
[91] A.a.O.
[92] Akademisch-Politischer Club e.V. 1931, Satzung und Mitgliederliste, IfZ-Archiv ED 448/3 und ED 448/23
[93] Ernst an die Eltern am 27.6.1932 aus München, ms, Abschrift, LAB A Rep. 226 Dok Nr. 83.
[94] GBReih und Information von Manfred von Borsig.

besucht mit ihm den Akademisch-Politischen Club, in dem sie sich an den Gesprächen aktiv beteiligt und sich politisch auch in ihrem eigenen Kreis engagiert.[95]

Schließlich gibt es dort den Juristen Heinz von Bodelschwingh, etwas jünger als Ernst, der in den Behnitzer Jahren sicher der vertrauteste seiner Freunde wird. Er findet sich 1934 als Ehrengast bei der Hochzeit von Ernst und Barbara in Ahlsdorf und dann immer wieder und immer häufiger in Behnitz. Weihnachten und Neujahr 1944/45 wird er als einziger auswärtiger Gast und von Schweden kommend bei den Borsigs in Behnitz sein, danach noch mehrfach bis zum 19. März 1945. In einem Brief von 1946 an Arnold von Borsig äußert er sich erschüttert über die Nachricht von Ernsts Tod und berichtet dem älteren Bruder darin von der gemeinsamen Studentenzeit mit ihm in München.

In der Münchener Ludwig-Maximilians-Universität verstärkt sich insbesondere ab dem Herbst 1929 nach dem Beginn der Weltwirtschaftskrise die Hetztätigkeit der Anhänger der NSDAP bei den Studenten wie auch weniger deutlich bei den Mitgliedern der NS-Partei in der Verwaltungshierarchie der Universität. Die nationalsozialistischen Studenten legen es darauf an, Vorlesungen und Übungen, die ihnen nicht passen, zu stören sowie jüdische und freidenkende Professoren verächtlich zu machen und dadurch Einfluss zu gewinnen. In dem Staatsrechtler Hans von Nawiasky haben sie eine profilierte Persönlichkeit, die politisch klare und historisch nachvollziehbare Positionen vertritt. Mehrfach wird Nawiasky schon früher wegen seiner jüdischen Herkunft von ihnen angeprangert, dann aber auch wegen eines vertraulich in einer Übung geäußerten Vergleichs der deutschen Friedensverträge mit Russland und der Ukraine in Brest-Litowsk von 1918 als Siegermacht im Osten mit dem späteren von Versailles 1919, diesmal gegen Deutschland, das den Krieg verloren hatte. Die deutsche Reichsregierung hatte zuvor unter dem Druck der Heeresleitung und speziell von Generalquartiermeister Ludendorff den beiden Oststaaten hohe Kontributionen aufgezwungen und sich wirtschaftliche Vorteile zu ihren Lasten zu verschaffen ver-

---

[95] Hildmann, a.a.O.

sucht, und Nawiasky bemerkt, dass der Versailler Vertrag durch die Alliierten 1919 ebenso zustande gekommen sei, nun eben gegen Deutschland. Diese offene Haltung Nawiaskys wird von studentischen Mitgliedern des Nationalsozialistischen Deutschen Studentenbundes (NSDStB) aus der Übung herausgetragen und verfälscht vom Nazi-Organ, dem *Völkischen Beobachter*, publiziert, was Ernst als völlig inakzeptabel empfindet.

Bei der fachlichen Vertiefung der Vorlesungs- und Übungsthemen treffen sich die Freunde Ernst, Walter Grünfeld und Walter Seuffert regelmäßig in Broichs Repetitorium *gegenüber der Rückseite der Universität*, um bei ihm juristische Lernstoffe zu pauken. Dr. Paul Broich ist *schon in vorgerücktem Alter* und erwirbt zu dieser Zeit bereits den dritten Doktorgrad, ist *sehr kompetent, von nüchternem, sachlichen Urteil, ausser wenn seine nationalistischen Ansichten berührt* sind;[96] er stammt aus Eupen-Malmedy, den nach dem Krieg 1919 durch den Versailler Vertrag an Belgien abgetretenen deutschsprachigen Gebieten und steht schon von daher insbesondere solchen Ideen des Staatsrechtlers Hans Nawiasky mehr als kritisch gegenüber. In einer Übung bei Broich kommt es wegen dieser Äußerung Nawiakys über den Vergleich der Friedensverträge zu einem von Studenten des NSDStB geplanten Eklat. In einer anschließenden Schlägerei wird Walter Seuffert unter dem Auge verletzt, wie Grünfeld *beim Mittagbrot in der Osteria* bemerkt.[97]

Ernst schreibt nach der anschließenden Schlägerei, die im *Völkischen Beobachter* auf der ersten Seite breitgetreten wird, seinen Eltern in einem Brief, wie sich die dramatischen Ereignisse um den von ihm geschätzten Freund und Hochschullehrer auf der einen Seite und den gewaltbereiten nationalsozialistischen Studenten zugetragen hätten; sie würden ja auch von Wilmowsky genauer erfahren, was passiert sei, da der das alles miterlebt habe:

Was nun die Sache mit dem Repetitor anbetrifft, so hat sie sich folgendermassen abgespielt: Als ich hereinkam, wurde der Artikel über Nawiasky herumgereicht. Der Repetitor sagte: „Wir wollen nicht mehr darüber sprechen.

[96] www.gutenberg.org/files/7049/old/8rblk10.txt.
[97] A.a.O.

Wenn das aber so ist, wie er es gesagt hat, so ist der Nawiasky ein Lump. " *Da ich persönlich bei Nawiasky verkehre, ihn ausserdem sehr schätze, so werdet Ihr es verstehen, dass ich mir das nicht so sagen liess, zumal ich wusste, dass die Äusserungen von ihm so ungefähr getan waren. Ich sagte dann: „Herr Doktor, es ist eine Unverschämtheit von Ihnen, so über einen Dozenten der hiesigen Universität zu urteilen. Das steht Ihnen gar nicht zu. Wenn Nawiasky dieses in einem Hörsaal mit wenigen Studenten gesagt hat, gewissermassen als Akademiker unter freier Meinungsäusserung und dieses seine persönliche Ansicht ist und dann noch extra die Studenten gebeten hat, dieses nicht in die Öffentlichkeit zu posaunen, so sehe ich nicht das Unglaubliche darin, dass er es gesagt hat, sondern dass der „Völkische Beobachter" es veröffentlicht hat." Ich habe dann auch die im „Völkischen Beobachter" stehende Bemerkung getan, da ich ja auch ziemlich erregt war. − „Wenn diese Schweine von Nationalsozialisten eine derartige Sache in die Zeitung bringen, dann ist das Landesverrat."− In diesem Augenblick sprang ein Nationalsozialist auf und meinte, dass er mir eine reinschlagen würde, wenn ich noch einmal so etwas täte. In diesem Augenblick, da ich erst gerade reingekommen war, wurde mir klar, dass ja Nationalsozialisten an dem Kurs auch teilnahmen. Ich sagte ihm dann ruhig: „Na, dann schlagen wir uns halt."*[98]*

Zu den Bemerkungen und dem anschließenden Handgemenge schreibt er seinen Eltern den Hergang der Sache, die ja im *Völkischen Beobachter* in der folgenden Reichsausgabe groß aufgemacht erschienen war. In der Unterüberschrift ist auf Seite eins zu lesen: *Die Frechheit des Salonsozialisten und Kommerzienratssohnes Borsig,*[99] was Ernst nun wegen seiner Eltern ungeheuer peinlich ist.

Zur Klärung schreibt er deswegen den Eltern[100]: [...] *soeben lese ich im „Völkischen Beobachter" die Beschreibung des gestrigen Universitäts-Skandals. Ich kann wohl sagen, dass mir die Sache sehr unangenehm ist, zumal Euretwegen. Ich glaube aber trotzdem, dass ich eigentlich richtig gehandelt habe. Zunächst stimmt nicht, dass ich auf den Tisch gesprungen bin*

---

[98] Ernst an die Eltern vom 27.6.1932 aus München, ms. Abschrift LAB A Rep. 226 Dok Nr. 83.

[99] *Völkischer Beobachter*, Reichsausgabe, München, Sonntag/Montag, 28./29.6.1931, S.1.

[100] Ernst an die Eltern vom 27.6.1932.

und reden wollte, denn es ist dies ein Bekannter[101] gewesen, und es war dies wohl auch verhältnismässig ungeschickt, aber der Betreffende ist zunächst sehr temperamentvoll und dann war es vielleicht von ihm auch richtig, dass er all denen, die dort waren und nicht an dem großen Skandal sich beteiligen wollten, zeigen wollte, dass es noch andere gibt, die nicht in der Art und Weise sich terrorisieren lassen. Im übrigen aber bin ich nur dadurch in die Prügelei verwickelt worden, dass jemand ganz unberechtigterweise Seuffert, mit dem ich mich sehr gut stehe, angegriffen hat (als Assistent von Nawiasky), den ich natürlich, da er einer Horde von Leuten gegenüberstand, in dem Augenblick beispringen musste. Die ganze Angelegenheit war so unschön, wie man es kaum beschreiben kann. So wurde z.B., nachdem der Ruf erschallt war „Nawiasky verrecke", das Deutschlandlied gesungen [...].[102]

Ich hoffe nun, dass Ihr Euch über die Sache nicht zu sehr aufregt. Mir ist es natürlich scheusslich unangenehm, aber da die ganze Sache so verlogen ist, besteht eigentlich kein wirklicher Grund zur Aufregung [...].

Der Ausschuss, der im Anschluss an diese Vorgänge von der Universitätsleitung eingesetzt wird, hört auch Ernst an und entlastet ihn; zwei Kommilitonen, die sich für Nawiasky bei der Geschichte eingesetzt haben, werden jedoch der Universität verwiesen: Alexander Alber und Wilhelm Löffler.[103]

---

[101] Der Bekannte ist Claus Bastian, damals Vorsitzender der Juristischen Fachschaft der Jura-Studenten an der LMU.

[102] Siehe Michael Behrendt: Hans Nawiasky und die Münchner Studentenkrawalle von 1931. In: Michael Behrendt: Wissenschaft und Tagespolitik. Unruhen im Vorfeld der nationalsozialistischen „Machtergreifung". Unveröffentlichte Magisterarbeit, München 1999 UAM, G–XVI–34 Band 1, München o.J. *Eberhard Bauer mit NSDAP Parteiabzeichen am Revers zog Claus Bastian vom Tisch herunter und beschimpfte ihn mit den Worten: Hier haben wir das marxistische Schwein.* Ob zu der Gruppe der damaligen Krawallmacher auch Hans–Jürgen Graf von Blumenthal gehörte, der spätere Ehemann von Cornelia von Schnitzler, einer Cousine von Ernst, ist möglich, da er zu der Zeit noch NS–Gruppen angehörte. Er wurde später Teil der Gruppe der Attentäter gegen Hitler und war laut Dagmar von Bernstorff und Bodelschwingh öfter in Behnitz. Er wurde nach seiner Verurteilung wegen Teilnahme am Anschlag auf Hitler am 20. Juli am 13.10.1944 umgebracht.

[103] A.a.O.

Akademisch-Politischer Club

Einen Einblick in die besondere Münchner Studentenwelt mag Ernsts vier Jahre älterer Vetter Albert von Borsig ihm 1929 geboten haben, der sich neben zahlreichen sportlichen Aktivitäten auch auf waghalsige Bergabenteuer einlässt, aber während seiner Studienzeit in München auch im Akademisch-Politischen Club aktiv ist. Dort tritt auch Ernst ein.

Diesem Klub gehören eine große Zahl nicht nur bayerischer Honoratioren und ehemalige Studierende der Ludwig-Maximilians-Universität an, sondern auch Professoren der Universität als außerordentliche Mitglieder wie zum Beispiel der Staatsrechtler Dr. Hans Nawiasky.[104]

Obwohl der aus Oberschlesien stammende Walter Grünfeld nur ein Semester in München studiert, besucht auch er den Akademisch-Politischen Club, wo regelmäßig Vorträge gehalten und anschließend Diskussionen zum Thema geführt werden. Grünfeld berichtet über einen Besuch und Vortrag des ehemaligen preußischen Kulturministers Becker, den er von Berlin her kennt. In einer Abendveranstaltung der Staatspartei, der Grünfeld und Seuffert nahestehen, spricht einer der Professoren von Ernst von Borsig, bei dem auch Albert von Borsig schon gehört und seine Prüfung abgelegt hatte: Dr. Otto von Zwiedineck-Südenhorst; auch er ist außerordentliches Mitglied des Akademisch-Politischen Clubs.[105] Zwiedineck wird später zu den Besuchern von Ernst von Borsig in Behnitz gehören.[106]

In einem Brief an seine Eltern im November 1931, in dem Ernst seine Fortschritte im Erlernen der englischen Sprache erwähnt, berichtet er, dass der Leiter der Austauschstelle ihn sehr ermutigt, viel über die Arbeit mit dem Klub zu schreiben, weil das für ein Stipendium in die Vereinigten Staaten beziehungsweise für einen Austausch den Ausschlag geben könnte, denn zu Beginn des Sommersemesters 1931 übernimmt Ernst Borsig mit dem Kommilitonen Adalbert Karl

---

[104] Personenstand der Ludwig-Maximilians-Universität München, Sommerhalbjahr 1926, München 1926.

[105] IfZ-Archiv ED 448/3 und ED 448/23.

[106] GBBehn 25.7.1938.

Der Vater Ernst von Borsig mit seinem Sohn Ernst in Behnitz am Wald, 1932

Steichele die Geschäftsführung im APC anstelle des ausgeschiedenen Freiherrn von Stengel. Mitglied im Klub ist auch sein Freund Walter Seuffert, ein begeisterter Fußballer. Claus Bastian, der in der Nawiasky-Geschichte auf den Tisch springt, von Ernst herausgepaukt wird und später als erster Häftling der Gestapo in das KZ Dachau eingeliefert wird, gehört zu der Freundesgruppe. Mitglieder im Klub sind auch Ernsts Freunde Erich Kuby und Detlev Graf von der Schulenburg.

Ernst von Borsig setzt sich offenbar, wie er schon vorweg dem Vater schreibt, recht eifrig auf die „Badehose", um zügig sein Studium durchzuziehen, und er hat ein umfangreiches Programm: an der TH studiert er hauptsächlich Landwirtschaft, in der Ludwig-Maximilians-Universität, der LMU, dazu Volkswirtschaft und Jura, auch hier dem Vorbild seines Vetters Albert folgend. Sein Diplom in der Volkswirtschaft macht er 1931, schließt das Diplom in der Landwirtschaft

1932 an und beendet das Studium am Institut für Volkswirtschafts-
lehre bei Geheimrat Professor Dr. Adolf Weber mit der Dissertation
unter der Fragestellung, ob eine staatspolitische und wirtschaftliche
Ausrichtung Deutschlands zu einer gezielten „Reagrarisierung" sinnvoll sei.[107]

Er zeigt, dass eine Reagrarisierung des Industriestaates Deutschlands weder aus volkswirtschaftlicher noch aus demografischer Sicht
sinnvoll sein könne. Im Spätsommer 1933 wird er mit dieser Arbeit
promoviert und verlässt München nach viereinhalb Jahren. Durch
den plötzlichen Tod seines Vaters am 6. Januar 1933 ist er vor die
Aufgabe gestellt, das Borsigsche Rittergut Behnitz übernehmen zu
müssen. Seine Dissertation wird im folgenden Jahr 1934 in Jena veröffentlicht.[108]

Das Rittergut Groß und Klein Behnitz im Wandel

Hatten Ernst und Conrad Borsig das von ihrem Vater Albert Borsig
erworbene Rittergut, die Begüterung Behnitz, zunächst gemeinsam
als Firmenerben verwaltet, einigten sie sich in den Jahren nach 1922
darauf, das Gut aus dem Firmenbesitz herauszulösen und es allein auf
Ernst Borsig zu übertragen. Die Brüder waren sich oft nicht einig gewesen über die Nutzung, wohl aber über die Neu-Ausgestaltung der
Groß Behnitzer Kirche, die sie unternehmen. Ernst Borsig lässt eine
Gruft als Erbbegräbnis hinter der Kirche errichten. Conrad Borsig erwirbt durch einen finanziellen Ausgleich mit seinem Bruder Ernst ein
gleichwertiges, aber gebäudemäßig erheblich größeres Gut in Pommern südlich von Kyritz, das *Rittergut Prillwitz*.

Mit den zunehmenden wirtschaftlichen Schwierigkeiten der Firma
in Tegel und im Konzern ab 1927 weichen die Eltern Ernsts, Ge-

---

[107] Doktorvater von Ernst von Borsig ist Geheimrat Prof. Dr. Adolf Weber (1876–
1963) an der LMU in München mit dem Lehrstuhl für Theorie und Politik der
Einkommensverteilung 1921–1948.

[108] Ernst von Borsig: Reagrarisierung Deutschlands? Eine Untersuchung über ihre
Möglichkeiten und Grenzen; in: Münchener Volkswirtschaftliche Studien N.F.
Heft 21, Jena 1934.

heimrat Ernst von Borsig und seine Frau Margarethe, immer mehr nach Behnitz aus und wohnen viel seltener in Tegel auf dem Reiherwerder, denn das große Haus und die ganze Anlage bereiten im Unterhalt immense Kosten. Als die Tegeler Firma kurz vor Weihnachten 1931 die Zahlungen einstellen muss, ziehen Ernsts Eltern schließlich ganz aus dem großen Haus auf dem Reiherwerder aus und gehen nach Behnitz.

Schon gegen Ende der praktischen Ausbildungszeit in Zuckers bei Wilhelm Meißner im Sommer 1928 sieht sich ihr Sohn immer wieder die Situation der Feld- und Viehwirtschaft in Behnitz an, fragt nach Zusammenhängen und kann den Betriebsvoranschlag von Behnitz für 1929 zusammen mit Meißner durchschauen und manche Bereiche hinterfragen. Das Ergebnis schreibt er seinem Vater, dass nämlich in Behnitz offenbar ein im Verhältnis sehr hohes Lohnkonto vorliege – was man als soziale Angestelltenpolitik des Vaters deuten kann – und dass die finanzielle Lage in Behnitz angespannter sei als bekannt. nach dem schrittweisen Rückzug aus der Firma macht die dauernde Anwesenheit des Vaters in Behnitz es entsprechend möglich, die Prozesse auf dem Gut intensiver zu begleiten und den vielseitigen Betrieb mit seiner Land-, Forst- und Teichwirtschaft wettbewerbsfähiger zu gestalten. Regelmäßig steht er daher mit seinem Jüngsten, dem dafür vorgesehenen Nachfolger als Gutsherr und Patron der Kirche, darüber im Gespräch, auch natürlich besonders während Ernsts anschließendem land- und volkswirtschaftlichen Studium in München.[109]

Als Geheimrat Dr. h.c. Ernst von Borsig am 6. Januar 1933 noch vor der Machtergreifung Hitlers in Behnitz stirbt und sich Trauer auf das Gut und viele der Dörfler in Behnitz legt, übernimmt der Sohn noch nicht gleich das Ruder, da der Gutsverwalter Löwe vollkommen verantwortlich im Sinne des Vaters arbeitet. Ernst schließt erst seine Prüfungen und die Dissertation in München ab, die er dem Freund der Familie und ehemaligen Landrat Freiherrn von Wilmowsky widmet, mit dessen Sohn er in München zusammen studiert hatte. Er kommt dann im Frühherbst 1933 nach Behnitz, um jetzt die Leitung

---

[109] Briefwechsel, Ernst Borsig an seinen Sohn, 25.11.1928; Ernst von Borsig an den Vater, 5.12.1928.

des Gutes in die Hand zu nehmen. Seinen Wunsch, auch die amerikanischen Methoden der Landwirtschaft kennen zu lernen, kann er nun allerdings nicht mehr verwirklichen.[110]

Die jähe Anforderung an den noch sechsundzwanzigjährigen Ernst von Borsig, die Gutsherrschaft von Groß und Klein Behnitz wegen des plötzlichen Todes seines Vaters übernehmen zu müssen, beschleunigt Ernsts Leben. Sachlich ist er durch seine ausführlichen Gespräche und die Korrespondenz mit seinem Vater, durch die genaue Kenntnis aller Wirtschaftsbereiche des Gutes und der Verhältnisse der Mitarbeiter auf dem Gut, die gründliche landwirtschaftliche Lehrzeit wie auch danach durch sein Studium der Land- und der Volkswirtschaft sehr gut vorbereitet. Nach dem Diplom in beiden Fächern hatte er sich in seiner Dissertation[111] ja mit der Frage auseinandergesetzt, ob es wünschenswert und möglich sein könnte, eine Intensivierung der landwirtschaftlichen Produktion bis hin zu einer Reagrarisierung Deutschlands anzustreben. Er weist diesen Gedanken, der Anfang der 1930er-Jahre als ein möglicher Schritt zur Bewältigung der Wirtschaftskrise bis hinein in die eigene Familie[112] und auch speziell von der NSDAP propagiert wird, zurück und begründet diese Position nachhaltig, um mit einer deutlich verbesserten Landwirtschaft effektiv auch zukünftig bestehen zu können. Dabei setzt er ganz auf die Qualität der Produkte und auf das Kräftespiel des Marktes.

Die Übernahme und Leitung des großen Gutsbetriebes nimmt Ernst von Borsig praktisch und theoretisch erst einmal voll und ganz in Anspruch. Bis spät in die Nächte arbeitet er in seinem Büro im Inspektorhaus, prüft selbst die Bücher und wird feststellen, dass der Rechnungsführer, wie das Gerücht geht, nicht sauber gearbeitet

---

[110] Siehe Ernst von Borsig an seinen Bruder Arnold, 24.10.1926.

[111] Ernst von Borsig: Reagrarisierung.

[112] Mit Datum vom 28.8.1930 formuliert Conrad von Borsig eine Art Denkschrift: „Wo findet die deutsche Jugend neuen Lebensraum?", in der er das Problem der wachsenden Arbeitslosigkeit auch der jedes Jahr neu ausgebildeten jungen Leute durch eine Art Arbeitsdienstpflicht für zwei Jahre entschärfen will, während der der Wohnungsbau, Urbarmachung von Ödland in Deutschland und der Straßenbau forciert werden soll. ms Durchschrift, LAB A Rep. 226 Nr. 1601.

Ernst von Borsig etwa zur Zeit der
Übernahme des Gutes 1933

hatte; er wird entlassen.[113] Wegen dieser Belastung nimmt er zunächst
nicht in Berlin an den Sitzungen der A.BORSIG oHG teil, deren
Teilhaber er ist, sondern lässt sich nur regelmäßig von seinem Bruder Arnold berichten, bis dieser 1934 vor der Gestapo aus Berlin und
Deutschland flieht. Ganz gelegentlich fährt er auch selbst zu den Besprechungen ins Zentralbüro in der Chausseestraße, wo Direktor Dr.
Kirstaedter von der A.BORSIG oHG mit Conrad von Borsig als Se-
niorchef und mit Arnold und Albert von Borsig als Juniorchefs zu-
sammenarbeitet, nachdem vorher, nämlich im Frühjahr 1933, die von
Conrad und dessen Sohn Albert bevorzugte Entscheidung gefallen

---

[113] Frieda Perske: Zeitzeugenbefragung durch Hans-Christoph Harmsen, unveröffentlicht, übertragen von Ernst-Friedrich Harmsen, Groß Behnitz 2008. *Mein
Mann sagte, es wird erzählt, dem Rechnungsführer wollte man ein bisschen auf die Finger
kommen. Das Fenster von Herrn von Borsig im Inspektorhaus... da war immer Licht. Damals
hat man ja noch nicht verdunkelt 1938. Er hat sich zur Kontrolle der Bücher niemanden dafür
geholt. Hat seine Bücher alleine geprüft. Dann hat er den fristlos entlassen.*

Groß-Behnitz.

Postkarte des Gutshauses
und des Logierhauses (links)
Groß Behnitz

war, die insolvente A.BORSIG GmbH nicht zu einer familienge-
führten Aktiengesellschaft umzuformen, sondern die Firma mit der
Rheinmetall AG, der Rüstungsschmiede im Besitz des Reichs, zu
fusionieren. Dies hatte Ernsts älterer Bruder Tet Arnold zusammen
mit seinem Freund und Direktor Dr. Eberhard von Brauchitsch wie
auch dem Sozialdirektor Dr. Heinz Landmann erfolglos zu verhindern gesucht, obwohl man den Betrieb in Tegel schon 1932 in der
Form einer *Betriebsgesellschaft* auf *schmalster Grundlage zum Balancieren*
gebracht und es Beteiligungsangebote für eine unabhängige Borsig
AG aus der Industrie gegeben hatte.[114]

Die notwendigen Umstrukturierungen der Gutswirtschaft in
Behnitz bespricht Ernst sicher auch mit dem engen Freund und ehemaligen Roßlebener Mitschüler Otto von Rumohr, einem der Eh-
rengäste bei seiner Hochzeit, der seit seinem Assessorexamen 1933
in Berlin beim Reichsnährstand arbeitet, in dem alle landwirtschaftlichen Betriebe und alle dort Beschäftigten von der nationalsozialistischen Regierung gleichgeschaltet und zwangsvereinigt waren. Man
entließ Rumohr aus diesem Amt später wegen regimekritischer Äußerungen und weil er ein Hitlerbild in seinem Dienstzimmer abge-
hängt hatte; dennoch fand er später im Reichswirtschaftsministerium
eine Anstellung.[115]

Ernst von Borsigs Erneuerungsarbeiten, Umbauten und Investiti-
onen in Behnitz werden finanziell erleichtert durch den nach Hitlers
Machtübernahme in Deutschland konjunkturbedingt wieder steigen-
den wirtschaftlichen Erfolg der Borsig-Kokswerke AG in Oberschlesien, zu deren Chef-Sitzungen Ernst nach Möglichkeit immer in das
Zentralbüro der A.BORSIG oHG nach Berlin fährt. Er tut dies seit
August 1934 auch im Interesse der Geschwister, während zum Beispiel der ältere Bruder Tet Arnold von Borsig nach seiner Flucht aus
Deutschland zunächst in der Toskana in Italien und später seit 1939
in New York lebt.

---

[114] Dr. Eberhard von Brauchitsch an Professor Dr. Rosenstock, Breslau, 17.1.1933,
LAB A Rep. 226 Nr.1360.
[115] Schriftliche Mitteilung von Gabriele von Bredow, 12.9.2010. Interview Dagmar
von Bernstorff, 13.2.2014 in Delhi.

Ernst setzt zügig in allen landwirtschaftlichen Bereichen des Gutes auf die Ökonomisierung im Getreide-, Gemüse- und Kartoffelanbau, in der Vieh-, Milch- wie auch in der Forstwirtschaft:

Die Saatkartoffeln zum Beispiel wurden in Behnitz vorgekeimt, in Stiegen gestapelt und mit der Hand unmittelbar in den Acker hinter dem Dorf gepflanzt. Sie wurden bei Trockenheit beregnet; die Regenanlage hatte ihren Anschluss am See hinter der Schmiede, im so genannten „Sandkruger Hafen". Wenn die Kartoffeln geerntet worden waren, wurden sie sortiert und am Groß Behnitzer Bahnhof verladen; alles ging nach Berlin. Anschließend an die Kartoffelernte wurde der Boden der Felder *aufgegrubbert*, nur gelockert, und Kohl gepflanzt, Weißkohl, Grünkohl, Rosenkohl, auch Bohnen. Es wurde jährlich immer zweimal geerntet, und die Schläge wurden zur besseren Bodennutzung immer wieder verlegt.[116]

Regelmäßig vor dem Pflügen wurden die Steine von den Äckern abgesammelt, damit die Pflugscharen nicht kaputtgingen. Die schon in den 1920er-Jahren genutzte, bodenschonende Borsigsche Methode des Pflügens eines Großteils der Felder mit Lokomobilen, den Dampfpflügen der Firma, wurde selbstverständlich von Ernst von Borsig beibehalten. Dadurch wurden die festen Behnitzer Böden, die immer gelockert werden mussten, nicht weiter verdichtet, weil keine schweren Zugmaschinen oder Traktoren auf dem Acker fuhren. Zwischen den Lokomobilen, die parallel an den Ackerrändern standen, wurde ein Stahlseil mit zwei Pflügen zu je sechs Pflugscharen zum Pflügen hin und her bewegt, dann fuhren die Lokomobile zum nächsten Standort weiter. *Reimann und Koch ham die gefahren, einer ist Wasserfahrer, der andere Kohlenfahrer. Die Scharen waren etwa 30 cm auseinander. Gustav Eggebrecht saß auf dem Pflug und musste ihn lenken. Das ist ne Furche geworden!*, erinnert sich Frau Perske später. *Tief gepflügt wurde nicht.* Im Spätherbst wurden die Lokomobile und Pflüge reingeholt, gereinigt und repariert. *Die Schmiede haben die Pflugscharen mit dem Hammer dünn gekloppt; das war schwere Arbeit.*[117] Verantwortlich für die Reparatur der Maschinen war bis zum Ende des Krieges der Schlossermeister Erich

[116] Perske a.a.O.
[117] Perske a.a.O.

Borsigsche Dampfpflüge nach der Ernte mit Bedienungsmannschaft.
Unbekannter Fotograf

Alte Pferdeställe auf dem Gut in Groß Behnitz.
Unbekannter Fotograf

Richter, der mit seiner Familie im Meisterhaus am Sandkrug wohnte.[118] *Der Pflug war nach der Ernte die ganze Woche unter Dampf, ging nicht mehr aus!*[119]

Natürlich wurden die anderen Felder mit schweren Pferden gepflügt. Der große Pferdestall mit den vielen Toren zum Hof lag auf der Seeseite gegenüber den Kuhställen, die bis 1945 von dem Schweizer Herrn Saurer betreut wurden. Die Milchkühlerei war an die Kuhställe angeschlossen.

Bezugnehmend auf die Forstwirtschaft erwähnt Helmuth James Graf Moltke ein offenbar sehr erfolgreiches Beispiel nach seinem ersten Besuch in Behnitz: In den Wäldern *gab es sehr vieles zu sehen. Edeltannenkulturen für Kranzbinderei, amerikanische Roteiche für den gleichen Zweck. Flächen angepflanzt mit 50 % Douglasie und 50 % Fichten; die Douglasien wachsen schneller und die Fichten kommen als Weihnachtsbäume heraus [...].*[120] Das diente schon damals hervorragend dem Weihnachtsgeschäft in der Nähe Berlins. Die Gutssägerei gegenüber dem Bahnhof Groß Behnitz wurde aber wohl nur noch bis zum Tod des Sägewerksmeisters 1937 dort betrieben. Anschließend wurde die Sägerei aufgegeben, dann kam der Kindergarten nach Plänen von und in Baubetreuung durch Barbara von Borsig dorthinein.[121]

Nach dem Krieg schreibt Barbara von Borsig zusammenfassend über Ernsts Tätigkeit auf dem Behnitzer Gut, dass zum Beispiel Peter Yorck und Helmuth von Moltke *die landwirtschaftlichen und forstschaftlichen Methoden und die Arbeit* [von Ernst, EFH], *seine Initiative in der Bewirtschaftung des Gutes, seine Art zu intensivieren, zu meliorisieren, auch wie er Landarbeiterhäuser baute und sich um soziale Hilfsmassnahmen bemühte, den Betrieb modernisierte und schliesslich wie er den Wald pflegte (letzteres als Tradition und Fortsetzung der väterlichen Tätigkeit)* [...], ganz besonders anerkannt hätten.[122]

---

118 Interview Erich und Walter Richter durch Hans-Christoph Harmsen, Groß Behnitz, 18.8.2008.
119 Interview Ilse Barth, geb. Reimann durch Hans-Christoph Harmsen, Groß Behnitz 2008.
120 MB 303, 14.10.1941.
121 Perske a.a.O.
122 Barbara von Borsig an Ger van Roon, 30.6.1963, IfZ-Archiv, ZS/A-18/01-13.

Dieses soziale Projekt der Landarbeiterhäuser geht vermutlich auf Gespräche zwischen Ernsts Vater, Geheimrat Ernst von Borsig und dem Agrarwissenschaftler Prof. Karl Brandt zurück, die Ernsts Bruder Arnold noch 1931 vermittelt hatte. Arnold von Borsig hatte Karl Brandt im Zusammenhang mit seinem Gesprächskreis in Berlin kennengelernt und sich mit ihm befreundet. Karl Brandt plante die zehn bis zweiundzwanzig[123] kleinen Bauernstellen durch und wollte das Projekt später in einer Studie veröffentlichen. Diese Studie konnte er dann jedoch nicht mehr durchführen, da er schon im September 1933 wegen der die jüdischen Mitbürger entrechtenden neuen „Rassegesetze" seine Professur verlor und aus Deutschland in die Vereinigten Staaten emigrierte. Karl Brandt hatte dies Projekt *für aussichtsreich* gehalten *auch deshalb, weil alles, was Kapital kosten könnte, vorhanden ist, besonders auch das gesamte Bauholz.*[124] Ernst verwirklicht dieses Programm dann in Behnitz nach dem Tod des Vaters.

Entspannung findet der junge Gutsherr bei den gelegentlichen Jagden, zu denen er zunächst auch die elterlichen Freunde einlädt wie auch die Gutsnachbarn, da ja auch seine Mutter noch mit auf dem Gut lebt und so ihre Kontakte leichter halten kann. Wenn die Strecke der gejagten Tiere auf dem Gutshof ausgelegt und das Halali geblasen wird, kann das Essen beginnen und man setzt sich anschließend in Gruppen zum Gespräch zusammen.[125] Der umfangreiche Weinkeller hilft sicher bei den Gästen, die Stimmung zu genießen.

Sehr viel größer als die Jagden werden die Erntedankfeste in der Kirche und auf dem Gut gefeiert, zu denen alle Gutsleute mit ihren Kindern und die Dörfler geladen werden. Um den dazu vor dem Schloss aufgerichteten, geschmückten Erntedank-Baum wird gefeiert und getanzt; für die Kinder wie auch für die Erwachsenen werden Spiele und Wettbewerbe arrangiert. Ernst von Borsig verpasst keines

---

[123] In der Planung wurde während der Wirtschaftskrise kein bestimmter Zeitrahmen zugrundegelegt; die Endausbaustufe sollte bei zweiundzwanzig Einheiten liegen, die je nach Finanzlage verwirklicht werden sollten.

[124] Prof. Dr. Karl Brandt an Arnold von Borsig, Brief vom 10.8.1932, LAB A Rep. 226 Nr. 1360.

[125] Die zahlreichen Jagdeinträge im GBBehn gehen bis einschließlich März 1945.

Ernst von Borsig
nach der Jagd

dieser Feste. Er kennt die Gutsleute und die Behnitzer beim Namen und unterhält sich gut und gerne mit ihnen.

Ein Thema, das ihn von nun an in den kommenden zwölf Jahren begleitet, ist die Auseinandersetzung mit den Anhängern Hitlers, die mit Elan auf fast allen Gebieten die Macht im Land übernehmen. Ernst sieht die entstehenden gesellschaftlichen Risse sehr deutlich. Ganz hinter vorgehaltener Hand sagt er einmal zu seiner Schwester Annelise: *Das Problem ist, dass einige meiner besten Leute Nazis sind!*[126] Das betrifft erfahrene Mitarbeiter des Gutsbetriebs, nicht seine Freunde.

Gerade auf dem Lande waren sehr viele Menschen enttäuscht über die Nachkriegsentwicklung und die anscheinend schwächliche Parteien-Demokratie mit dem Strudel der Arbeitslosigkeit durch

---

[126] Zitatwiedergabe von Annelise Harmsen im Gespräch mit EFH.

die Weltwirtschaftskrise. Voller Hoffnung auf eine Erneuerung des Reiches waren viele in die NSDAP eingetreten. Häufig waren es die aktivsten Mitarbeiter auf den Gütern. Infolgedessen musste man nach der so genannten Machtergreifung mit kritischen Äußerungen vorsichtig sein. Auch diese Mitarbeiter und Angestellten in Behnitz waren dennoch den Borsigs absolut loyal ergeben. 1942 sagt Ernst in der Zeit der Treffen der Kreisauer in Behnitz einmal auf die Frage, ob er nicht befürchte, dass sein Sohn Manfred sich verplappern könnte: *Manfred ist mein bestes Alibi, ich klär ihn dann später schon auf*, denn sein kleiner Sohn sagt zum Beispiel auch in der Schule nichts Verkehrtes, auch nicht, als Lehrer Lehmann die Kinder auffordert, doch mal Witze zu erzählen, die sie von zu Hause kennen.[127]

Dass Ernsts Sohn Manfred mit seinen gerade acht/neun Jahren schon ein sicheres Gefühl für Menschen hat, mag seine Frage im Anschluss an eine Rede im Radio, als Goebbels oder Hitler gesprochen hatte, deutlich machen: *Wer hat denn da geredet? Das war ja ein furchtbarer Kerl!*[128]

Eine freie, unbeschwerte Rede konnte man schon 1933 nur im engsten Kreis der vertrauten Familie und Freunde wagen, wobei man dazu besser aus dem Haus ging aus Angst vor ungebetenen Zu- oder Mithörern, die man möglicherweise beim Dienstpersonal wie auch sehr bald beim eventuell manipulierten oder abgehörten Telefon befürchten musste. Entsprechend machte Ernst von Borsig gerne mit seinen Gästen Kutschfahrten oder weite Spaziergänge, bei denen man unter sich war.

Nach dem Tode ihres Mannes wohnt Margarethe von Borsig noch bis zu Ernsts Heirat in Behnitz im Schloss. Erst jetzt beginnt auch äußerlich der Generationenwechsel bei Borsigs. Ernsts Eheschließung mit Barbara Freiin von Müffling, sonst Weiß genannt, ist ein weiterer Schritt des jungen Gutsherren zur Selbst- und Eigenständigkeit.

[127] Mündliche Mitteilung Manfred von Borsigs am 7.10.2011.
[128] A.a.O.

Ehejahre

Barbara von Müffling, mit der Ernst von Borsig sich im Januar 1934 verlobt, trägt das doppelte Schicksal des Vaterverlustes, wird doch ihr Vater Hans Karl von Müffling, der im Außenministerium als Legationssekretär tätig gewesen war, als Reserveoffizier schon 1914 im Felde vermisst gemeldet; da ist sie erst ein Jahr alt. Ihr späterer Stiefvater Karl Helfferich, Staatssekretär und eine politische Größe des Rechtskonservatismus in Deutschland, kommt im April 1924 bei einem Anschlag auf seinen Schlafwagen in Bellinzona ums Leben.[129] Ihn erlebt sie als Kind zwischen sieben und elf Jahren, und wieder ist sie vaterlos. Mit 21 Jahren heiratet sie den 27-jährigen Ernst von Borsig im Juni 1934.

Seit wann kennt Ernst seine Braut?

Die Brautmutter Annette Helfferich, eine geborene von Siemens, ist zum zweiten Mal verwitwet, als sie 1926 Ernsts Eltern mit ihren drei Kindern auf dem Reiherwerder besucht. Der zwanzigjährige Ernst könnte dort seiner dreizehnjährigen künftigen Frau zum ersten Mal begegnet sein, als er während seiner landwirtschaftlichen Ausbildung in Schlesien bei einem Besuch zu Hause war.[130]

Ernst trifft die sieben Jahre jüngere Barbara während seines Studiums in München wieder, als sie dort Archäologie und Kunstgeschichte studiert. Sie ist eine mädchenhafte, dunkelblonde, aufgeweckte und hervorragend Klavier spielende, gelegentlich die Pfeife rauchende junge Frau. Barbara ist eine begeisterte Sportlerin und reitet gern und gut.[131] Bald nach der Begegnung mit Ernst von Borsig sattelt sie um und studiert nun Volkswirtschaft wie ihr künftiger Mann. Ein dreiviertel Jahr nachdem Ernst das Gut übernommen hat, heiraten die beiden.

Die Hochzeit Ernst von Borsigs mit Barbara von Müffling findet am 4. Juni 1934 auf dem Rittergut Ahlsdorf bei Schönwalde in der Mark Brandenburg, dem Siemensschen Gut der Großmutter der

---

[129] A.a.O.
[130] GBReih 22.3.1926.
[131] GBBehn: Beiträge von Ina von Spreti, 22.6.1942, und Heinz von Bodelschwingh vom 21.6.1943.

Barbara Freiin von Müffling, Weiß genannt, in Behnitz

Braut in aller Pracht statt. Aus Behnitz kommen zur Unterstützung
der Vorbereitungen die Mamsell Felchow und das Hausmädchen Erna
Kunckel, das der Borsigfamilie und besonders Ernsts Mutter sehr vertraut ist.[132] Ernst selbst ist am Vortag noch mit seiner Schwester Annelise in Behnitz, am Hochzeitstag fährt er mit ihr nach Dahlem zur
Mutter, die er zur Trauung und zum Fest nach Ahlsdorf abholt. Die
Trauung in der aus Feldsteinen erbauten alten Patronatskirche voll-
zieht nach dem feierlichen Einzug des Paares Pfarrer D. Alfred Fischer, Oberkonsistorialrat aus Berlin, der Barbara von Müffling schon
als Kind und Jugendliche kennt und sie getauft und konfirmiert hat.
Über fünfzig Gäste kommen zu dem Fest, darunter ein Teil der engen
Freunde Ernsts aus seiner Schulzeit in Roßleben und Studienfreunde

---

[132] Erna Kunckel: Erinnerungen des ehemaligen v. Borsigschen Hausmädchens Erna
Kunckel, geb. Schönbach an ihre Behnitzer Zeit, Interview, Groß Behnitz 1999.

aus München, natürlich die Geschwister und der nunmehrige Senior der Familie, Conrad von Borsig. Der greise Reichspräsident und ehemalige Generalfeldmarschall von Hindenburg sendet der Mutter der Braut, *Exzellenz Helfferich*, telegrafisch noch kurz vor seinem Tode seine Glückwünsche.[133]

Mit der Heirat geht Ernst nicht nur diese familiäre Beziehung mit Barbara ein, sondern übernimmt auch die Verpflichtung, das Gut Ahlsdorf, das der angeheirateten Großmutter, Elise von Siemens, gehört, mitzuverwalten – eine ungeheure zusätzliche Aufgabe, die ihm noch mehr abfordern wird, nicht nur an Arbeit, sondern auch an Fahrweg. Bis zu dem Gut, das nördlich von Schönewalde im Süden von Berlin liegt, sind es über 120 km.[134] Den Weg dorthin macht er

Die Geschwister Annelise und Ernst von Borsig am Tag vor der Hochzeit in Ahlsdorf

---

[133] Schriftliche Mitteilung Manfred von Borsigs an EFH 2011. Hier ergibt sich ein Zusammenhang familiärer Verbindungen über die Ehe von Gudrun von Borsig mit dem Attaché des Auswärtigen Amtes beim Staatspräsidenten, Oswald Freiherr von Hoyningen-Huene. Barbara von Borsigs Vater Hans Karl von Müffling war im Auswärtigen Amt als Legationssekretär tätig gewesen, bevor er mit 36 Jahren im Krieg starb.

[134] Mündliche Mitteilung Manfred von Borsigs an EFH am 7.10.2011 in Berlin.

Die Geschwister Annelise und Ernst von Borsig am Hochzeitstag bei der Mutter

Das Hochzeitspaar Barbara und Ernst von Borsig, dahinter Margarethe von Borsig, Elise von Siemens und Annette Helfferich

mit dem Kraftwagen, und um nicht viel Zeit zu verlieren, fährt er gerne zügig, auch um nicht beim Fahren einzuschlafen, wie er seiner Schwester Annelise gesteht.

Während der Hochzeitsreise des jungen Paares nach Sizilien bleibt Barbaras Mutter Annette Helfferich in Behnitz und richtet dort das Schloss innen für das junge Paar neu her. In dieser Zeit treffen sich die Mütter der Brautleute täglich. Ernsts Mutter Margarethe von Borsig zieht aus dem Schloss in das Logierhaus, in eine Wohnung im ersten Stockwerk mit Zimmern zum See und einem großen Zimmer zum Hof hin. Dort wird ihre Enkelin, die „kleine Margret"[135] viel bei ihr wohnen, schon damit ihr Vater, Parteigenosse und bei der Armee, sie nicht in irgendein von der Partei gewünschtes Internat stecken sollte. Mittags wird dann meist gemeinsam – auch nach der Rückkehr des jungen Paares – im Schloss im großen Kreis gegessen.[136] Ernsts Mutter Margarethe von Borsig zieht schließlich nach Berlin-Dahlem in die Gelfertstraße, behält aber die Wohnung oben im Logierhaus. Von Dahlem aus wird sie nach den großen Bombardements auf Berlin im November des Jahres 1943 nicht nach Behnitz, sondern ins Allgäu nach Hindelang flüchten, das Ernst sicherer erscheint.

Die junge Ehefrau und nunmehrige Gutsherrin Barbara von Borsig fordert, dass die Gutsbediensteten ihren Mann mit *Herr Doktor* ansprechen. Solange sein Vater am Leben war, wurde er wie damals allgemein üblich als Sohn des Herrn Geheimrates mit „Herr Ernst" angesprochen. Auch seinen vertrauten Umgang mit den Leuten im Dorf findet sie anscheinend nicht angemessen: *Herr von Borsig sollte nicht mehr die Leute grüßen, wenn er abends zur Jagd fuhr. Da ist sie mitgefahren – da hat sie gesehen mal, wie er jeden vom Wagen grüßte, sehr freundlich. Und da... hat sie ihm das verboten. Dann ist sie* später *mitgefahren, und die Leute im Dorf haben sich gewundert, dass er heute durchfährt: „Der grüßt nicht, ne sag mal, was fällt denn dem heute ein, was ist denn da los?" Und sie sind dann auch so langsam dahinter gekommen. Sie war so unnahbar [...].*

135 Die „kleine Margret" ist die Tochter von Margret Eckert, die die ältere Tochter von Margarethe von Borsig ist.
136 Erinnerungen Dr. Margret Schulz, geb. Eckert, ältestes Enkelkind von Ernst und Margarethe von Borsig.

Ernst von Borsig während der Hochzeitsreise auf dem Schiff
nach Sizilien. (© Manfred von Borsig)

Auch wenn er sie mal vor anderen Menschen umfasste, konnte sie es
wohl nicht gut ertragen.[137]

Barbara von Borsig ergreift sehr bewusst in den Behnitzer Jahren
ihre Aufgabe als Gutsherrin und wird ihren Mann bei der Verwaltung
des Gutes tatkräftig unterstützen. Ernst lässt sie wohl auch Briefe in
seinem Namen schreiben oder seine Entwürfe von ihr korrigieren.
Ihr Sohn Manfred wird viel später der Ansicht sein, dass sich die beiden in dieser Beziehung sehr ergänzt haben, jedoch seien in die Briefe
seines Vaters nun Härten im Ausdruck gekommen, die vorher nicht
dagewesen seien.[138]

Das Hausmädchen Erna, die nach ihrer eigenen Hochzeit Frau
Erna genannt wird, erlebt die junge Gutsherrin allerdings auch von
einer anderen Seite: *Sie war sehr geschickt: sie hat hier doch einen Kinder-*

---

[137] Kunckel a.a.O.
[138] Mündliche Mitteilung Manfred von Borsigs am 7.10.2011 in Berlin.

*garten gebaut, und da hat sie selber das alles entworfen, den ganzen Plan, alles
selber gemacht, und hat sich auch sehr gekümmert. Alles war ganz modern mit
allen Schikanen, Toiletten, Waschraum und alles. Trotzdem, die junge Frau –
also wenn sie so vorbei ging, guckte sie auf die andere Seite… Aber wenn man
mit ihr alleine war, dann war sie so nett, dann hat sie gesprochen…*[139]

Dass dieser hochmoderne Kindergarten, der nach dem Tod des Sägewerksmeisters 1937 in der aufgelassenen Sägerei schräg gegenüber
dem Bahnhof eingerichtet worden war, schon vierzehn Tage nach seiner Eröffnung einem Brand aus ungeklärter Ursache zum Opfer fiel,
führte dazu, dass der Kindergarten dann in den Gemeinderaum eingegliedert wurde.[140]

Es gibt eine ganze Reihe von Reisen der beiden Borsigs wie die
zum Skilaufen im Februar 1935 in die Schweiz, wo sie auch problemlos Ernsts Bruder Arnold treffen können, der zu diesen Gelegen-
heiten aus der Toskana kommt. Wegen der Devisenbestimmungen
der Reichsregierung sind Auslandsreisen allerdings schwieriger geworden, weil man nicht mehr unmittelbar fremdes Geld eintauschen
kann. Jedenfalls fahren die beiden gern im Winterhalbjahr, wenn
die Landwirtschaft keine zu großen Anforderungen stellt, zu ihren
Freunden.

Barbara kehrt schwanger von einer dieser Reisen zurück. Zum
Ende ihrer Schwangerschaft geht sie Anfang Januar 1936 nach Berlin,
um dort in der Wohnung ihrer Mutter im Haus des Lette-Vereins
ihren Sohn Manfred zu bekommen. Wegen ihrer durch die Geburt
angegriffenen Gesundheit bleibt sie dort bis zum Mai des Jahres.
Manfred wird im ersten halben Jahr von einer Kinderschwester betreut und ist dort bei seiner Großmutter Helfferich ganz zu Hause.
Zu ihr behält Manfred auch ein bleibend nahes Verhältnis, so dass
der Umzug nach Behnitz für ihn zunächst eine Reise in eine große
Fremde, ein frühes Entfremdungsereignis ist.[141]

Groß wird die Taufe Manfreds am 16. Mai 1936 in Behnitz gefeiert.[142] Dies Fest vereinigt noch einmal die Generationen der bei-

---

[139] Kunckel a.a.O.
[140] Perske a.a.O.
[141] A.a.O.
[142] GBBehn 16.5.1936.

den Familien: Von Seiten Barbaras kommt ihre Großmutter Elise von Siemens zur Taufe des Urenkels, die Kinder Annette Helfferichs und die Freundinnen Barbaras; auch Borsigs kommen hier zusammen: der Senior Conrad Borsig etwas abseits, natürlich Ernsts Mutter und seine Geschwister Annelise, Arnold und Margret. Manfred wird von Pastor Lux in der Groß Behnitzer Kirche getauft, eine der letzten Amtshandlungen von Pastor Lux in Behnitz.

Auf dem Gut in Groß Behnitz wird Ernst Borsig trotz seiner starken Arbeitsbelastung viele seiner schulischen und studentischen Freundschaften weiterführen und seine Kontakte in alle Richtungen schon dadurch aufrecht erhalten, da er in seiner doppelten Funktion als Verantwortlicher für zwei Güter nicht nur in regem Austausch mit Ämtern und anderen Landwirten steht, sondern auch mit den Mitarbeitern vom nationalsozialistischen Reichsnährstand, in den die Landwirtschaftskammern übernommen worden waren. Dort arbeitet seit 1933 sein Freund und ehemaliger Mitschüler Otto von Rumohr, den er daher oft sieht. Behnitz bleibt für die ältere Generation und wird eben für die neu zusammengekommenen Kreise des jungen Paares ein Zentrum, das besonders an den Wochenenden seine Gäste findet. Einige der Gäste genießen die Möglichkeit, sich auf dem Tennisplatz, der vermutlich auf Veranlassung von Ernsts Vater angelegt worden war, zu üben und zu messen, und sicher wird sich auch Barbara, die Hausherrin, an den Matches beteiligt haben.[143] Zu dem Kreis der nahen Freunde zählen neben Otto von Rumohr insbesondere die ehemaligen Roßlebener Schüler, die nicht ins Ausland geflohen sind, darunter sein Klassenkamerad und Studienkollege Philipp von Münchhausen, ein begeisterter Jäger, Wolf von Gersdorff, Eberhard von Puttkamer, genannt Eb, Ulrich Wilhelm Graf von Schwerin von Schwanenfeld, genannt Uwi, Gustav-Albrecht Fürst zu Sayn-Wittgenstein-Berleburg, Georg und Ludwig Zech von Burkersroda, Bernhard von Trotha und Botho von Wussow. Diese Freunde bringen häufig ihre Ehefrauen und Kinder mit nach Behnitz. Und hier

---

[143] Das Tennisspielen auf dem Tennisplatz am südwestlichen Ende des Gutes unterhalb des Schlosses wird in zahlreichen Einträgen im GBBehn erwähnt, besonders in den Jahren 1937/1938.

Tauffest in Behnitz, stehend von links: Conrad von Borsig, Hedwig Lux,
Pastor Johannes Lux, Ernst von Borsig, Annelise von Borsig, Margarethe
von Borsig, Freundin von Barbara, Margret Eckert, unbekannter Junge,
Annette Helfferich, sitzend von links: Elise von Siemens, Barbara von
Borsig mit Manfred am 16. Mai 1936.

Ernst von Borsig bei
der Taufe seines Sohnes
Manfred in Behnitz am
16. Mai 1936

Margarethe von Borsig, Elise von Siemens, Conrad von Borsig am 16. Mai 1936

Ernst und Barbara von Borsig mit ihrem Sohn Manfred auf dem Schoß, Ende 1936

nehmen sie jahreszeitengemäß an den großen Festen und an den Jagden teil, zu denen auch die älteren Freunde der Familie noch gerne kommen, darunter Fritz von Amann, Ernsts Patenonkel Walther von Miquel, Hanscarl von Bose[144], Cronemeyer, Berengar von Zastrow und der Senior der Familie, Conrad von Borsig. Ein besonderer Gast ist immer der Westfale Heinz von Bodelschwingh, der Studienfreund aus München, der Ernst und Barbara mit seiner Frau Eva außerordentlich häufig und fast bis zum Ende des Krieges besuchen kommt. Offenbar kommt auch Ernsts Münchener Freund Walter Seuffert häufiger, der sich allerdings selten ins Gästebuch einträgt. Ihn juckt es, zu Barbaras Missfallen, mit den Freunden auf dem Rasen vor dem Schloss Fußball zu spielen. Seit der Eheschließung ist Barbara mit den Freunden Ernsts – besonders aber mit seinen Freundinnen – viel kritischer, obwohl sie vorher als Studentin sehr locker zu sein schien.[145.] Als sehr kühl empfindet im Nachhinein die kleine Margret Eckert sie, die Nichte Ernsts und Tochter seiner älteren Schwester Margret.[146]

Einen größeren Teil seiner Inspektionen der Gutsbereiche erledigt Ernst zu Pferde, nimmt dazu auch gerne seine kleine Nichte Margret mit, zu der er ein starkes, persönliches Verhältnis hat. Er zeigt ihr den Pferdestall und die Buchten, spricht mit Herrn Päls, der die Pferde versorgt, setzt sie schwupps auf den Hengst Landgraf und reitet mit ihr am Gutshof vorbei durch Behnitz rechts ab in Richtung des Vorwerks Quermathen; da sitzt die Kleine auf dem Pferd neben dem *gnädigen Herrn*.[147]

Anlässlich des neunten Hochzeitstages im Juni 1943 kommen Ernsts Freunde Ulrich Wilhelm Schwerin und Eva und Heinz von Bodelschwingh nach Behnitz, die Bodelschwinghs, um auch etwas länger zu bleiben. Ernst macht seiner Frau Barbara einen wunderschönen Schimmel zum Geschenk und will auch trotz der Gäste einen

[144] Hanscarl von Bose, Oberst a.D. aus Kümmernitz.
[145] Mündliche Mitteilung Manfred von Borsigs am 7.10.2011 in Berlin.
[146] Erinnerung von Dr. Margret Schulz, Filminterview Hans-Christoph Harmsen.
[147] Dies. a.a.O.

kurzen Ausritt mit ihr machen.[148] Das lehnt sie allerdings ab. Allein reitet sie los, das Pferd kehrt zwei Stunden später ohne die Reiterin zum Stall zurück. Barbara wird nach Stunden der Suche von Heinz von Bodelschwingh gefunden und ins Schloss gebracht.[149] Trotz ihres Sturzes tanzt und trinkt sie später mit den Gästen. In der Folge leidet sie von nun an oft unter erheblichem Kopfschmerz und Anfällen von Schwindel, nimmt auch nicht mehr an den gemeinsamen Mahlzeiten teil. Auch Barbaras Ansprüche verändern sich anscheinend, sie fordert beispielsweise täglich neue Bettwäsche, schwierig, weil es in dieser Zeit kaum noch Waschmittel zu kaufen gibt.[150]

Seit diesem Unfall ist Barbara im Wesen offenbar stark verändert, was den Umgang mit ihr trotz ihres jungen Alters schwieriger werden lässt. Bei Gesellschaften in Behnitz wirkt sich das so aus, dass Gäste empfinden, dass es mit dem ihnen zugewandten Ernst von Borsig sehr leicht auszukommen ist, weniger aber mit Barbara.[151] Doktor Aschoff, Hausarzt schon bei den Eltern Borsig, untersucht Barbara. Er bemerkt natürlich diese Veränderung und äußert sich vorsichtig in der Weise: *Die Gehirnerschütterung ist ausgeheilt, was dahinter steht, weiß ich nicht.*

Ein sensibles Kind wie Manfred nimmt diese Veränderung natürlich wahr und leidet darunter. Da bringen die für Manfred zuständigen noch so jungen Kindermädchen, die ausbildungsmäßig immer nur kurz auf dem Gut sind wie Adelheid, die wohl erst um die fünfzehn Jahre alt ist oder die beiden im Schloss beschäftigten polnischen Mädchen Wanda und Rosa auch nicht wirklichen Trost für den etwas scheuen, zurückhaltenden Manfred, dessen Spielkameradin seit Ende 1943 Eli, die fast gleichaltrige Gabriele von Rumohr ist; Ernst hatte die Familie seines 1942 in Russland gefallenen Freundes nach deren Ausbombung und Verschüttung in Berlin im November 1943 in Behnitz aufgenommen; sie wohnen nun in der Wohnung seiner Mutter im Logierhaus.[152]

---

[148] Gabriele von Bredow: Erinnerung an Behnitz, unveröffentlichtes Manuskript o.O., o.J. Sie irrt sich mit der Angabe, es sei ein Geburtstagsgeschenk gewesen.

[149] Dichtung von Heinz von Bodelschwingh, GBBeh 29.6.1943.

[150] Bredow a.a.O. und Manfred von Borsig, 27.4.2012.

[151] Clarita von Trott zu Solz im Gespräch mit EFH.

[152] Bredow a.a.O.

Barbara von Borsig um 1938 in Behnitz

Manfred wird später unter den Folgen dieser mütterlichen Gemütsverwandlung, die wohl durch den späteren Verlust ihres Mannes und der häuslichen Umgebung verstärkt wird, seine ganze Jugend hindurch sehr leiden.[153]

Der Gästekreis auf Behnitz erweitert sich: Zu den Freunden und Verwandten Ernsts kommen die zahlreichen Verwandten Barbaras aus den Familien von Müffling, Helfferich und von Both hinzu, außerdem Barbaras Freunde.

Da das Rittergut Groß Behnitz als Mustergut und dessen Bewirtschaftung später während des Krieges als kriegswichtig eingeordnet wird, wird Ernst von Borsig bei Kriegsbeginn nicht eingezogen, er behält die Leitung der Güter.

Zu den regelmäßig im Spätsommer zur Ernte kommenden Schnittern aus den Masuren, die in der so genannten Schnitterkaserne woh-

---

[153] Manfred von Borsigs zu EFH, 7.10.2011.

nen und nach Stücklohn bezahlt werden[154], werden dem Gut Arbeitskräfte aus verschiedenen Bereichen zugewiesen, die die wegen des Krieges eingezogenen Landarbeiter ersetzen sollen. Das sind nach dem Überfall auf Polen durch die Wehrmacht 1939 erst polnische Arbeiter, später kommen dann Kriegsgefangene aus Frankreich, England und Russland dazu, von 1942 bis 1945 schließlich auch Frauen aus dem Frauengefängnis Berlin.

Im Umgang mit der Staatsmacht

Durch seine Freunde, die in ihren jeweiligen Laufbahnen Einblick in die Vorgänge und Entwicklungsprozesse im „Dritten Reich" im Auswärtigen Dienst, im Rechtswesen wie auch in der Wehrmacht haben, ist Ernst in vielerlei Hinsicht sehr wohl über die Hintergründe der Politik im Reich informiert. Die Tätigkeit und die plötzliche Flucht seines Bruders nach Italien machen für Ernst die Geschehnisse im Reich noch stärker privat wirksam.

Ganz in der „neuen Zeit" liegen Einschränkungen, denen sich Ernst von Borsigs Mutter nach ihrem Umzug in Berlin ausgesetzt fühlt. Als sein Bruder Arnold durch seine Flucht aus Deutschland im September 1934 der Gestapo entkommt, hat sie wiederholt und zunehmend das Gefühl, sie und ihr Telefon würden überwacht. Von Seiten der A.BORSIG oHG wird nun immer wieder unter der Hand nachgeforscht, ob Arnold von Borsig gefahrlos wieder nach Berlin zurückkehren könne; das scheint 1936 im Zusammenhang mit einer scheinbaren politischen Öffnung kurz vor und zur Zeit der Olympischen Spiele möglich, so dass Arnold gelegentlich kurz nach Deutschland reist und dann auch in Behnitz – wie zur Taufe seines Neffen Manfred – auftaucht. Um der Mutter nun eine gewisse Sicherheit zu vermitteln, wird der ehemalige Privatsekretär und Rechtsberater des alten Geheimrats Ernst Borsig, Dr. jur. Fritz Detert, der nach seinem Ausscheiden aus der Firma 1922 jahrelang als Rechtsanwalt und Notar in Berlin notwendige Beglaubigungen

---

[154] Perske a.a.O.

Behnitz vor dem Zweiten Weltkrieg, Kartengrundlage Messtischblatt 1883

und Eintragungen für die Firma vornimmt, befragt, wie man wohl Einfluss auf die staatlichen Stellen nehmen könne, um für die Mutter eine gewisse Sicherheit und Ruhe von den Nachstellungen der Gestapo zu erreichen.

Fritz Detert schlägt den Geschwistern einen in der Zeit des „Dritten Reiches" anscheinend üblichen Weg vor, nämlich einen fingierten Bericht darüber zu verfassen, wie hilfreich sich Ernst Borsig sen. gegenüber der NSDAP in Berlin in den 20er-Jahren verhalten hätte, um damit Ruhe von dem Druck der unersättlichen Partei und ihrer Bonzen zu haben. Als damaliger Privatsekretär und Vertrauter des Herrn Geheimrates würde Detert das in den zwanziger Jahren vom sozialdemokratischen *Vorwärts* immer wiederholte Gerücht nutzen, um glaubhaft erklären zu können, dass Borsig nach zwei Treffen mit Adolf Hitler im Jahre 1922 auch dessen Partei in Berlin unterstützt habe. Diesen so genannten Schutzbrief würde er an den Generaldirektor der Deutschen Bank, Emil Georg von Stauß, weitergeben, der eng mit den einflussreichsten Leuten der Partei verbunden sei. Ernst unterstützt den Vorschlag, um der Familie und der Mutter in ihrer angespannten Situation Ruhe zu verschaffen; so wird dieser Brief am 23. Oktober 1937 von Fritz Detert verfasst und in Kopie an von Stauß weitergereicht, den auch Ernst kennt und der 1934 noch gelegentlich in Behnitz zu Besuch gewesen war. Anscheinend hat das Schreiben für den Moment die gewünschte Wirkung, stellt aber Ernsts Vater, Geheimrat Ernst von Borsig, nach dem Krieg in die rechte Ecke der angeblichen industriellen Unterstützer der NS-DAP.[155] Das Briefdokument findet sich nach dem Krieg in den Akten der Deutschen Bank im sowjetischen Sektor Berlins und wird nicht nur von DDR-Historikern ohne Kenntnis dieser Hintergrunddetails ausgeschlachtet.[156]

Im November 1937 kommen die Verhandlungen Arnold von Borsigs zum Verkauf des Reiherwerder zu einem Abschluss mit der Reichsfinanzverwaltung: Das komplette Anwesen wird schließlich für 700 000 Reichsmark ans Reich abgegeben. Der Unterhalt des Reiherwerder war schon zu Beginn der Wirtschaftskrise wegen der hohen Kosten kaum zu bezahlen gewesen, nach der Insolvenz der Firma Ende 1931 gar nicht mehr. Nach dem Krieg wird es dem französischen Stadtkommandanten als Sitz dienen, später bis zum Fall der Berliner Mauer die Deutsche Stiftung für Entwicklungsländer beherbergen, bis das Auswärtige Amt die Villa Borsig als Gästehaus des Außenministers und den Reiherwerder als Ausbildungsstätte für den diplomatischen Dienst übernimmt. Damit schließt die Geschichte der Villa Borsig an die zahlreichen internationalen Besuche der Familie und der Firma Borsig vor und nach dem ersten Weltkrieg an.

Im Anschluss an den Verkauf des Reiherwerder am 8. November 1937 treffen sich die Geschwister Arnold, Annelise und Ernst gemeinsam mit Ernsts Frau Barbara in Behnitz, um die verbliebenen Möbel und Bilder vom Reiherwerder unter der Mutter und den

---

[155] Darstellung des Vorgangs in der Studie zu Tet Arnold von Borsig, einschließlich Briefwechsel AvB mit Detert und Annelise Harmsen mit weiteren Zeitzeugen sowie diverse Gutachten, unter anderem von Stefan S. Oppenheimer, damaligem Geschäftsführer des VBMI, in: Ernst-Friedrich Harmsen: Tet Arnold von Borsig, 1899–1972, Firmenerbe, Ingenieur und Fotograf, unveröffentlichtes Manuskript, Berlin-Duschanbe 2014.

[156] Kurt Gossweiler: Kapital, Reichswehr und NSDAP 1919–1924, (Ost)Berlin 1982, S. 283. Henry Ashby Turner: Die Großunternehmer und der Aufstieg Hitlers, Berlin 1985, S. 71.

Geschwistern aufzuteilen.[157] Ein Teil der großen repräsentativen Einrichtungsgegenstände wird leihweise der Reichsfinanzschule auf dem Reiherwerder überlassen. Arnold von Borsig übergibt im Beisein seiner jüdischen Freundin Johanna Oldenburg in einem kleineren Festakt den Reiherwerder an die Finanzverwaltung.

Kirchenpatron

Ernst von Borsig erlebt schon als Kind und nun auch als Gutsherr in seiner Mutter eine besondere Persönlichkeit, die in der Einfalt ihrer Frömmigkeit einen stillen, aber großen Einfluss in der Gemeinde ausüben kann. Das tut sie auch nach ihrem Fortzug aus Behnitz von ihrer Berliner Wohnung in der Dahlemer Gelfertstraße aus. Sie unterstützt Pfarrer Helmut Gollwitzer[158] in seiner Arbeit in der Sankt-Annen-Kirche, der als Vertreter Martin Niemöllers dort eingesetzt ist. Niemöller war vom Nazi-Regime verhaftet worden, um einen Schlag gegen die Anhänger der Bekennenden Kirche zu führen.[159]

Margarethe von Borsigs nun nach außen stärker sichtbare Unmittelbarkeit und Herzenswärme, die sie in die dortige Gemeinde einbringt und mit der sie Gollwitzer unterstützt, kann sie nach dem Krieg und besonders nach dem Verlust ihres zweiten Sohnes und ihrer Heimat kaum mehr aufbringen. Schon die Krankheit und der Tod ihres Mannes am 6. Januar 1933 hatten sie zuvor bereits sehr getroffen.

Dass sich aber Ernsts Mutter Margarethe von Borsig von den Guts- und Hausleuten mit „Exzellenz" anreden lässt, genauso wie es Annette Helfferich, die Mutter von Barbara, für sich erwartet, gehört wohl zu den leichten Verwirrungen dieser Zeit. Dass sie sich

---

[157] Nicht im GBBehn.
[158] Helmut Gollwitzer an Arnold von Borsig am 13.3.1956 zum Tode von Margarethe von Borsig, ArchEFH.
[159] Die Bekennende Kirche ist ein Zusammenschluss evangelischer Christen, die sich im Bruderrat und im Pfarrernotbund seit 1933 gegen die Vereinnahmung des evangelischen Glaubens durch den nationalsozialistischen Staat in der Gleichschaltung zur Deutschen Evangelischen Kirche wehren.

aber gelegentlich den kurzen Weg vom Logierhaus zum gegenüberliegenden Friedhof von dem Chauffeur Kunckel fahren lässt, wenn sie in Behnitz zu Besuch ist, ärgert diesen, denn eigentlich ist sie früher nicht schlecht zu Fuß gewesen. Der Weg zum Mausoleum ihres Mannes wird jedoch nun wie zu einer Prozession, zu einer Wiederholung der Begräbnisfeierlichkeiten. Für die frühere Herrin des Gutes und jetzt 68-Jährige ändert sich ihr äußerer und innerer Rahmen schließlich auch mit den durch den erneuten Krieg eintretenden menschlichen und sachlichen Verlusten immer neu.[160]

Politisch sind ja mit dem Beginn des sogenannten Tausendjährigen Dritten Reichs neue Zeiten für die Bürger angebrochen; besonders auf dem Lande gibt es zunächst Zuspruch zur Politik der jetzt herrschenden Nationalsozialisten, und auch in Behnitz gibt es eine deutlich gewachsene Nazi-Anhängerschaft. Das wirkt sich auch bis in das kirchliche Gemeindeleben aus, besonders, als nach dem Ausscheiden von Pastor Lux 1935 ein neuer Pfarrer für Behnitz gesucht wird. Wird man einen geeigneten Mann in der nach 1933 sich mehr und mehr zerreißenden evangelischen Kirche finden, in der die den Nationalsozialisten nahestehenden „Deutschen Christen" mit ihrem „Reichsbischof" Ludwig Müller den Pfarrern des Pfarrernotbundes, der von Martin Niemöller gegründet wird und der der Bekennenden Kirche (BK) angehört, feindlich gegenüberstehen?

Zusammen mit seiner Frau Barbara gewinnt Ernst von Borsig immer größer werdende Klarheit über das, was auch in Behnitz Raum greifen will: Das ist der Angriff des nationalsozialistischen Staates auf das Menschentum und den christlichen Glauben schlechthin, wenn Menschen nach der Rassentheorie der Nationalsozialisten in Arier und Nichtarier getrennt werden. Das ist in der Familie Borsig in dieser Zeit sowieso ein Thema, da nicht nur die Mutter von Margarethe von Borsig von der Herkunft her jüdisch ist, sondern auch die Mutter von Anna Borsig, Ernsts Urgroßmutter.

Als Patronatsherr für die Behnitzer Kirche trägt Ernst von Borsig, genau wie sein Vater und vor ihm der Großvater, Verantwortung nicht nur für den Erhalt und für die Ausstattung der Kirchen, son-

---

[160] Bredow a.a.O.

Ernst mit seinem Sohn Manfred

dern auch für den geistlichen Bereich. Er hat das Recht und fühlt die Pflicht, den richtigen Geistlichen an die Kirche zu berufen. In den Fragen der Seelsorge hat Ernst von Borsig als Patron der Kirchen in Groß und Klein Behnitz seine Wahrnehmungen von den Veränderungen in der Gemeinde, besucht er doch sonntags gerne zusammen mit seinem Sohn Manfred die Gottesdienste. Hier kann er wenigstens so richtig von Herzen singen, was Barbara zu Hause bei ihm nicht so schätzt, da sie ihn für unmusikalisch hält.[161]

Für Ernst ist es auch selbstverständlich, dass in der Familie am Essenstisch gebetet wird. Als der Sohn Manfred alt genug dazu ist, übernimmt er dieses Amt. Als *er einmal nicht anwesend* ist, muss die gleichalte Freundin *Gabriele dies übernehmen*.[162] Als Patron der Kirchen in Groß und Klein Behnitz ist Ernst von Borsig spätestens in dem Moment gefragt, als der von der Familie geliebte und in der Gemeinde verehrte Pastor Johannes Lux wegen der zunehmenden Konfrontationen zwischen Nationalsozialisten in der Gemeinde und den Anhängern der Bekennenden Kirche gesundheitlich leidet und

---

[161] Mündliche Mitteilung Manfred von Borsigs an EFH am 7.10.2011 in Berlin.
[162] Bredow a.a.O.

er in einem Brief die Leitung der Kirche, das Konsistorium, um Beurlaubung und dann um die Entlassung in den Ruhestand bittet. Für
die Borsigs ist Johannes Lux so etwas wie ein Teil der Familie. Dessen
Frau Hedwig, geborene Wendt, Wendtchen genannt, ist das schon
viel länger, da sie die sehr geliebte Hausdame der Anna Borsig war,
der Großmutter von Ernst. Wendtchen heiratet im Februar 1919 den
damals neuen Pfarrer von Behnitz, Johannes Lux, und steckt in der
Folge all ihre Kräfte in die Gemeindearbeit. Doch gelegentlich wird
sie nach ihrer Heirat bei, Ernsts Großmutter, Anna Borsig helfend
einspringen, bis diese Ende 1919 stirbt.

Anfang des Jahres 1930, also gut zehn Jahre nach Johannes Lux'
Einsetzung als Pfarrer der Behnitzer Kirchen, kommt Pfarrer Feller
anlässlich einer Kirchenvisitation nach Behnitz und erlebt das erfolg-
reiche Wirken beider Luxens in der Gemeinde. Er lobt die Gemeindearbeit der Luxens vor dem Evangelischen Konsistorium der Mark
Brandenburg in Berlin in höchsten Tönen:

*Die Frauenhilfen beider Dörfer, sowie der Jungmädchenverein stehen in
hoher Blüte [...] Ein äußerer Beweis der gesegneten Wirksamkeit* [von Pfarrer Lux und seiner Ehefrau Hedwig, EFH] *ist die Tatsache, daß trotz der
überall sich bemerkbar machenden kirchenfeindlichen Mächte unserer Zeit* ein
wachsender Gemeindebesuch und auch eine erhöhte Teilnahme am
Abendmahl festgestellt werden kann. Noch kurz vor der Machtergreifung der Nationalsozialisten versucht man in Magdeburg, Pfarrer
Lux zur Übernahme einer Pfarrstelle zu bewegen, worauf Luxens
aber schließlich verzichten, weil ihnen die wirtschaftliche – und wohl
auch die geistlich-politische – Situation zu unsicher erscheint.[163]

Schon Anfang der 1930er-Jahre sieht Pastor Lux die Veränderungen in Behnitz sehr deutlich anhand der Aktivitäten der Anhänger
der extremen politischen Bewegungen. Besonders deutlich zeigt sich
das neue Klima nach der Übernahme der Reichsregierung durch
Adolf Hitler, als am Volkstrauertag 1933 die Hakenkreuzfahne der
örtlichen SA zum ersten Mal neben den Fahnen der Kriegervereine
in der Kirche aufgestellt wird und zu den Gottesdiensten SA-Leute

---

[163] Siehe Anhang Pastor Lux, Visitationsbericht vom 30.8.1930.

gehäuft und demonstrativ auch aus den Orten der Umgebung in ihren braunen Uniformen teilnehmen.[164]

Die anfängliche, scheinbare Begeisterung für die Teilnahme an Gottesdienst und Gemeindeleben lässt allerdings bei diesen Kirchgängern schon sehr bald wieder nach.

Schwierig in der Gemeinde wird es möglicherweise erst dadurch, dass Lehrer und Bürgermeister in Groß und Klein Behnitz Gemeindemitglieder, Angehörige der NSDAP und teilweise sogar Kirchenälteste sind; einer von ihnen, Oberlehrer Theodor Lehmann, übt auch das Organistenamt in der Kirche aus und erteilt in der Schule Religionsunterricht.

Hans Lux machen die zunehmenden Spannungen gesundheitlich zu schaffen. Er bittet zunächst am 19. Februar 1935 das Konsistorium, ihn zu beurlauben, reicht dann sein Pensionierungsgesuch ein und bittet um seine Entpflichtung vom Amte des Pfarrers, die ihm nach zahlreichen Krankschreibungen 1935 gewährt wird. Es muss nun ein neuer Pfarrer für die Gemeinde gesucht werden, besonders auch, da der befreundete Pfarrer Posth aus Nauen, der die Vakanz in Behnitz neben der Versorgung der eigenen Pfarre zu füllen versucht, beim Evangelischen Oberkirchenrat vorspricht und um baldige Wiederbesetzung der Pfarrstelle in Groß Behnitz bittet, weil ihm die doppelte Belastung durch beide Pfarrstellen zu groß sei.[165]

In der Zeit von der Auswahl bis zur Bestellung des neuen Pfarrers für die Behnitzer Gemeinden gibt es eine größere Zahl von Vertretungen und währenddessen schon Auseinandersetzungen zwischen Vertretern der staats- und NSDAP-nahen Deutschen Christen und den Anhängern der Bekennenden Kirche (BK), die sich nicht vor den Karren der NSDAP spannen lassen wollen.

Für die reguläre neue Besetzung der Behnitzer Pfarre scheint zunächst die Superintendentur des Kirchenkreises Nauen in Flatow zuständig zu sein, von dessen Pfarrer Schmidt Ernst von Borsig in

[164] Kyle T. Jantzen: National Socialism as a Force for German Protestant Renewal? In: Dietrich, Donald J. (Hg.): Christian responses to the Holocaust: moral and ethical issues, New York 2003, S. 65.

[165] EZA Berlin 7/12233, Vermerk vom 27.9.1935 beim E.O.II 3050 v.A.w.

einem Schreiben vom 11. Oktober 1935 hört, dass eine Neubesetzung der Pfarre Behnitz Schwierigkeiten mache.[166]

Da Ernst von Borsig die immer deutlicher wachsende Orientierungslosigkeit in den Behnitzer Gemeinden ein Gräuel ist, entschließt er sich zu handeln. Er nimmt seine Aufgabe als Kirchenpatron umso ernster, als in der Gemeinde infolge der Vertretungen durch verschiedene Hilfsprediger, Diakone und Pfarrer und durch die wechselnde Betreuung der Konfirmanden Unruhe entstanden ist. Er selbst kann den möglichen Pfarramtskandidaten nicht sagen, welchen Umfang die Arbeit auch bezüglich der zu betreuenden Gemeinden haben wird. Groß Behnitz ist nämlich im Frühjahr 1936 vom EOK, dem Evangelischen Oberkirchenrat, noch nicht zur Wiederbesetzung freigegeben, weil noch andere Gemeinden, die auch personell versorgt werden müssen, aus finanziellen und wohl auch kirchenpolitischen Gründen zu den Behnitzer Gemeinden dazugeschlagen werden sollen.

Das Evangelische Konsistorium in Berlin stimmt schließlich der Neubesetzung von Groß Behnitz am 12. Februar 1937 zu, es müssten aber die zu Päwesin gehörigen Kirchengemeinden Bagow und Riewend mitversorgt werden und der Patron solle innerhalb von zwei Monaten einen Pfarrer für das Amt bestimmen.[167]

Dagegen verwahrt sich nun allerdings Ernst von Borsig. Er schreibt am 20. Mai 1937 an den Superintendenturvertreter Pfarrer Ulrich Bettac nach Nauen wegen der Mahnung des Konsistoriums, er verstehe die nunmehrige Eile nicht, entscheiden zu sollen, wo *eine Wahl noch sehr viel schwieriger und verantwortungsvoller ist als sie es früher war* [...]. Eine Sprache, dessen Sinn Pfarrer Bettac, der der Bekennenden Kirche angehört, sehr wohl versteht.[168]

Wie um weiteren Schwierigkeiten zuvorzukommen, beschließt dann am 28. Mai 1937 der Behnitzer Gemeindekirchenrat den Anschluss an die Bekennende Kirche (BK), was die der NSDAP ange-

---

[166] DStA Brandenburg, Ephoralarchiv Nauen, Parochialakte Groß Behnitz NE 887/705.
[167] EZA Berlin 7/12233.
[168] DStA Brandenburg, Ephoralarchiv Nauen, Parochialakte Groß Behnitz NE 887/705.

hörenden Lehrer und Bürgermeister der beiden Orte und den Nauener Hauptpastor und Parteigenossen Friedrich Siems in Rage bringt.
Er hatte Behnitzer Konfirmanden zwischenzeitlich unterrichten
dürfen. Siems muss sich offenbar profilieren, da er erst in diesem Jahr
das Pfarramt angetreten hatte. Er ist ein Schwiegersohn des stellver-
tretenden Nauener Bürgermeisters und ein nationalsozialistischer
Parteigenosse, ein PG.[169]

Es ist die Zeit, als in Deutschland von Regierungsseite her immer
stärker der Versuch gemacht wird, die Bekennende Kirche un-
schädlich zu machen und ihre Häupter zu treffen, um dem atheis-
tischen Führerkult um Adolf Hitler umso leichter Tor und Tür zu
öffnen. Eins dieser Häupter ist der Berliner Generalsuperintendent
D. Otto Dibelius, der in einem Schauprozess als Hauptvertreter des
Bruderrates der Bekennenden Kirche von Kirchenminister Hanns
Kerrl kaltgestellt oder gar beseitigt werden soll. Am 6. August 1937
wird Dibelius allerdings freigesprochen – für das Nazi-Regime eine
höchst peinliche Niederlage vor einer in einzelnen Bereichen noch
funktionierenden Justiz.

Das soll nach der Verhaftung des Pfarrers und früheren U-Boot-
Kapitäns Martin Niemöller aus Berlin-Dahlem am 1. Juli 1937 nun
nicht noch einmal passieren! Niemöller, der dem Bruderrat der Bekennenden Kirche vorsteht, hatte in seiner Predigt vier Tage zuvor
die Verhaftungen von Pfarrern der BK von der Kanzel aus bekannt
gemacht und ausgetretene Kirchenmitglieder namentlich genannt.
Zunächst findet man ganz offensichtlich keine stichhaltigen Argu-
mente für eine Anklage, die erst Monate später am 7. Februar 1938
mit dem Prozessbeginn erhoben wird. Niemöller kommt erst nach
dem Krieg wieder frei. Den Kampf zwischen den Anhängern der
Bekennenden Kirche und den Gefolgsleuten der NSDAP in den
Behnitzer Gemeinden darf man wohl auch vor diesem Hintergrund
sehen.

---

[169] EZA Berlin 7/12233, Kyle T. Jantzen, 2003, S. 65.

Kirchenkampf in Behnitz

Dem Beschluss des Gemeindekirchenrates, der Bekennenden Kirche beizutreten, geht eine gründliche Besprechung im Pfarrhaus voraus, bei der sechs Mitglieder des Gemeindekirchenrates anwesend sind, dazu Pfarrer Posth aus Nauen und Hilfsprediger Heidrich, der seit Kurzem in Behnitz gemeindliche Aufgaben wahrnimmt. Heidrich stellt in dieser Besprechung den Kirchenkampf innerhalb der evangelischen Kirche um die staatsunabhängige Verkündigung des Glaubens seit 1933 dar. Bürgermeister Reinhold Stackebrandt erhebt Einspruch gegen den Beitritt zur BK und kritisiert das Vorgehen; er ist Kirchenältester, aber auch Mitglied in der NSDAP. Im Protokoll wird vermerkt:

Auf die Bedenken seitens des Ältesten Stackebrandt wird sehr sorgfältig eingegangen.

Nach zahlreichen Probepredigten, Befragungen und Besuchen und nachdem er die handschriftlich notierten Predigten der Kandidaten graphologisch hat untersuchen lassen, ernennt Patronatsherr Ernst von Borsig am 28. Oktober 1937 Pfarrer Kurt Fritzsche, Mitglied der BK, und stellt ihm die Ernennungsurkunde aus. Diese muss allerdings vor ihrem Gültigwerden noch vom Oberkonsistorialrat in Berlin bestätigt werden. Diese Bestätigung wird aber aufgrund der Aktivitäten der nationalsozialistischen Parteigenossen in der Gemeinde und der Situation der Angehörigen der Bekennenden Kirche in der Gemeinde vom Konsistorium in Berlin nicht vollzogen. Als die Bestätigung der Ernennung auf sich warten lässt, wendet sich Pfarrer Posth aus Nauen am 11. Januar 1938 an das Evangelische Konsistorium nach Berlin, wohin sich auch die Gegner der Bestellung Fritzsches als Ortspfarrer von Groß und Klein Behnitz wenden:

Kirchenältester Rudolf Günther schreibt nach Ausscheiden des Hilfspredigers Heidrich Ende Dezember 1937 am 16. Januar 1938 an das evangelische Konsistorium wegen des neuen Hilfspredigers Dumont von der Bekennenden Kirche, er wolle es nicht verantworten, dass dieser Geld aus einer evangelisch-deutschen Kirchenkasse bekäme.

Am selben Tag schreibt auch Bürgermeister Stackebrandt in gleicher Weise, nun allerdings durchschriftlich *an den Herrn Reichsminister* und an das Evangelische Konsistorium, wohl um die Wirkung seines Schreibens zu erhöhen und umgeht so den eigentlichen Dienstweg, was dem Konsistorium später hilft, Kritik an der Vorgehensweise Stackebrandts zu üben.

Der nächste und vielleicht schwierigste Querulant, NSDAP-Parteigenosse Oberlehrer Theodor Lehmann, schreibt als Ortsschulvorsteher kraft seines Amtes am selben Tag nicht nur an den Minister und das Konsistorium, sondern auch an die Schulaufsichtsbehörde in Potsdam, er habe dem bisherigen Hilfsprediger Heidrich, der auch der BK angehört, die Nutzung der Schulräume für den Konfirmandenunterricht wegen politischer Unzuverlässigkeit verboten und wolle bei dem Nachfolger zuerst die amtliche Bestallung sehen, bevor er eine dauernde Erlaubnis erteile. Er setzt einen Termin für Mitte des folgenden Monats und versucht, damit das Konsistorium unter Druck zu setzen.

In gleicher Weise teilt Lehrer Lehmann als Kirchenältester und Organist einen Tag später dem Konsistorium mit, dass er ab 1. Februar 1938 bei Gottesdiensten mit dem Hilfsprediger Dumont nicht mehr die Orgel spielen werde, er werde nur bei einem Pfarrer, der *von der Deutschen Evangelischen Kirche [...] in sein Amt gesetzt ist,* spielen.

Am 1. Februar 1938 schreibt der Kirchenälteste Rudolf Günther aus Klein Behnitz noch einmal, nun per Einschreiben, *an das Ev. Konsistorium der Provinz Brandenburg,* um den Druck noch weiter zu erhöhen:[170]

Wie ich erfahren habe, soll der für die Pfarrstelle Groß-Behnitz vorgesehene Pfarrer Fritsche auch der Bekennenden Kirche angehören. Ich protestiere als Kirchenältester aus Gewissensgründen und im Interesse des Friedens unserer Gemeinde, die durch die Bekennende Kirche Jahre hindurch gestört wurde, gegen die Wiederbesetzung der Pfarrstelle mit einem Pfarrer der Bekennenden Kirche.

Wir erwarten endlich, daß das Konsistorium unserer Gemeinde einen Pfarrer gibt, der sich in seinem Kirchendienst und unserm Deutschen Volk verantwortlich weiß und dementsprechend handelt.

Heil Hitler!

---

[170] ELAB 14/10.318 Konsistorialakte III Nr. 8694.

Um noch ein weiteres Mittel gegen die Einsetzung Pfarrer Fritzsches ins Feld zu führen, verleumdet man ihn beim Berliner Konsistorium, er habe die Kirchenkassenabrechnungen in seinem vorigen Pfarrsprengel Lenzerwische im Kirchenkreis Wittenberge nicht korrekt hinterlassen. Daraufhin lädt das Konsistorium zum 11. Februar 1938 Pfarrer Fritzsche vor. Er erklärt, dass die Abrechnungen vollständig und geprüft im Pfarrarchiv vorlägen und die Kollekten *im Einverständnis mit meinen Gemeinderäten an die „Bekennende Kirche"* abgeführt seien. Fritzsche schreibt weiter, er b*eabsichtige im Pfarrsprengel Groß-Behnitz mit dem Sup. Vertr. Bettac dienstlich zu verkehren, da derselbe der „Bekennenden Kirche" angehört. Ich müßte mir eine Stellungnahme hinsichtlich des Dienstverkehrs vorbehalten, wenn ein der „Bekennenden Kirche" nicht angehörender Geistlicher die Geschäfte der Superintendentur führt.*[171]

Auf den Brief des Ortsschulvorstehers schaltet sich nun auch der Regierungspräsident des Regierungsbezirks Potsdam ein und bestätigt am 14. Februar 1938 das Vorgehen Lehmanns als berechtigt, dem Hilfsprediger die Nutzung der Schulräume zu untersagen.[172]

Jetzt greifen die Bürgermeister und die Lehrer mit den nationalsozialistischen Kirchenältesten zu einem weiteren Mittel, von dem sie glauben, es würde ihnen den gewünschten Erfolg bringen. Rudolf Günther, der Lehrer und Organist Theodor Lehmann und Bürgermeister Stackebrandt formulieren mit Datum vom 7. März 1938 recht dramatisch und ausführlich einen Schriftsatz an das Ev. Konsistorium der Mark Brandenburg in Berlin, durchschriftlich auch an den *Herrn Präsidenten des Evangelischen Oberkirchenrates der Altpreussischen Union, an den Herrn Reichsminister für die kirchlichen Angelegenheiten sowie an die Kirchenkanzlei der Deutschen Evangelischen Kirche in Berlin-Charlottenburg* [...] *um den verspäteten Einspruch* gegen *Pfarrer Fritsche zuzulassen, zum mindesten aber Herrn Pfarrer Fritsche die Bestätigung zu versagen.* Sie begründen und untermauern das nun ausführlich mit ihrer nationalsozi-

---

[171] ELAB 14/10.318 Konsistorialakte III Nr. 8885. Das weist immerhin darauf hin, dass es zu dieser Zeit in Brandenburg auch in der kirchlichen Verwaltung noch eine recht große Anzahl von Anhängern der Bekennenden Kirche gibt und es sich offenbar lohnt, deutlich Position zu beziehen.

[172] ELAB 14/10.318 Konsistorialakte III.

alistischen Ideologie: *Um unseres deutschen Volkes willen können wir [...]* *keine Nachsicht üben gegenüber Lehren, welche die Volksgemeinschaft zerreis-* *sen und legen ganz entscheidenden Wert auf die Feststellung, dass unsere deut-* *sche lutherische Kirche nicht zu den mit Recht vom deutschen Volk bekämpf-* *ten Kirchen gehört, die die fremde Lehre vertreten, als könne für eine deutsche* *Kirche etwas anderes Recht sein, als was für das deutsche Volk Recht ist. [...]* *Solange Herr Pfarrer Fritsche bei der „Bekennenden Kirche" bleibt, ist er daher* *als Seelsorger unserer Gemeinde unmöglich.*[173]

Man bietet an, ihn anzuerkennen, wenn er sich denn von der BK löst: *Wir halten es für möglich, dass Herr Pfarrer Fritsche sich der Bedenklich-* *keit seiner Lehre und seines Verhaltens bisher nicht voll bewusst geworden ist.* *Wir regen deshalb an, ihn mit unseren Anständen bekannt zu machen und ihm* *anheim zu geben, sie dadurch auszuräumen, dass er aus der „Bekennenden Kir-* *che" austritt, d.h. selbstverständlich sich auch innerlich von ihr löst.*[174]

Die Schriftführer gehen nun auf ein weiteres Thema ein, das reichsweit von den Nationalsozialisten als besonders gefährlich angesehen wird, dass nämlich die der BK angehörenden Geistlichen und Gemeindemitglieder eine rote Mitgliedskarte erwerben und sich in Versammlungen damit ausweisen und dann ein entsprechendes Stimmrecht haben. Sie schreiben, dass ein Pfarrer, *der sich [durch, EFH] Unterzeichnung der „roten Karte" der „Bekennenden Kirche" unter-* *stellt, macht sich damit zugleich eines Ungehorsams von grundsätzlicher Bedeu-* *tung schuldig, denn er lehnt damit die kirchlichen Behörden als für ihn mass-* *geblich ab [...] Die Landeskirche hat ihre Behördenhoheit nur durch staatliche* *Verleihung, und so sind die landeskirchlichen Behörden dem Staate treuhän-* *derisch dafür verantwortlich, dass mit ihrer Behördenhoheit nicht gespielt wird.* *[...] Gegen eine Haltung, wie sie in der Unterzeichnung der „roten Karte"* *zum Ausdruck kommt, muss um so nachdrücklicher Stellung genommen wer-* *den, als verhältnismässig zahlreiche Pfarrer so handeln und [...] das viele von* *ihnen sogar aus innerer UEberzeugung tun. Rechtsbrecher aus UEberzeugung* *sind weit gefährlicher als Rechtsbrecher aus Schwäche, und Zusammenrottung* *von Rechtsbrechern erfordert eine um so energischere Bekämpfung [...].*[175]

[173] EZA 7/12233 vom 7.3.1938.
[174] A.a.O., S. 3.
[175] A.a.O., S. 2.

Der letzte Absatz des Schreibens macht deutlich, dass sich die Gruppe um den Lehrer Lehmann ganz sicher ist, dass der Pfarrer auf Grund dieses Schreibens nicht bestätigt wird:

Da sich infolge unseres Einspruchs die Besetzung unserer Pfarrstelle bedauerlicherweise noch längere Zeit hinausziehen wird, bitten wir, die Verwaltung der Pfarrstelle vom 1. April 1938 an einem nicht der „Bekennenden Kirche" angehörenden Pfarrer zu übertragen, und schlagen dafür Herrn Pfarrer [Friedrich Wilhelm, EFH] *Siems aus Nauen vor. Eine weitere Verwaltung der Pfarrstelle durch den der „Bekennenden Kirche" angehörenden Herrn Pfarrer Posth, gegen den, wie dem Konsistorium bekannt ist, auch noch andere Anstände bestehen, ist nicht mehr tragbar.*

Unterschrieben ist die Eingabe in der Reihenfolge direkt mit Tinte:

R. Günther, Kirchenältester

Stackebrandt, Kirchenältester u Bürgermeister

Mettler, Lehrer

Zahn, Bürgermeister

Th. Lehmann, Lehrer (Ortsschulvorsteher)

Marie Lehmann

Gertrud Klinkerfuß[176]

Sie fügen nun eine Liste von Unterschriften dem Schreiben bei. Die Unterschriften waren großenteils mit Bleistift gezeichnet worden. Man hatte sie bei Gemeindemitgliedern aus Behnitz gegen die Einsetzung von Pfarrer Fritzsche von einer Frau aus der Gemeinde einholen lassen, ohne dass die Gemeindemitglieder sehen konnten, wofür oder wogegen sie unterschrieben.

Die Petenten schlagen den Pfarrer Siems aus Nauen als möglichen Pfarrer vor, weil der ein getreuer Anhänger der *neuen Staatsordnung und der Deutschen Christen* sei, der auch schon Behnitzer Konfirmanden unterrichtet habe, obwohl mit deren Eltern bereits seinetwegen Schwierigkeiten entstanden waren.

Diesen Schriftsatz tragen nun Lehmann, Günther und Stackebrandt am selben Tage ins Konsistorium und wiederholen ihre Forderungen, wobei sie eine hinhaltende Antwort bekommen, denn die

---

[176] A.a.O., S. 3.

rechtliche Seite ist eindeutig: Die Besetzung der Stelle ist Sache des Patrons der Kirche. Ernst von Borsig ruft am selben Tage nachmittags im Konsistorium an und fragt wiederum nach der Bestätigung Pfarrer Fritzsches. Man teilt ihm mit, *dass noch verspäteter Einspruch eingelegt worden sei, der Anlass geben werde, die Frage der Besetzung erneut in der Sitzung zur Sprache zu bringen. Herr v. Borsig stellte in Aussicht, erneut anzurufen, um eine persönliche Besprechung der Angelegenheit mit dem Sachbearbeiter Riehm zu veranlassen.*

Die Besprechung fand am 8.3.1938 von ½6–½8 statt.

Riehm selbst unterzeichnet diesen Vermerk auf dem Einschreiben von R. Günther.[177]

Wieder zwei Tage später, am 9. März 1938, versucht Lehrer Lehmann noch zusätzlich, den Hilfsprediger Dumont bei der Geheimen Staatspolizei zu denunzieren; er schickt die Abschrift einer Abkündigung an das Konsistorium und das Ministerium, in der Hoffnung, auf diese Weise dem Hilfsprediger dessen Arbeitsmöglichkeit zu nehmen und um ihn der Gestapo zuzuführen. Diese Abkündigung von Hilfsprediger Dumont vom 27. Februar 1938 betrifft die anstehende Einschulung der kommenden Erstklässler entweder in die neu eingeführte Art der nationalsozialistischen Gemeinschaftsschule oder in die Volksschule alter Prägung mit dem Charakter einer christlichen Bekenntnisschule, die durch den Bruderrat der BK in der Mark Brandenburg empfohlen wird.

Nun ist für Ernst von Borsig das Fass der Nazi-Aktivitäten im Dorf und in der Gemeinde übergelaufen. Er versammelt den Gesamtgemeindekirchenrat, um den kirchlichen Frieden in den Behnitzer Gemeinden wieder herzustellen. Er schreibt für eine Befragung der Gemeinde einen Vorsatz, unterschreibt ihn jeweils mit den Kirchenältesten Hermann Senß, Walter Kirschstein und Willi Krüger, und Fischer Kirschstein geht los und sammelt bei den Gemeindemitgliedern deren Unterschriften.[178] Der Kirchenpatron kann damit feststellen, dass der überwiegende Teil der Gemeinde hinter der Persönlichkeit von Pfarrer Kurt Fritzsche steht und eine ganze Reihe

---

[177] EZA (ZA 1540/11) Sign. 7/12233.
[178] Perske a.a.O.

von Gemeindemitgliedern nur in Unkenntnis des Briefinhaltes an die Kirchenaufsicht gegen Fritzsche unterschrieben hat. Eine ganze Reihe der so Übertölpelten zieht mit der erneuten Unterschrift die vorherige zurück und unterzeichnet neu auf dem unten dargestellten Brief. Den Unterschriftszetteln des Gesamtgemeindekirchenrates ist jeweils eine maschinenschriftliche Auflistung der Petenten beigefügt, so dass genau festgestellt werden kann, welche Gemeindemitglieder hier unterzeichnet haben. Der Vorspann lautet:[179]

Um den kirchlichen Frieden in der Gemeinde Gr.-Behnitz und Kl.-Behnitz wiederherzustellen, bittet der Gemeindekirchenrat alle Mitglieder der Kirchengemeinden, einen Antrag an das Konsistorium zu unterstützen, in dem gefordert wird, dass Pfarrer Fritzsche aus Kietz b. Lenzen/Elbe, der durch den Kirchenpatron berufen worden ist und gegen den von Seiten der Kirchengemeinden kein Einspruch erhoben worden ist, möglichst schnell nach Gross-Behnitz kommt.

Wir erklären, falls wir schon einen gegenteiligen Antrag unterschrieben haben, dass wir dies in Völliger Unkenntnis des wahren Inhaltes dieses Schreibens getan haben und ziehen unsere Unterschrift unter dieses Schreiben zurück.

Dieser Nachsatz ist notwendig geworden wegen der offensichtlich manipulierten Einholung von Unterschriften aus der Gemeinde. Aus der Liste geht nun hervor, dass der allergrößte Teil – nämlich bei der Gemeinde Klein Behnitz um 75 Prozent der erwachsenen Gemeindemitglieder, bei der Gemeinde Groß Behnitz um 80 Prozent – die Einsetzung Fritzsches befürworten und wünschen.

Am folgenden Tage, dem 10. März 1938 schreibt Herr Friedrich Schmidt als Mitglied des Gemeindekirchenrates von Klein Behnitz an das Konsistorium, er hätte sich verpflichtet gefühlt,

Unterschriften für den Antrag an das Konsistorium, daß Pfarrer Fritsche aus Kietz/Elbe möglichst bald nach Gr.- und Kleinbehnitz kommt, zu sammeln.

Da von anderer Seite auch schon Unterschriften gesammelt waren, fragte ich die Leute, was sie denn schon unterschrieben hätten, worauf fast alle Befragten zur Antwort gaben, daß die Frau die die Unterschriften gesammelt hat, ihnen zum Lesen des Schreibens keine Zeit gelassen und ihnen erklärt hätte, daß, wenn der Bürgermeister unterschrieben hätte, doch nichts Unrechtes darin stehen

---

[179] ELAB 14/10.318 Konsistorialakte III Nr. 9493.

könne, sie sollen man unterschreiben; denn sie muß schnell weiter.[180] Dieses Schreiben wird nun von Konsistorialrat Dr. Riehm an das Konsistorium weitergegeben. Damit sind praktisch alle äußeren manipulierten Hindernisse gegen die Einsetzung und Bestätigung Pfarrer Fritzsches beseitigt.

In einem geharnischten vierseitigen, eng geschriebenen Brief wendet sich nun der Patron Dr. Ernst von Borsig am 14. März 1938 an das Evangelische Konsistorium der Mark Brandenburg in Berlin, stellt das Vorgehen der Querulanten ins rechte Licht und macht sein Unverständnis deutlich, dass die Bestätigung für Herrn Pfarrer Fritzsche immer noch nicht vorliegt:[181]

Ja, es scheint, als ob sie durch Petitionen unverantwortlicher Gemeindemitglieder weiter hinausgezögert wird. […] In der Zwischenzeit haben eine Unzahl junger Hilfsprediger, Vikare usw. in der hiesigen Gemeinde gewirkt zu denen infolge ihrer Jugend und des häufigen Wechsels das Vertrauen der Gemeindemitglieder fehlte, welches die erste Vorbedingung für eine geistige Leitung der Gemeinde ist.

Gross- und Klein-Behnitz gehört, wie auch dem Konsistorium bekannt ist, zu den kirchlichsten Gemeinden des Havellandes. Das geht schon aus dem starken Kirchenbesuch hervor. Die Empörung, dass nunmehr schon 2 1/2 Jahre kein Pfarrer mehr im Orte ist, ist gross...... Pfarrer Fritzsche ist ordnungsmässig berufen, ein Einspruch innerhalb der festgesetzten Frist ist nicht erfolgt. Auch eine Täuschung der Gemeinde liegt nicht vor, denn den Gemeindemitgliedern war bekannt, dass er Anhänger der Bekennenden Kirche ist, da er bei seiner Gastpredigt eine Abkündigung der Bekennenden Kirche verlesen hat. Herr Konsistorialrat Herrmann hat mir auf meine wiederholten Anfragen wegen der Bestätigung erklärt, dass es eine rechtliche Möglichkeit der Nichtbestätigung nicht gebe. Herr Pfarrer Fritzsche habe auf dieselbe ein Ius ad rem, diese Ansicht solle ich dem Evangelischen Kirchenrat gegenüber vertreten.[182]

Ich sehe in einer Nichtbestätigung einen schweren Eingriff in meine Rechte als Patron. Mit grosser Sorgfalt und Verantwortungsgefühl habe ich unter den

---

[180] ELAB 14/10.318 Konsistorialakte III Nr. 9424 Eingang: 12.3.1938.

[181] Ernst von Borsig an das Konsistorium, ELAB 14/10.318 Konsistorialakte III Nr. 9493 Eingang: 16.3.1938.

[182] Ius ad rem, das ist in diesem Fall das Recht auf die Bestallung als Ortspfarrer.

40–50 Bewerbern Herrn Pfarrer Fritzsche ausgewählt. Ausdrücklich möchte ich betonen, dass es nicht aus dem Grunde geschehen ist, weil er Anhänger der Bekennenden Kirche ist. Vielmehr erschien er mir auf Grund seines Bewerbungsschreibens, eines graphologischen Gutachtens seiner Predigten, meines persönlichen Eindrucks und einer 4stündigen Unterhaltung über die Aufgaben des Seelsorgers und Pfarrers einer Kirchengemeinde in seiner ruhigen, abgeklärten, bestimmten und sehr liebevollen Art als der geeignetste Bewerber. Ich möchte betonen, dass ich meine Pflichten und Rechte als Patron gemäss der Tradition unserer Familie sehr ernst nehme. Es ist mir peinlich, aber notwendig dem Konsistorium gegenüber aussprechen zu müssen, dass unsere Familie durch das Geschenk einer der schönsten Kirchen der Mark Brandenburg an die Kirchengemeinde Gross-Behnitz ganz unabhängig von den Rechten als Patron glaubt einen entscheidenden Einfluss auf die Besetzung der Pfarrstelle in Gross-Behnitz erworben zu haben.[183]

Obwohl der Patron seine Entscheidung nicht nach dem Wunsch der meisten Gemeindemitglieder richten kann, da seine Wahl auch Gott und der Kirche gegenüber verantwortlich, so deckt sich doch bei dieser Wahl die Ansicht des Gemeindekirchenrates und des weitaus größten Teils der Gemeindemitglieder mit der des Patrons. Nachdem der Gemeindekirchenrat in Erfahrung gebracht hatte, dass in schlimmster demagogischer Weise gegen Pfarrer Fritzsche Unterschriften gesammelt würden, hat er sich, weil er befürchten musste, dass diese Unterschriften nicht ohne Eindruck auf das Konsistorium bleiben würden, zu einer Gegenaktion entschlossen. Ueberdies bestand die Gefahr, dass durch eine Hinauszögerung der Bestätigung das Osterfest unter dem kirchlichen Unfrieden leiden musste. Die Kirchenältesten und ihre Helfer haben mir erklärt, dass es für sie keine grössere Freude hätte geben können als diese Unterschriftensammlung. Man hätte sie geradezu in die Häuser hineingerufen, damit die Leute ihre Unterschrift unter unseren Aufruf setzen konnten. Auch ich persönlich habe mich davon überzeugt. In beiden Gemeinden sind fast 400 Unterschriften zusam-

---

[183] Es handelt sich dabei um die komplette Neugestaltung der Groß Behnitzer Kirche und des Erbbegräbnisses der Familie Borsig in den Jahren 1922/23 durch den Architekten Eugen Schmohl, der sowohl das Schlösschen auf dem Reiherwerder 1910–1912 wie das Verwaltungshochhaus der Borsigwerke 1922–1925 plante. Siehe auch: Stefanie Winckler: Die Grabanlage der Familie von Borsig auf dem Kirchhof in Groß Behnitz, Mitteilungsblatt Heft 3, S. 121–128, 110. Jg. (2009), Landesgeschichtliche Vereinigung für die Mark Brandenburg e.V., o.O. 2009.

mengekommen. Ich glaube es handelt sich bei der Gemeinde Klein-Behnitz um 75 %, bei der Gemeinde Gross-Behnitz um 80 % der erwachsenen Gemeindemitglieder. Eine eindrucksvollere Zahl dürfte es wohl nicht geben.

Auf die Art des Zustandekommens der gegen Pfarrer Fritzsche gerichteten Unterschriften brauche ich nicht näher einzugehen. Ich verweise auf die Aufzeichnung des Kirchenältesten Schmidt aus Klein-Behnitz. Ich möchte aber ausdrücklich betonen, dass 40–50 Unterschriften dieser Liste durch nachherige Gegenunterschrift unter unser Schreiben zurückgenommen sind, sodass sich die Zahl der Unterschriften unter die andere Liste um 40–50 verringert. Obwohl es fast unnötig erscheint, auf die Zusammensetzung der geringen Zahl der gegen Pfarrer Fritzsche gerichteten Unterschriften einzugehen, halte ich es für notwendig, das Konsistorium auf folgendes aufmerksam zu machen: Es dürfte nicht unbekannt sein, dass es in jeder Gemeinde christentumsfeindliche Bestrebungen gibt. Ich kann dem Konsistorium versichern, dass der grösste Teil der Unterschriften der anderen Liste von Leuten stammt, die nie etwas für Christentum und Kirche übrig gehabt haben. Der andere Teil setzt sich aus solchen zusammen, die aus vielerlei Rücksichten und Abhängigkeiten glaubten, dies tun zu müssen. Nur ganz wenige mögen aus Ueberzeugung gehandelt haben. Zur Bestätigung dieser Behauptung stelle ich dem Konsistorium anheim, Pfarrer Lux zu befragen, der von 1919 bis 1935 als Pfarrer der hiesigen Gemeinden gewirkt hat. Ich hoffe, dass das Konsistorium seine Hand nicht zur Zerstörung einer der christlichsten Gemeinden des Havellandes geben wird, worauf ein grosser Teil derjenigen ausgeht, die diese Liste in Umlauf gesetzt haben.

Zusammenfassend möchte ich noch einmal sagen: Eine rechtliche Grundlage zur Nichtbestätigung von Pfarrer Fritzsche besteht nach meiner Ansicht nicht. Eine Nichtbestätigung bedeutet:

1. einen Eingriff in meine Rechte als Patron,

2. eine Missachtung des Wunsches aller kirchlich gesinnten Gemeindemitglieder,

3. eine Zerstörung des kirchlichen Lebens der Gemeinden Gross- und Klein-Behnitz.

Eine Verzögerung der Bestätigung bedeutet einen nicht wieder gutzumachenden Schaden an den Gemeinden.

Heil Hitler !

Anbei 9 Listen.

Dr. Ernst von Borsig.

Bedeutsam ist wohl, dass Ernst von Borsig insbesondere die geistig-kirchliche Situation der Gemeinde in den Vordergrund rückt und dann erst seine rechtliche Position klarmacht, zuletzt die in diesem Kirchenamt zu dieser Zeit übliche Schlussformel mit „Heil Hitler!" wählt, um die Sache endlich erfolgreich zum Abschluss zu bringen.[184]

Die Verfügung wird trotz der negativen Randbemerkungen des Oberkonsistorialrates Riehm am 19. März 1938 durch das Konsistorium erlassen. Zehn Tage später am 28. März 1938 bestätigt das Evangelische Konsistorium dem Regierungspräsidenten die Richtigkeit der Voraussetzung Pfarrer Kurt Fritzsches, geboren am 18. Januar 1899 in Berlin, für das Pfarramt, da er alle Voraussetzungen gemäß Art. 9 des Vertrages zwischen den Evangelischen Landeskirchen und dem Freistaat Preußen erfülle:

Deutsche Reichsangehörigkeit

Theologisches Studium an einer deutschen Hochschule[185]

So kann Pfarrer Fritzsche am 10. April 1938 schließlich in einem feierlichen Gottesdienst in sein Behnitzer Amt eingesetzt werden: Er erhält in Gegenwart des Patrons Ernst von Borsig und der Kirchenältesten Kirschstein, Senß, Krüger und Schmidt und des Superintendenturverwalters Pfarrer Bettac von Pfarrer Günther Harder aus Fehrbellin die Bestätigungsurkunde der Bekennenden Kirche, von Pfarrer Lux und dem Vakanzverwalter Pfarrer Posth aus Nauen die Berufungsurkunde des Patrons sowie die Bestätigungsurkunde des Evangelischen Konsistoriums. Pfarrer Johannes Lux und seine Frau nutzen diese Gelegenheit: Sie können sich in diesen Tagen auf dem Gut erholen und Freundschaft mit ihrem Nachfolger schließen.

Damit geht ein dreijähriger und recht offen geführter Kampf um die Neubesetzung der Pfarren von Groß und Klein Behnitz für die Anhänger und Mitglieder der Bekennenden Kirche erfolgreich zu Ende. Ernst von Borsig erringt gegenüber den Ängstlichen in der kirchlichen Verwaltung und den Feinden der Volkskirche einen eindrucksvollen Sieg, der von den Gemeindemitgliedern auch durch weiter wachsende Zuneigung honoriert wird. Das zeigt sich später

---

[184] ELAB 14/10.318 Konsistorialakte III Nr. 9493 S. 4.
[185] ELAB 14/10.318 Konsistorialakte III Nr. 10189.

insbesondere in dem Fürbitte- und Gedenkgottesdienst Anfang 1946 zu Ehren des im September 1945 in Landsberg an der Warthe umgekommenen Patrons der Kirche Ernst von Borsig.

Vonseiten des Evangelischen Konsistoriums ist damit die Geschichte jedoch noch nicht beendet, denn, wie am 12. April 1938 in einer gründlichen Abwägung über das Verhalten von Pfarrer Siems aus Nauen im Zusammenhang mit der Situation in Behnitz festgestellt wird, glaubt man nicht fehlzugehen *in der Meinung, dass die Leitung des Staates und die Leitung der Landeskirche sich darin einig sind, daß, nachdem einmal derartige Ordnungswidrigkeiten in der Landeskirche eingerissen sind, es gegenwärtig noch nicht angezeigt erscheint, daß die landeskirchlichen Behörden die grundsätzlich richtige Auffassung unnachgiebig und nötigenfalls mit Gewalt durchzusetzen versuchen. Wir meinen vielmehr im Sinne des EOK zu handeln, wenn wir uns in dieser Richtung mit dem begnügen, was wir durchzusetzen in der Lage zu sein glauben.... In diesem Sinne gedenken wir insbesondere die Gemeindekirchenräte in Groß- und Klein-Behnitz darüber zu belehren, daß und weshalb ihre Beschlüsse über ihren Anschluß an die „Bekennende Kirche" unzulässig und rechtswidrig sind.*[186]

Das Thema wird jedoch im Konsistorium und im Evangelischen Oberkirchenrat in Berlin weiter verfolgt, wie mit Schreiben des Konsistoriums vom 5. Mai 1938 an die Anhänger der Deutschen Christen in Behnitz deutlich wird:[187]

Wenn die Beschwerdeführer wüssten, wie sehr wir ihre klare Erkenntnis der in Gestalt der „Bekennenden Kirche" bestehenden politischen und kirchlichen Gefahr begrüssen und wie sehr wir uns freuen würden, wenn diese Erkenntnis überall bei Pfarrern und Gemeinden vorhanden wäre, so würden sie sich gegen unsere Entscheidung kaum in der Schärfe gewendet haben, die sie in ihrer Beschwerde geglaubt haben wählen zu sollen [...] Wenn die Beschwerdeführer es sich angelegen sein lassen, solche Gemeindeglieder über ihren Irrweg aufzuklären, so ist das [...] ein wertvoller Dienst an den Gemeinden, den wir umsomehr begrüssen, als wir ohne Mitarbeit gerade des Kirchenvolkes der „Bekennenden Kirche" gegenüber nicht durchdringen können. Das ist ein deutliches Einge-

---

[186] EZA (ZA 5140/11) 7/12233 K. III Nr.9757.
[187] EZA (ZA 5140/11) 7/12233 K. III Nr.10258.

ständnis der Schwäche der nach oben buckelnden Kirchenverwaltung gegenüber den Gemeinden der Bekennenden Kirche.

Schließlich beruhigt sich das Konsistorium in der Sache mit der Feststellung, dass ja nicht die Kirchengemeinde Groß Behnitz der Bekennenden Kirche beigetreten sei, *vielmehr bezieht sich der Beschluss* [des Gemeindekirchenrates, EFH] *nur auf den Beitritt des Gemeindekirchenrates als solchen oder seine Mitglieder zu der „Bekennenden Kirche".*[188]

In einer Verfügung des Evangelischen Konsistoriums der Mark Brandenburg an den Gemeindekirchenrat von Behnitz durch den Superintendenturvertreter in Nauen macht nun in Vertretung des Präsidenten Herr Magnus die rechtliche und kirchliche Seite des Vorganges deutlich: *Denn unsere Landeskirchen ebenso wie die Deutsche Evangelische Kirche sind zwar der Aufgabe nach kirchlich, dem Träger der Aufgabe nach aber weltlich, nämlich öffentlich-rechtliche Körperschaften unseres Staates. Die massgebliche Entscheidung darüber, welche Freiheit unseren Kirchen zur Erfüllung ihrer kirchlichen Aufgaben zu gewähren ist, namentlich auch darüber, was als Glaubenslehre und was als politische Lehre anzusehen ist, liegt nicht bei unseren Kirchen, sondern allein bei unserem Staat. Jeder Kampf darum, unseren Staat oder unser Volk zur Anerkennung dieser oder jener Kirchenauffassung, oder dieser oder jener geistlichen Leitung zu bewegen, ist daher ein politischer Kampf. Wer ihn führt, darf sich nicht darüber wundern, wenn ihm mit Mitteln des politischen Kampfes begegnet wird* […]. Die kirchlichen Ordnungsmittel seien in Wirklichkeit genauso politische Mittel wie die des Staates. Man würde aber in diesem Fall an die Urteilsfähigkeit der Gemeindekirchenräte appellieren, ihre bisherigen Anschauungen einer genauen Nachprüfung zu unterziehen, um dann *zu Erkenntnissen zu gelangen, die es ihnen ermöglichen, der kirchlichen Aufgabe noch besser zu dienen als zuvor.*[189] Deshalb würde für sie die Verfügung in Abschrift beigefügt.

Wie schwierig die Situation trotz der sich nach allen Seiten absichernden und im Grunde abwiegelnden Schreiben des Konsistoriums für die Gemeinde und Pfarrer Kurt Fritzsche ist, kann man daraus

---

[188] EZA (ZA 5140/11) 7/12233 K. III Nr.10661 vom 2.6.1938.
[189] EZA 7/12233 K.III Nr.11583 vom 30.7.1938, Evangelisches Konsistorium der Mark Brandenburg.

ersehen, dass der für die Partei in Behnitz federführende Lehrer Lehmann noch im selben Jahr zwei Tage nach der sogenannten Reichskristallnacht, dem Pogrom gegen jüdische Mitbürger, ihre Synagogen und Geschäfte den Unterricht für Konfirmanden dafür nutzt, mit später eingeholten *freiwilligen Aussagen der Schulkinder* den Pfarrer, der den Unterschied von Judenchristen und Heidenchristen gemäß der Apostelgeschichte behandelt hatte, bei dem Konsistorium, bei der Gestapo und beim Kirchenministerium anzuzeigen. Das genügt Lehmann aber nicht: Mit Schreiben vom 13. November 1938 verbietet er als Ortsschulvorsteher dem Pfarrer *bis auf weiteres die Benutzung eines Schulraumes für die Abhaltung von Konfirmanden-Unterricht* und bezieht sich dabei auf einen Ministerialerlass von 1935 *betr. Verbot der Benutzung von Schulräumen für Zwecke, die nicht im Sinne des nationalsozialistischen Staatsgedankens liegen.* Dabei reagiert er nicht auf die Anzeige aus dem Konfirmandenunterricht, sondern auf das Verhalten des Pfarrers im *Bittgottesdienst* am 30. September 1938.[190]

Das Konsistorium schickt auf einen Erlass des Evangelischen Oberkirchenrats vom 23. Mai 1939 eine Antwort dorthin und sieht nach Klärung durch Herrn Pfarrer Fritzsche keinen Grund zum Einschreiten gegen ihn. Der Reichsminister für die kirchlichen Angelegenheiten jedoch hält es *für unerläßlich, daß gegen den Pfarrer Fritzsche, der auch bereits von der Geheimen Staatspolizei verwarnt worden ist, im Wege des nicht förmlichen Disziplinarverfahrens das Erforderliche veranlaßt wird.* Das bezieht sich *auf die gegen den Pfarrer wegen seiner Äußerungen zur Judenfrage im Konfirmandenunterricht erhobenen Vorwürfe,* zu denen sich der Pfarrer offensichtlich hätte hinreißen lassen.[191]

Pfarrer Fritzsche lässt es jedoch nicht etwa auf eine Konfrontation mit Lehrer Lehmann ankommen, sondern versucht, mit ihm die Dinge zu klären, wie er dem Konsistorium auf dessen Schreiben K III Nr. 13553 auch am 13. Dezember 1938 mitteilt. Der Lehrer habe

---

[190] EZA 7/12233 K. III Nr.14103 vom 13.11.1938.
[191] EZA 7/12233 K. III Nr.10546 vom 19. 6.1939, EZA 7/12233, Kopie des Schreibens des Ministers vom 12.7.1939 an den E.O.II mit Vermerken auf der Rückseite.

nun auch den Organistendienst in der Kirche und in der Schule den Religionsunterricht niedergelegt.[192]

Mit diesen Schwierigkeiten gehen offenbar die Maßnahmen gegen den Pfarrer in Behnitz zu Ende, da mit Kriegsbeginn durch den deutschen Überfall auf Polen anscheinend andere Themen in Behnitz Priorität bekommen.

Boten des Krieges – Militärische Einquartierungen auf dem Gut und Stimmungsaufhellung fürs Volk

Behnitz liegt nur einen Katzensprung von dem damaligen Truppenübungsplatz Döberitz entfernt, der von Berlin über die alte und heutige Heerstraße nach Westen hinaus erreicht wird. Zu den Olympischen Spielen von 1936, für die auf dem gleichen Wege nach Westen das Olympische Dorf errichtet – und später militärisch genutzt – wird, kommen auch nach Behnitz Gäste, insbesondere aus Schweden. Ihnen folgen ab August 1936 militärische Einquartierungen von Offizieren, die das Leben auf dem Gut jedoch nur wenig beeinflussen, da dort die Landwirtschaft im Vordergrund steht. Ein Jahr später zieht im August 1937 die 14. Kompanie des Infanterieregiments 9 durch, danach werden Einquartierungen in Behnitz ab April 1939 häufiger. Im Juli sind dann Offiziere vor dem Polenfeldzug im Gutsquartier, die unbekümmert um etwaige Geheimhaltung die militärische Situation ins Gästebuch einschreiben: *nach kurzer, erholungsreicher Rast vor dem Polenkrieg.*[193] Es sind nur einzelne Offiziere, mit denen ein engerer Kontakt entsteht und die sich dafür bedanken, so freundlich aufgenommen zu werden. Die Einquartierungen nehmen nach dem Balkan-Feldzug im April 1941 und der Zerschlagung Jugoslawiens und Einnahme Griechenlands bis zum Russland-Feldzug wieder zu, danach fallen sie weg. Stattdessen kommen Wachkontingente für französische, britische und schließlich russische Kriegsgefangene nach Behnitz.

---

[192] EZA 7/12233 Kopie E.O.II Nr.1112.
[193] GBBehn 21./22.8.1929.

Manchmal sind unter den nach Döberitz eingezogenen Soldaten und Reserveoffizieren Verwandte der Freunde, denen dann eine besondere Freude zum Beispiel durch eine Jagd gemacht wird; zu ihnen gehört Werner Graf von der Schulenburg, der als Feldwebel in Döberitz liegt. Häufig kommen dieselben schon bekannten Offiziere nach Behnitz, die neue Truppeneinheiten auf die kommenden Feldzüge vorbereiten. Manche dichten voller Dankbarkeit über die freundliche Unterbringung und Behandlung, die sie hier erfahren, etwas in das Gästebuch.

Auf der anderen Seite muss nach dem Anschluss Österreichs im Frühjahr und nach der kampflosen Übernahme der Sudeten im Herbst 1938 nach der spannungsvollen Münchener Konferenz, die Benito Mussolini in der drohenden Kriegsgefahr von Hitler gefordert und der Hitler zähneknirschend zugestimmt hatte und schließlich nach der Zerschlagung der übrigen Tschechoslowakei im Frühjahr 1939 in diesem Deutschland, dem jetzt „Großdeutschen Reich", vor der geplanten Einnahme Polens natürlich die Stimmung der Bevölkerung hoch gehalten oder verbessert werden, denn anders als 1914 gibt es in der deutschen Bevölkerung keinerlei Hochstimmung für einen Kampfgang oder gar einen größeren Krieg; Angst herrscht vor. Daher fordert der Minister für Volksaufklärung, der Reichspropagandaminister Joseph Goebbels, von der UFA Filme, die in naturnaher und möglichst freundlich-friedlicher Atmosphäre, also in schöner, heiler Welt mit propagandistischer Wirkung gedreht und dann als leichte Kost in den Kinos gezeigt werden. Die Filmkomödie der UFA-Tochter Terra *Zwei Welten* ist eine davon, die von dem damals schon in der Rolle des *Mephisto* bekannten Schauspieler und jetzt auch Film-Regisseur Gustaf Gründgens zusammen mit der 17-jährigen Antje Weisgerber, mit Marianne Simson und Ida Wüst und ihren Filmpartnern Max Eckard und Joachim Brennecke in Groß und Klein Behnitz gefilmt wird.

Auf dem Gut werden die durch die Dreharbeiten notwendigen Einschränkungen der normalen Nutzung hingenommen und eingebaut, denn es geht um Erntehilfe auf dem Land. Dass der Streifen den Adel und die – von den Schauspielern gespielte – adelige Gutsherrschaft in „sozialistischer" Weise auf die Schippe nimmt, gehört zum nationalsozialistischen Propagandawerkzeug der Scheinnähe zum Volk. Ein näherer Kontakt der Gutsleute und der Borsigs zu den Schauspielern und Technikern findet kaum statt.[194]

Im Sommer 1939 wird gedreht, und schon im Januar 1940 geht die adelskritische Komödie über die Leinwände der deutschen Lichtspieltheater. Da ist das „polnische Abenteuer" als Vorbote der kommenden Katastrophen schon vorbei.

Mit Beginn des Krieges werden immer mehr Reservisten und wehrdienstfähige Männer eingezogen, geschult und eingesetzt; entsprechend fehlen sie nun als Arbeitskräfte in der Landwirtschaft und in der Industrie und können nicht umstandslos durch Frauen oder Kinder ersetzt werden. Die Staatsmacht greift zu anderen Mitteln: Zwangsarbeit von Häftlingen in Konzentrationslagern, in Industriebetrieben und Einsatz von Strafgefangenen und Kriegsgefangenen zum Beispiel auch in der Landwirtschaft.

„Landkommando Gr. Behnitz"

Das ist auch in Groß Behnitz und auf dem Borsigschen Gut nicht anders. Und da das Gut Groß und Klein Behnitz ein für die Versorgung der Bevölkerung mit Lebensmitteln kriegswichtiger Betrieb ist, werden dem Gut Arbeitskräfte zugewiesen: Nach dem Überfall auf Polen im September 1939 kommen ab dem Frühjahr 1940 polnische Arbeiter aus den besetzten Gebieten, die sich völlig frei bewegen und nicht als Kriegsgefangene gelten, seit Mai 1942 kommen dann aus dem Frauengefängnis in der Barnimstraße 10 in Berlin bis zu 40 Frauen.[195]

Dazu kommen englisch-irische und französische Kriegsgefangene, schließlich auch nach dem deutschen Überfall auf die Sowjetunion *fünfzig russische Kriegsgefangene*, sie *unterlagen den schärfsten Kontrollen*.[196]

---

[194] Die Filmleute tauchen nicht als Gäste im Gästebuch auf; sie werden sich nach den täglichen Dreharbeiten mit dem Abendzug nach Berlin begeben haben.

[195] LAB A Rep. 365 Nr.49.

[196] Dagmar Gräfin von Bernstorff: Behnitz 1945 – Das Ende einer Epoche. Dem Andenken an Ernst von Borsig gewidmet, unveröffentlicht, Neu Delhi 2009.

Die russischen Kriegsgefangenen, die von den Begleitsoldaten schärfer bewacht werden als die Engländer oder Franzosen, sind nach der Auffassung der Nationalsozialisten „Untermenschen" und zur Vernichtung bestimmt. *Im Herbst 1941 wurden in drei Monaten 18 000 sowjetische Kriegsgefangene erschossen.* Von den [damals im Herbst 1941, EFH] *mehr als 20 000 sowjetischen Kriegsgefangenen überlebten nur wenige.*[197]

Helmuth von Moltke, der in der „Abwehr", dem militärischen Geheimdienst, als Völkerrechtler arbeitet und versucht, so viele Menschen wie möglich durch seine Interventionen zu retten, sieht sowohl die rechtliche wie auch die menschliche Problematik. So schreibt er am 6. November 1941 an seine Frau, Freya Moltke: *Plötzlich sollen jetzt die russischen Gefangenen im Grossen in der gesamten Wirtschaft eingesetzt werden und in einem Nebensatz steht dabei „ausreichende Ernährung ist eine selbstverständliche Voraussetzung". Sie tun so, als wüssten sie von ihren früheren Befehlen* [zur Dezimierung und Vernichtung der russischen Bevölkerung gemäß dem Hungerplan vom Mai 1941, EFH] *gar nichts.*[198]

Am 30. November 1941 schreibt er Freya, dass die russischen Gefangenen voraussichtlich alle wieder nach Osten zurückgeschickt würden, weil man sie in Deutschland nicht ernähren könne *und man sie lieber dort als hier verhungern lassen* wolle. *Daraus folgt für uns: a.* [der Verwalter in Kreisau auf dem Gut der Moltkes, EFH] *soll jeden Russen nehmen, den er für die geplanten Arbeiten bekommt, lieber mehr als 20, soviele wie er überhaupt nur ansetzen kann und b. er soll alles darauf anlegen, daß wir für das nächste Jahr ein volles Kontingent Polen bekommen, lieber mehr als wir brauchen, er soll jedenfalls seinen Arbeiterbedarf überreichlich decken, denn es wird knapp werden.*[199]

Dass diese Einschätzung Moltkes von Ernst von Borsig in Behnitz geteilt wird, ist ziemlich wahrscheinlich. Der Kontakt der beiden ist seit Moltkes erstem Besuch in Behnitz lebendig und eng, und Ernst von Borsig sorgt ohnehin dafür, dass die Arbeiter und die Gefange-

---

[197] Adolf Burger: Des Teufels Werkstatt. Die größte Geldfälscheraktion der Weltgeschichte, München 2007, S. 115.

[198] MB 312 vom 6.11.1941.

[199] MB 331 vom 30.11.1941.

nen hier im Rahmen der Möglichkeiten sicher untergebracht und gut versorgt werden.[200]

Den Gruppen zwangsverpflichteter oder gefangener Menschen auf dem Gut ist es nun aber staatspolizeilich strengstens verboten, untereinander Kontakt aufzunehmen; sie stehen unter getrennter Bewachung, zum Beispiel von Soldaten der Wehrmacht; die Frauen aus dem Gefängnis stehen unter der Aufsicht zweier Frauen als *Kommandobeamtinnen*, Elisa Dribbusch und der Martha Foske, die die *Aussenarbeitsstelle, hier auf dem Rittergut Groß-Behnitz/Mark*, leiten.

Es kommt zum Beispiel im Herbst 1944 bei der Apfelernte bei knapperer Bewachung wohl durchaus vor, dass russische Soldaten den strafgefangenen Frauen Äpfel zustecken, die diese jedoch nicht annehmen dürfen. Im vorliegenden Fall sind die beiden Frauen Hedwig Schubert und Katharina Völkel aufgefallen und der Vorfall wird von den Kommandobeamtinnen nach Berlin gemeldet. Ein Schreiben an die Kommandobeamtin Elisa Dribbusch vom Vorstand des Frauengefängnisses macht die Konsequenzen bei solchen „Vergehen" für die Frauen deutlich: sie würden in die Anstalt zurückgeführt und bekämen Arreststrafen dazu, was zu einer Verlängerung der Strafe führen würde.[201]

Alle diese Menschen wurden aus der Schlossküche beköstigt. Im Kellergeschoss herrschte die Köchin, Frau Schattong, über riesige Kessel, in denen das Essen gekocht wurde. Für jede Gruppe sollte es etwas anderes sein, mit unterschiedlichen Zutaten und Kalorienmengen, für die Russen das magerste, für die Franzosen das nahrhafteste Menu. Die resolute Frau Schattong kümmerte sich nicht viel um die Instruktionen der Behörden, sie kochte viel reichhaltiger. Meistens waren es Eintopfgerichte oder dicke Suppen, ich kostete mal, die Gerichte waren durchaus essbar.[202]

Da gelegentlich Frauen aus der Strafhaft entlassen werden oder zu Terminen nach Nauen fahren müssen, werden sie laut Vorschrift unter der Aufsicht von Frau Martha Foske zum Bahnhof Behnitz und mit der Reichsbahn nach Berlin gebracht. In diesen Zeiten ist Frau

---

[200] Bernstorff, a.a.O.
[201] LAB A Rep. 365 Nr. 44 vom 16.9.1944, vom Vorstand des Frauengefängnisses.
[202] Bernstorff, a.a.O.

Dribbusch, die leitende Kommandobeamtin, allein mit den Frauen. In diesen Fällen wird die Aufsicht wohl etwas weniger streng gehandhabt worden sein. Die Aufenthaltsdauer der gefangenen Frauen ist wegen ihrer verschieden langen Haftzeiten sowieso recht unterschiedlich, so dass sich immer wieder neue Konstellationen auch zwischen den Frauen ergeben.

Die Frauen aus der Berliner Haft werden als Arbeitskräfte durch das Arbeitsamt vermittelt, und das Gut bezahlt diesen Frauen ein Entgelt über die Verwaltung. Für die Frauen wurde pro Kopf und Tag 1,50 Reichsmark entrichtet, Fräulein Dribbusch als Aufseherin erhielt 3,– RM, Frau Foske nur 2,– RM. Wenn Fahrten zur Abholung von neuen Kräften oder zur Rückbegleitung der zu entlassenden Frauen nötig wurden, mussten die Fahrtkosten des Aufsichtspersonals vom Gut übernommen werden.[203]

Aus den Berichtszetteln der Kommandobeamtinnen kann man die besonderen Ereignisse, Verwarnungen, Krankheit und Rücktransport entnehmen, aber auch die wöchentlichen und jahreszeitlich wechselnden Essenspläne finden.[204]

Von der jugendlichen Gräfin Dagmar von Bernstorff, die ab dem Winter 1943/44 während der Ferien und seit 1945 bis zum Ende der Kampfhandlungen dann ganz mit ihrer Mutter Waltraut von Rumohr und der jüngeren Schwester, auf dem Gut lebt, wissen wir, dass die dort arbeitenden Menschen aus der Gutsküche nach Möglichkeit gut und reichlich verköstigt werden, außer dann, wenn Kontrolleure der Wehrmacht oder der Ämter auftauchten, die erst einmal extra mit einem ordentlichen Butterbrot versorgt werden, bis das entsprechende Essen für die betreffende Gruppe Gefangener zur vorgeschriebenen Schwäche verdünnt ist. *Auch Ernst Borsig machte ab und zu Stichproben. Er wusste natürlich, was dort in der Küche vor sich ging und hatte Frau Schattong die Erlaubnis gegeben, nahrhafter als vorgeschrieben zu kochen. Die Borsigs waren schon immer fürsorgliche Arbeitgeber gewesen.*[205]

[203] LAB A Rep. 365 Nr.49 vom 22.5.1942.
[204] LAB A Rep. 365 Nr. 44 vom 16.9.1944.
[205] Bernstorff, a.a.O.

Was die Frauen betrifft, werden sie sowohl in den monatlichen Berichten der Kommandobeamtinnen wie auch in den Besichtigungsniederschriften der vom Gefängnis entsandten Regierungsrätin Frau Dr. Pfahl oder eines Regierungsrates und der Oberin Frau Dietze als recht gesund und gut ernährt beschrieben und ohne Bedürfnis, sich zu beschweren. Die „Unterkunftsräume" der Gefangenen wären vorbildlich in Ordnung, und der Gutsherr äußere sich über die Arbeitsleistung der Gefangenen anerkennend und sehr zufrieden mit dem Wunsch, das Kommando auch den Winter über in voller Höhe behalten zu dürfen.[206]

Dass die wirtschaftliche Situation in Deutschland im letzten Kriegswinter auch in Behnitz auf allen Gebieten durchaus zu fühlbaren Engpässen führt, macht der Bericht vom Landkommando vom 31. Dezember 1944 deutlich, in dem es heißt:

Das Kommando war im Dezember nur kurze Zeit mit 40 Strafg. besetzt u. hat im Augenblick nur 33 Fr. Da die Arbeit aber jetzt nicht drängt, genügt es auch wenn wir 32 Fr. haben. Da durch konnten wir Saal 7, der nicht zu heizen ist, räumen.

Es sind ja die meisten Räume nicht sehr warm, es liegt zum größten Teil an den kaputen Öfen u. Fenstern. Die neuen Fenster sollten im Sommer eingesetzt werden u. sind bis heute noch nicht geliefert. Vor 5 Wochen mußte wieder eine Beamtin zu Haus bleiben, die Fenster sollten auf alle Fälle eingesetzt werden, aber immer dasselbe, sie sind nicht fertig.

Die Frauen waren im Dezember hauptsächlich mit Durchsehen beschäftigt, etliche Tage haben sie Kohl abgehackt u. Rosenkohl geflückt. – Es waren im Dezember auch verschiedene Fr. an Erkältungen erkrankt u. mußten etliche Tage zu Bett liegen. Das Betragen der Frauen ist im ganzen, gut. Vielen fällt die Arbeit bei der Kälte, doch recht schwer.[207]

Fensterglas war durch die Bombenschäden in ganz Deutschland Mangelware. Vermutlich wurden also die schadhaften Fenster und Öfen weder bis Kriegsende ersetzt noch repariert und in dem menschlichen und wirtschaftlichen Chaos nach den Kampfhandlungen wohl auch nicht mehr.

---

[206] LAB A Rep. 365 Nr. 44 vom 25.8.1944, 27.10.1944.
[207] LAB A Rep. 365 Nr. 44 an die Verwaltung, 31.12.1944.

In der Landwirtschaft wird traditionell zeitlich nach vorne gearbeitet, erst arbeiten, dann ernten, so auch in Behnitz, denn es ist Anfang 1945 nicht wirklich absehbar, was auf dem Lande für die Versorgung der Bevölkerung nach dem jetzt absehbaren Kriegsende geschehen soll.

In Behnitz ist man sich trotz der recht guten Informationslage im Zusammenhang mit der IG-Farben-Abteilung nicht wirklich klar über die Kriegslage und ihre Folgen; dies zeigt ein Brief von Ernst von Borsig vom 12. März 1945 an den Vorstand des Frauengefängnisses, den vermutlich die vormalige Sekretärin Yorcks, Fräulein Becker, schreibt, die von Ernst Borsig nach dem 20. Juli 1944 in Behnitz angestellt und auf diese Weise geschützt wird:[208]

Da wir schon mit sehr dringenden Arbeiten für die Frühjahrsbestellung (Kartoffelsortieren usw.) begonnen haben und ausserdem der Betrieb mit vielen ausserlandwirtschaftlichen Arbeiten belastet ist, möchte ich Sie dringend bitten, umgehend das hiesige Kommando zu verstärken. Zur Zeit sind nur 22 da.[209] Auf keinen Fall darf es wieder werden wie im vorigen Jahre, wo Sie die Kräfte so spät schickten, dass wir aus diesem Grunde mit unseren gesamten Frühjahrsarbeiten stark im Rückstand gekommen sind. Wir haben hierunter das ganze Jahr hindurch leiden müssen und es sind hierdurch sehr erhebliche Ausfälle entstanden. Wir hätten sehr viel mehr leisten können, vor allem im Gemüsebau, wenn Sie uns die Leute rechtzeitig geschickt hätten. Sie werden wissen, von welch entscheidender Bedeutung die Erzeugung der hiesigen Gebiete sind nach dem Ausfall der Ostgebiete, besonders für die Großstadt Berlin. Es dürfte zur Zeit wohl kaum etwas Wichtigeres als die Landwirtschaft geben und ich bitte Sie deshalb, diesem Rechnung zu tragen und unser Kommando wieder voll aufzufüllen. Ich hätte diese Frage gern mit Ihnen telefonisch besprochen, aber es wird mir mitgeteilt, dass Ihre Nummer ständig gestört ist.

Heil Hitler! v. Borsig

Die zuständige Regierungsrätin, Frau Dr. Pfahl, macht auf diesem Schreiben zahlreiche Anmerkungen, insbesondere wegen der Unklarheit über die Zahl der Frauen in Behnitz. Von der Gutsverwal-

---

[208] Ernst von Borsig an den Vorstand des Frauengefängnisses vom 12.3.1945, LAB A Rep. 365 Nr. 44 Anhang: Arbeitszeit und Entlohnung der strafgefangenen Frauen.
[209] Die 22 ist handschriftlich eingefügt.

tung werden die beiden Bewacherinnen offenbar zu den Gefangenen hinzu gezählt, also 22, so dass sich die Zahl der 20 gefangenen Frauen, die Frau Dr. Pfahl zu Grunde legt, erklärt. Am 14. März wird der Vorgang in Berlin dann erledigt, es werden weitere 20 Frauen geschickt – der Behördenapparat funktioniert zu dieser Zeit also noch, und die Zeitzeugin Dagmar von Bernstorff kommt nach Ergänzung der Frauen aus dem Berliner Gefängnis auf *etwa 40 Frauen.*[210]

Die Frauen, die während ihrer Haftzeit in Behnitz arbeiten können, sind nach dem Einmarsch der sowjetischen Truppen offenbar unter den ersten, die sich mit den russischen Soldaten gegen die Dorfbewohner verbünden, nicht aber gegen Borsigs und die Gutsleute.

Trotz der Hoffnungslosigkeit der äußeren Verhältnisse bereitet Ernst von Borsig alles für die Einsaat vor. Als der Vorarbeiter Reimann in diesen Tagen keinen Sinn mehr in der Arbeit sah, holte Borsig ihn von zu Hause: *Herr Reimann, wir müssen [...] ja weiter machen, wir müssen den Acker bestellen, sie müssen ja nachher ernten [...].*[211]

Um Deutschlands Zukunft – Die Kreisauer in Behnitz

Wer hat eigentlich das dumme Wort Widerstand erfunden? Wir haben uns damals als Patrioten oder Vaterlandsliebende betrachtet, die die Heimat und das Vaterland mehr liebten als einen hergelaufenen Hitler.[212]

Schon während seiner Lehrzeit in Niederschlesien hat Ernst über seinen knapp zwei Jahre älteren Roßlebener Freund Yorck Kontakt zu der von Eugen Rosenstock-Huessy mit dessen Studenten Moltke und Horst von Einsiedel organisierten Löwenberger Arbeitslagerbewegung, zu der Yorck wie auch eine Reihe weiterer Roßlebener Ehemalige gestoßen waren. In zwei Briefen an seine Schwester Annelise

---

[210] Bernstorff, a.a.O.

[211] Barth a.a.O.: *Ik seh Borsig heute immer noch am Ofen stehen bei uns, wir hatten nen Kachelofen, mein Vater lag im Bett noch. Borsig sacht: „Herr Reimann, wir müssen, sacht er, ja weiter machen, wir müssen den Acker bestellen, sie müssen ja nachher ernten." Mein Vater ist dann aufgestanden. Der [Borsig, EFH] hat sich um seine Leute gekümmert.*

[212] Botho von Wussow an Dr. Ulrich Sahm am 4.12.1954 aus Santiago de Chile, PolArchAA.

erwähnt Ernst einen Besuch in Breslau zu Beginn dieser Lagerbewegung. Über seinen Bruder Arnold ist er mit Professor Rosenstock-Huessys Arbeit ganz vertraut, hatten diese doch mit weiteren Freunden Arnolds, Viktor Bausch und Eberhard von Brauchitsch, 1923 in Darmstadt etwas Neuartiges für die Ausbildung in der Industrie geplant mit einem „Institut der Arbeit", das dann jedoch nicht verwirklicht wurde.

Viele Mitglieder des Kreisauer Kreises, als wichtige Gruppe im Widerstand gegen Hitler, wurden offenbar durch ihre gemeinsamen Erfahrungen in den Löwenberger Arbeitslagern von Eugen Rosenstock-Huessy zu ihrem Handeln inspiriert. Rosenstock emigriert im November 1933 über England in die USA, bevor er wegen der deutschen Rassenpolitik aus seiner Professur zwangsentfernt werden kann. Über seinen Abschied von Deutschland gibt es bewegende Briefe Eugen Rosenstocks an Arnold von Borsig.[213] Arnold verliert auf diese Weise bis Ende 1933 schon eine große Zahl seiner jüdischen und anderen Freunde, von denen viele letztlich in die USA gehen. Sein Freund Alexander Rüstow, den auch Ernst sehr schätzt, erhält an der Universität in Istanbul einen Lehrstuhl für Wirtschaftsgeographie und Wirtschaftsgeschichte. Er wird später eine Schlüsselperson zwischen Moltke und den US-Geheimdiensten in Istanbul werden und nach dem Krieg 1949 nach Deutschland zurückkehren.

Ernst von Borsig kennt und schätzt viele der Persönlichkeiten aus dem Tat-Kreis seines Bruders Arnold, die Gegner der nationalsozialistischen Regierung werden, darunter Arvid Harnack, Theo Haubach, Carlo Mierendorff und viele weitere. Als Arnold von Borsig Ende August 1934 dem Zugriff der Gestapo entkommt und nach Italien flieht, kommt der systemkritische Jurist Adam von Trott in seiner Berliner Wohnung unter. In Behnitz und in Berlin treffen sich die Brüder Arnold und Ernst von Borsig kurz wieder während der Olympiade in Berlin, dann erst im November 1937 und schließlich Ende 1938 wieder, bevor Arnold von Borsig Anfang 1939 endgültig Deutschland und Europa verlässt und in die USA emigriert.

[213] Eugen Rosenstock-Huessy an Arnold von Borsig, 9.7.1933 und 10.8.1933, LAB A Rep. 226 Nr. 1703, Dok 182/183 und Dok 184–188.

Der Zweite Weltkrieg ist im Sommer 1941 durch den deutschen Bruch der Verträge mit der Sowjetunion voll entbrannt. Klarsichtige haben deutlich vor Augen, wohin die Reise mit Deutschland am Ende gehen muss, denn die Nachrichten über die Gräuel speziell an den jüdischen Bewohnern in den bis jetzt besetzten Gebieten machen unter der Hand die Runde. Der Taumel der Blitzsiege wirkt noch bei Parteigängern, bei den andern nimmt Nachdenklichkeit, Abscheu und ein Wille zum Widerstand zu. Nach diesem Krieg muss es eine andere, gerechte Ordnung geben!

Ob Ernst in der Zeit nach seiner landwirtschaftlichen Lehre und dem Studium in München mit Yorck öfter in Verbindung war? Indirekt sicher. Im Sommer 1941 jedoch, nach dem deutschen Angriff auf Russland am 22. Juni, wird den Freunden Peter Graf Yorck von Wartenburg und dem Völkerrechtler Helmuth James Graf von Moltke die Frage einer inneren Neugestaltung Deutschlands für die Zeit nach diesem verbrecherischen Krieg noch wichtiger, denn mit diesem Angriff ist nun das auch für Deutschland verlustreiche Ende des Krieges absehbar. Die beiden engen Freunde unterscheiden sich in ihrer Zielrichtung insofern, als Moltke ein gewalttätiges Vorgehen gegen Hitler mit einem Attentat ablehnt, Yorck es allerdings für gerechtfertigt hält und deswegen engen Kontakt zu der Gruppe um die Stauffenbergs, seinen Cousins, aufrechthält und weiter entwickelt. Claus von Stauffenberg wird trotz seiner schweren Kriegsverletzung ein Attentat auf Hitler versuchen.

Peter Graf Yorck von Wartenburg ist durch seine jüngere Schwester Renata mit Wolf von Gersdorff verschwägert. Gersdorff ist seit Mai 1940 regelmäßig mit seiner Frau und den Kindern zu Gast in Behnitz.[214]

Auf der Suche nach einem berlinnahen Ort, wo größere Arbeitstreffen und Planungsgespräche möglich sind, meldet sich Yorck bei seinem ehemaligen Mitschüler Ernst von Borsig, der ihn nach Groß Behnitz auf das Gut einlädt. Yorck besucht ihn zusammen mit seiner Frau Marion zum ersten Mal am Wochenende von Samstag, dem 5.

[214] GBBehn 15.5.1940.

bis Montag, dem 7. Juli 1941 in Groß Behnitz. Dort trifft Yorck nicht nur den fast 35-jährigen Ernst und seine junge Frau Barbara, sondern auch Ernsts Freund Heinz von Bodelschwingh und dessen Ehefrau, die Schwedin Eva Carlgren.[215]

Es ist zu vermuten, dass Ernst mit den Freunden zunächst einmal eine Kutschfahrt über das Gelände macht, um das Gut zu zeigen und ungestört miteinander sprechen zu können. Diese Tage im Juli ermöglichen ein gutes Abwägen gemeinsamer Ziele und Möglichkeiten, ohne unter Zeitdruck zu sein, und schließlich wird dann am Montag der Kutscher die Gäste zurück an den Behnitzer Bahnhof bringen, von wo sie in einer halben Stunde Berlin erreichen.

Die Gespräche gehen vermutlich kurz auf die veränderte politische Lage nach dem deutschen Überfall auf die Sowjetunion und die allgemeine Kriegssituation ein, mehr noch wird es wohl aber um die stärkere Vernetzung unter den Freunden gegangen sein und das Abschätzen, in welchem Bereich und mit welchem Anteil der Einzelne sich an der Erarbeitung der gesellschaftlichen und politischen Ziele für die Zeit nach dem Krieg beteiligen könne. Das ist in Aufträgen Moltkes an Yorck zur Aufgabenverteilung gelegentlich brieflich mitgeteilt.

Einen Tag nach seiner Rückkehr nach Berlin ist Yorck zusammen mit dem Bankier Hermann Josef Abs von der Deutschen Bank bei Helmuth von Moltke[216] und wird sicher kurz über das Wochenende bei Borsigs berichtet haben, insbesondere, weil man ein „Weekend" im September verabredet hat, zu dem Yorck seinen Schwager Fritz, also Friedrich Carl Siemens, vom Gut Öls in Schlesien mit nach Behnitz bringt.[217] Fritz ist der Vater von Annabel Siemens, die 1942/43 den Stauffenbergschen Haushalt führt und danach als Inspektorin nach Behnitz kommt.[218] Sie ist relativ klein, drahtig, blond mit blauen Augen, immer Herrin der Lage, sehr gut auch zu Pferde.[219]

---

[215] GBBehn 7.7.1941.
[216] MB 263 vom 7.7.1941.
[217] GBBehn 6.–8.9.1941. Das Gut Öls kennt Ernst von Borsig von seinem ersten Lehrjahr, dort lernte er die Familie Siemens gut kennen.
[218] Bernstorff, a.a.O.
[219] Interview Dagmar Gräfin von Bernstorff, 13.2.2014 in Delhi.

An diesem 6. September bereiten sie für den folgenden Monat noch ein größeres Wochenendtreffen vor, zu dem Moltke, die beiden Wussows und die beiden Trotts hinzukommen sollen.

Yorck und Moltke werden in ihrem Austausch über Borsig und Behnitz auch darüber gesprochen haben, dass das Borsig'sche Gut alle Bedingungen für relativ unauffällige und ungestörte Treffen mit den unterschiedlichsten Menschen biete. Yorck ist zuversichtlich, in Borsig jemanden gefunden zu haben, der die Fähigkeit, die Kraft und den Willen hat, auf volkswirtschaftlichem Gebiet und in der Landwirtschaft auch zukünftig etwas zu bewegen. Er plant daher jetzt ein größeres, aber noch ganz familiäres Treffen in Behnitz zum verlängerten Wochenende vom 11. bis zum 13. Oktober 1941. Moltke, er selbst und seine Frau Marion, Adam und Clarita von Trott und Botho von Wussow mit seiner Frau Mary sollen kommen. Botho von Wussow ist auch ehemaliger Roßlebener Schüler, genau wie Ernst Borsig und Peter Yorck; nach Studium und landwirtschaftlicher Tätigkeit in Südamerika arbeitet er wie auch der Jurist Adam von Trott im Auswärtigen Amt.[220]

Am 10. Oktober schreibt Moltke seiner Frau Freya: *Über Sonntag fahre ich also zu Borsigs. Weiter weiss ich nichts. Es soll ein Gut vor den Toren Berlins sein, und der Vater des jetzigen Besitzers ist ein grosser Dendrologe gewesen. Yorck hatte mir das erzählt und hat die Sache vermittelt. Ich bin hauptsächlich daran interessiert zu sehen, wie sich die Unterpflanzungen des Vaters Borsig entwickelt haben.* Von weiteren Plänen wird er kaum schreiben wollen, bevor er die Menschen und den Ort gesehen hat.[221]

Barbara und Ernst von Borsig bereiten sich also auf den Empfang der Gruppe um Helmuth von Moltke vor; Peter und Marion Yorck, Adam und Clarita von Trott zu Solz und Botho und Mary Wussow kommen mit dem Zug, um gemeinsam mit Moltke ein *agrarpolitisches Wochenende bei Borsigs* durchzuführen. Moltke ist aus Kreisau angereist, die anderen aus Berlin. Peter Graf Yorck von Wartenburg kennt Ernst nicht nur gut aus der Schulzeit, sondern auch von Ernsts Besuchen auf seinem elterlichen Gut in Klein-Öls in Niederschlesien, in dessen

---

[220] MB 287 vom 13.9.1941.
[221] MB 299 vom 10.10.1941.

Nähe Ernst in Töschwitz seine landwirtschaftliche Ausbildung begonnen hatte. Man kennt und vertraut sich und lernt sich auf den langen Spaziergängen noch besser kennen.

Für Moltke, den Gutsherrn aus Kreisau, geht es hier durchaus erst einmal ganz klar um forstliche Fragen, weniger um politische. Die Betrachtungen über den Wald werden bei diesem Wochenende in Behnitz auch eine große Rolle spielen.

So treffen sich schicksalhaft in Behnitz die später „Kreisauer". Per Zug vom Lehrter Bahnhof in Berlin erreichen sie bei strömendem Regen Behnitz, wo sie ein offener Pferdeomnibus erwartet. Da ein Platz fehlt, gehen Yorck und Moltke zu Fuß zum Gut. Dort ziehen sie sich erst einmal um und stärken sich bei einem Land-Tee, wie Moltke schreibt. Draußen können sie nicht sitzen. Die Frauen machen trotz des Regens eine Wanderung um den See und die Männer kommen gleich ins Gespräch, das Wussow und Ernst Borsig eröffnen. Staatspolitische und ganz menschliche Überlegungen werden duellhaft zwischen den beiden Juristen Moltke und Trott ausgetragen, wobei Moltke die These vertritt, in der Brust jedes Menschen liege die Berechtigung, sich über den Staatsaufbau Gedanken zu machen, und Yorck unterstützt ihn offenbar darin. Für uns Mitteleuropäer zu Beginn des 21. Jahrhunderts ist dies schon fast eine selbstverständliche Grundlage politischen Denkens.

Gleich in der ersten zwanzigminütigen Mittagspause schildert Moltke Freya in einem Brief diesen Ort. Er beschreibt sein Zimmer, das Licht von draußen und legt zur Illustration drei Postkarten von Groß Behnitz bei. Von den Frauen der anderen Gäste schreibt er, dass sie Freya wohl sehr um ihr zweites Söhnchen beneideten.

Am nächsten Morgen früh wiederum schreibt er ihr im Brief gleich nach dem Aufstehen seinen ersten Eindruck:

[…] ein sehr nettes Haus mit herrlichen Platanen davor und dem wunderschönen See, hinter dem ein herbstlich bunter Laubwald beginnt […] Mein Bett steht so daß ich bei offenem Fenster in die Platane sehe […] Gestern goss es, dann schlief ich sehr gut bis kurz nach 6 und als ich erwachte, war ein nächtlicher Sternenhimmel zu sehen, aber noch nicht die Platane. Nach wenigen Minuten erschien über dem Wald ein schmaler Streifen klaren Himmels, nach wenigen Minuten hörte ich im See die Schwäne aufsteigen und nach einer hal-

ben Stunde war der Himmel klar gefegt; das erste, was ich von der Sonne sah war ihr Wiederschein auf den Blättern der Platane [...]²²²

Über Ernst Borsig äußert er sich zunächst nur sehr knapp, aber freundlich, nennt ihn einen milden Landwirt, *klug und aufgeschlossen, etwas zu sehr Landwirt.* Moltke sieht vielleicht die starke Belastung der Bewirtschaftung der Güter nicht so sehr, kennt aber die landwirtschaftlichen Arbeitsbedingungen aus eigener Erfahrung, da er das Moltke'sche Gut in Kreisau übernehmen und es sanieren musste.

Der dreistündige Sonntagsspaziergang, den Ernst von Borsig mit Helmuth Moltke unternimmt, führt die beiden über Fragen der Forstwirtschaft schließlich zur Agrarpolitik, in der Borsig ganz wirtschaftsliberal und realistisch seine Praxis des freien, wettbewerbsbezogenen Wirtschaftens vertritt, während Moltke fast dogmatisch seine These darstellt, *daß man sich erst ein Bild davon machen müsse, welcher Art das Leben auf dem Land sein solle, wieviele Menschen dort leben müssten und was für Menschen und daß man dann diejenigen Mittel anwenden müsste, die geeignet seien, dieses Ziel zu erreichen ohne Rücksicht darauf, ob diese Mittel einem sonst sehr gut in das Konzept passten, weil es sich um die Heilung eines krankhaften Zustandes handele.*²²³

Moltke erlebt in Ernst von Borsig einen Praktiker der Land- und Forstwirtschaft, der seine Erfahrungen in der zweijährigen Landwirtschaftsausbildung mit einem knapp fünfjährigen Studium und einer Dissertation unterfüttert hat und eine ideell-sozialistische Dogmatik für seine Wirtschaft nicht akzeptiert. Moltke berichtet Yorck später über den Gesprächsverlauf. In seinem Brief an Freya bezeichnet er Borsig weiter als *rasend zäh,* sich selbst *wohl auch nicht in bester Form und so ging die Unterhaltung aus wie das Hornberger Schiessen.* Das habe Yorck sehr amüsiert, weil der sich das schon so gedacht hätte, schreibt er Freya.

Aus Moltkes Darstellung wird die unterschiedliche Haltung beider in Bezug auf Gegenwart und Gestaltung der Zukunft deutlich. Borsig handelt, getragen vom Lauf der Natur und dem Gefühl für den handelnden Menschen, Moltke will die neu zu bestimmende Ordnung

---

²²² MB 301 vom 12.10.1941.
²²³ MB 302 vom 13.10.1941.

vom Gedanken her durchsetzen. Hier trifft ein Praktiker auf einen politischen Idealisten.

Viel näher sind sich die beiden in der Betrachtung der Natur des Waldes, den Moltke bei dem Besuch wohl hauptsächlich hatte sehen wollen. Nach dem gemeinsamen, bedächtigen Gang durch den Forst stellt Moltke fest: *Der Wald ist sehr schön und ungeheuer abwechslungsreich: es gibt fast keine grösseren einheitlichen Flächen. Kahlschläge werden so gut wie garnicht gemacht, vielmehr wird stets das schlechteste herausgeschlagen und sobald es die Dichte zulässt, wird untergesät und untergepflanzt und dadurch der Wald verjüngt. Ich hab sehr vieles dort gelernt und viel mehr Mut zu dem ohnehin von mir beabsichtigten Experiment in Kreisau bekommen [...].*[224]

Im Gästebuch trägt sich Moltke nach seinem ersten Besuch in Behnitz mit seiner fast unleserlich kleinen Handschrift für *11/12* [Oktober, EFH] *41.*[225] ein und dankt Barbara von Borsig noch am 12. Oktober brieflich *für ein ganz besonders schönes, reizendes und befriedigendes Wochenende in Gross Behnitz. Alles in diesen 2 Tagen schien so völlig auf unsere Zufriedenheit und auf unseren Genuss abgestellt zu sein angefangen vom Wetter bis zu den vielen Zeichen freundlichster Fürsorge der Hausfrau. Rückblickend auf diesen besonnten Tag in der Reihe der grauen Kriegstage bin ich dankbar, aber auch beschämt zu denken wieviel Zeit und Arbeit Sie Beide uns gewidmet haben, wobei ich mich nochmals für die besondere Last des früheren Abfahrens entschuldigen möchte.*[226]

Nur wenige Tage nach seinem Besuch in Behnitz schreibt Helmuth Moltke an Freya, dass er mit Yorck ein *agrarpolitisches Weekend bei Borsig* plane: *Y.*[227] *will oder soll also erst ein Mal die Fragestellung ausarbeiten, Borsig das Referat übernehmen und ein anderer das Vorreferat. Wenn das fertig*

[224] MB 302 vom 13.10.1941.

[225] GBBehn 12.10.1941.

[226] Moltke an Barbara von Borsig vom 12.10.1941, IfZ-Archiv, ZS/A-18/01-142, Briefabschrift. Ob das nun eine verfrühte Abfahrt am Montag oder schon am Sonntagabend war, lässt sich nicht klären. Nach den Briefen Moltkes an Freya hat es den Anschein, als sei er bis Montagabend zusammen mit den anderen in Behnitz geblieben. Für Wussows trägt Botho in das Buch ein, für Yorcks seine Frau Marion, und Adam von Trott trägt für Clarita und sich in deutlich prononcierter Schrift ihre Namen ein. MB 299–303 vom 10.10.–15.10.1941, GBBehn 13.10.1941.

[227] Y. steht für Peter Graf Yorck.

ist, dann sollen etwa 10 Leute eingeladen werden, die verschiedene Landschaften, Betriebstypen und agrarpolitische Richtungen verkörpern. Kurz, wir sind noch am allerersten Punkt und wir besprechen erst ein Mal die Aufgabenstellung.[228] Das wird bei Moltke in Berlin beim Abendessen mit Ulrich Wilhelm von Schwerin von Schwanenfeld und Botho von Wussow, die mit ihren Frauen kommen, wohl auch Thema gewesen sein, da Wussows an dem ersten größeren Treffen beteiligt waren und auch Schwerin ehemaliger Roßlebener ist.

Am Vormittag des 23. Januar 1942, fährt Ernst von Borsig nach Berlin, um bei Peter und Marion Yorck in der Hortensienstraße Helmuth von Moltke zum Mittagessen zu treffen und *die Iden des März* vorzubereiten, nämlich das gemeinsame Treffen in Behnitz vom 13. bis zum 16. März 1942. Moltke kommentiert das Treffen bei Yorck später als *sehr nett und auch ganz leidlich erfolgreich. Aber B. ist doch weitgehend ein Landindustrieller.*[229]

Diese indirekte Kritik an Borsigs Haltung ist wohl aus heutiger Perspektive ein Urteil einem Manne gegenüber, der weniger ideologisch ist als praxisorientiert. Borsig betreibt seine Landwirtschaft sehr erfolgreich mit einer Haltung, die vieles von dem wiedergibt, was er von seinen Vorfahren und Vorbildern gelernt und übernommen hat, nämlich eine klare Sachorientierung in sozialem Zusammenhang der Gutswirtschaft, wo ihm die Mitarbeiter und ihre Familien sowie das Wohl der Leute im Dorf gleichermaßen wichtig sind. Die Freuden des Reitens und Jagens mit den Freunden gleichen Spannungen aus und gehören so einfach dazu.

Zu den geplanten agrarischen Besprechungen für eine Neuordnung Deutschlands kommen *in den Iden des März* von Freitag, dem 13. bis Montag, dem 16. März 1942 in Behnitz bei Borsigs nun neben Moltke die Gutsbesitzerin Margarethe von zur Mühlen, der aus der Türkei zurückgekehrte Agrarwissenschaftler Fritz Christiansen-Weniger, einer der Freunde Moltkes aus der gemeinsamen Zeit der Rosenstock'schen Arbeitslager, dazu Friedrich von Zitzewitz-Muttrin, mit dem Ernst seit seiner Ausbildungszeit in Zu-

---

[228] MB 306 vom 19.10.1941.
[229] MB 348f. vom 23.1.1942.

ckers befreundet ist; dessen Güter Muttrin, Kottow und Jamrin liegen nordöstlich von Zuckers im Kreis Stolp. Seine Kenntnisse als Geschäftsführer der Landwirtschaftlichen Haupttreuhandstelle in Berlin sind in diesen Gesprächen von großem Nutzen. Der von dem katholischen Provinzial Pater Augustin Rösch SJ zu den landwirtschaftlichen Gesprächen entsandte Pater Hans von Galli SJ ist bei Feldkirch Verwalter der großen klösterlichen Garnia-Landwirtschaft und arbeitet hier mit einer noch ganz anderen gesellschaftlichen Perspektive.[230] *Der Abend am Freitag war eher etwas schwierig; wir gingen aber bald zu Bett, da wir alle müde waren und am nächsten Morgen waren schon alle etwas aufgetauter. Dieser Prozess ist dann rapide weitergegangen und der heutige Tag war sehr befriedigend. Es ist heute warm und sonnig und das macht rasend viel aus* [...], schreibt Moltke etwas kryptisch am 15. März 1942 an seine Frau, die gerade in der Schweiz ist, wohin die Post durch die Zensur läuft. Ganz offenbar gibt es also eine fast unerwartete Verständigung.[231]

Mit Ernst von Borsig war der spätere Kontakt ja sehr intensiv, wie die Briefe von Helmuth an Freya zeigen. Aber wenn ich recht sehe, haben sich die Kreisauer mit Ernst von Borsig nicht über ein landwirtschaftliches Reformprogramm einigen können. Politisch standen sich Moltke und Borsig sehr nahe, aber ordnungspolitisch gab es Differenzen. Borsig war wohl entschiedener Anhänger einer marktwirtschaftlichen Ordnung auch für die Landwirtschaft. An diesem Punkt gab es eine größere Nähe der Kreisauer zu Hans Schlange-Schöningen[232], der sehr viel älter ist als Borsig und dessen Gut Schöningen südsüdwestlich Stettins am linken Oderufer liegt.

Spätestens jetzt darf und muss man wohl die Unterschiede und Übereinstimmungen der hier genannten Menschen betrachten, die sich in ihrer Wirkung und in ihren Biografien ausdrücken und sich gegenseitig ergänzen:

---

230 Bernhard Löcher: Das österreichische Feldkirch und seine Jesuitenkollegien „St Nikolaus" und „Stella Matulina". Höheres Bildungswesen und Baugeschichte im historischen Kontext, Frankfurt a. M. 2008, S. 360.

231 MB 355 vom 15.3.1942.

232 Email von Günther Brakelmann an EFH vom 26.6.2011. Der Reichsminister a.D. und Gutsbesitzer Hans Schlange aus Schöningen, der zwanzig Jahre älter ist als Ernst von Borsig und der in den 1920er-Jahren sein Gut zu einem allseits anerkannten Mustergut entwickelte, gehörte nicht nur zu den Kreisauern, sondern auch schon zu Arnold von Borsigs Tat-Kreis Ende der 1920er-Jahre bis 1932.

Mit Ernst von Borsig sehen wir einen zurückhaltenden, in der Begegnung offenen, selbstsicheren, ruhigen, den Freunden und der Landwirtschaft zugewandten, groß gewachsenen Mittdreißiger, dem die Sorge für die ihm anvertrauten und begegnenden Menschen, Verwandten und Freunde innerlich und auch äußerlich eingeschrieben ist. Ihr Wohl ist ihm Lebensprinzip, das so weit geht, dass er persönlich den nach dem Attentatsversuch am 20. Juli 1944 verhafteten Freunden vom Gut Nahrungsmittel in die Haft bringt. Um eine eigene Gefährdung kümmert er sich dabei nicht. Ebenso steht er später den Hinterbliebenen zur Seite, auch materiell, wie Clarita von Trott einmal sagte: *Ernst schickte zu Weihnachten eine Gans; er wusste ja, was man jetzt brauchte.*[233]

Die jugendliche Dagmar von Bernstorff erlebt ihn bei ihren Aufenthalten in Behnitz zupackend und sehr bewusst. Trotz seiner raumfüllenden, breitschultrig kräftigen Statur war er nicht so groß wie Moltke oder Trott, ging auf die Menschen mit seinem ansprechenden Lächeln und seinen humorvoll leuchtenden dunkelblauen Augen zu und übernahm in Gesprächen durchaus die Führung. Warmherzig fühlten sich die Menschen bei ihm aufgenommen.

Er bleibt ein geerdeter, klar denkender, bedächtiger Mensch, und wie viele seiner Freunde und Bekannten ist Ernst ein begeisterter Jäger und guter Reiter. Seine Einladungen zu den Jagden geben Gelegenheit und den äußerlichen Grund, die Freunde in Behnitz zu versammeln, ohne dass dies auffällt und sie bei der Gestapo denunziert werden.

Helmuth James Graf von Moltke

Helmuth von Moltke,[234] Jahrgang 1907, die berühmten preußischen Vorfahren der väterlichen wie auch die südafrikanischen von mütterlicher Seite immer als Vorbilder vor Augen, wird in der Kindheit zunächst – wie in diesen Familien üblich – zu Hause in Kreisau zusammen mit den Brüdern unterrichtet. Als Jugendlicher wird er fort aus

[233] Clarita von Trott in einem telefonischen Gespräch mit EFH 2009.
[234] Helmuth James Graf von Moltke (11.3.1907–23.1.1945).

Schlesien in das hochangesehene Landheim nach Schondorf am Ammersee in Oberbayern gegeben, wo er zwar Freunde gewinnt wie den Bruder seiner künftigen Frau, Carl Deichmann, die Atmosphäre aber als geistig eng und bedrückend empfindet.

Helmuth Moltke wächst zu einer stattlichen Größe heran und überragt bald die meisten seiner Mitschüler. Während seines Jura-Studiums in Breslau trifft er auf den begeisternden und charismatischen Hochschullehrer Eugen Rosenstock-Huessy, der dort seit dem Wintersemester 1923 lehrt. Er nimmt neben seinem Vetter Carl Dietrich von Trotha und Rosenstocks Student Horst von Einsiedel an der Vorbereitung des ersten Waldenburger Arbeitslagers teil, das Studenten, Arbeiter und Bauern, Menschen aller Kreise, durch gemeinsame Arbeit, Gespräche und Vorträge miteinander zu wacher Wahrnehmung sozialer Verantwortung führen sollte. Moltke wird als Neunzehnjähriger 1926 von Rosenstock-Huessy zu dem Waldenburger Wahlkreisabgeordneten Heinrich Brüning, dem späteren Reichskanzler, geschickt, um Geld zur Unterstützung des Arbeitslagers für die Schlesier im notleidenden Waldenburg zu bekommen. Brüning begeistert sich an dem Jüngling mit dem klingenden Namen und kann 6 000,– RM aus der Schatulle des Reichspräsidenten von Hindenburg für diesen Zweck lösen; dieser Betrag wird der materielle Grundstock für das erste Arbeitslager dieser Art in Deutschland. Nach Rosenstocks Weggang aus Deutschland 1933 wird er weitere solcher Lager, so genannte work camps, in England und auf Wunsch des amerikanischen Präsidenten Roosevelt später auch in den USA durchführen, tendenziell Vorläufer des „Peace Corps" in der Zeit des späteren Präsidenten Kennedy.[235]

Moltke ist studierter Jurist, der sich im schlesischen Kreisau zu Hause fühlt, aber genauso in der westlichen Welt, in England und in Südafrika beheimatet ist. Seinen beruflich bedingten Aufenthalt in Berlin scheint er zu hassen. Er liebt den Aufenthalt und die Besuche in Kreisau, hat auch das elterliche Gut wirtschaftlich trotz seines Studiums vor dem Bankrott gerettet. Nach der Eheschließung sorgt

---

[235] Eugen Rosenstock-Huessy an Ger van Roon, IfZ-Archiv, ZS/A-18/06 – 174–182 hs, übertragen von EFH.

seine Frau Freya durch das telefonische Gespräch und die täglichen Briefe dafür, dass er mit dem Geschehen in Kreisau auf dem Laufenden bleibt. Sie sichert auch seine Briefe, indem sie alle seine Mitteilungen hinten am Berghaus in den Bienenstöcken versteckt, wo sie unbeschadet die Nazizeit überstehen und so später Zeitzeugnis ablegen werden, da Freya sie auf der Flucht nach Westen mit englischer Hilfe mitnehmen und auf diese Weise retten kann.[236]

Moltkes wichtigste Lebensthemen fallen also nur scheinbar auseinander: die Landwirtschaft in Kreisau und die Möglichkeit, dem Recht – und zwar dem internationalen Recht wie auch dem Menschenrecht – Geltung zu verschaffen, wenn nicht jetzt, so doch nach diesem Regime in einem neuen Deutschland. Vor dem Beginn des Krieges sieht er seine Welt so gut in Südafrika wie in Deutschland oder in England, wo er zusätzlich zu den deutschen die englischen juristischen Examen als Anwalt, als Barrister, ablegt. Seine Aufgaben und sein Arbeitsfeld im Krieg als „Kriegsverwaltungsrat" bei der Abwehr des Heeres unter Admiral Canaris sieht er in diesem Amt darin, hier und bei Reisen an die Front wie auch in Schweden, Norwegen und Dänemark, über die dortigen Kommandeure das Ärgste an Unrecht zu verhindern und systemkritische Menschen zusammenzubringen. Das schafft er bei Gesprächen in der Schweiz, im Haag oder in der Türkei. Immer wieder wird er so versuchen, Möglichkeiten des Widerstandes gegen das Regime Hitlers und das seiner Gefolgsleute zu erweitern. Mit den in Kreisau und in Berlin begonnenen Planungen für eine neue Gesellschafts- und Rechtsordnung trifft er sich innerlich mit dem Goerdeler[237] Kreis, nicht aber zu dessen Plänen für ein Attentat auf Hitler, das er als sinnlos im christlichen Sinne wie auch im Hinblick auf eine mögliche Vergötterung Hitlers nach der sicheren Niederlage Deutschlands einstuft. Für ihn steht der Kampf gegen die von den Alliierten geforderte bedingungslose Kapitulation bei seinen Gesprächen mit Vertretern der Alliierten, den deutschen Freunden

---

[236] MB 642 und 658.
[237] Carl Friedrich Goerdeler (1884–1945), nationalkonservativer Politiker, 1930–1937 Oberbürgermeister von Leipzig, war in den 1920er-Jahren mehrfach als Reichskanzler im Gespräch.

im Exil oder den Kirchenleuten im Vordergrund, weil diese Form der Kapitulation eine notwendige Beteiligung an den Verhandlungen und Planungen zu einer gesellschaftlichen Neuordnung Deutschlands für Mitglieder des Widerstands erschweren und eine Beteiligung von Offizieren am Widerstand unwahrscheinlich machen würde. Insbesondere im Hinblick auf die Offiziere, die für einen Putsch gegen Hitler gewonnen werden sollen, ist es ihm wichtig, dass Deutschland gegebenenfalls von den Westmächten besetzt würde, nicht aber von den Sowjets, und dass man daher versuchen musste, die Westfront für die Alliierten zu öffnen, während man die Ostfront hielt.

Wir besprachen stundenlang und mit großer Leidenschaft den von Moltke mitgebrachten Plan, einen deutschen Generalstabsoffizier mit allen Unterlagen und Vollmachten unter dem Vorwand eines Flugzeugunglücks in England abspringen zu lassen, um mit den Alliierten entsprechend verhandeln zu können, schreibt der im türkischen Exil lehrende Freund von Arnold und Ernst von Borsig, Alexander Rüstow, den Moltke in Istanbul aufsucht, um mit dessen Hilfe hochrangige Vertreter der englischen und amerikanischen Geheimdienste zu treffen.[238]

Bei Moltkes zweitem Besuch in Istanbul kommt es nun nicht zu einem – mit dem dortigen amerikanischen Militärattaché General Richard Gentry Tindall[239] vorbereiteten – fruchtbaren Gespräch, weil Moltke misstrauisch gewesen sei und seinen Plan nicht preisgegeben habe.

Moltkes Plan wird dennoch schriftlich von seinen Istanbuler Kontakten fixiert, von Rüstow vervollständigt und von Walter Werner Arndt[240] ins Englische übertragen, um ihn über den amerikanischen Geheimdienst an Präsident Roosevelt gehen zu lassen, der ihn auch erhält; der gibt ihn an Chief Justice Felix Frankfurter weiter, der allerdings Adam von Trott schon bei dessen Besuch in den Vereinigten Staaten als Nazi-Spion verdächtigt[241] und nun diesen Plan als abge-

---

238 Alexander Rüstow an Ger van Roon 12.12.1962, 20.12.1962, 1.2.1963, IfZ-Archiv ZS/A-18/06 – 192–195.
239 Richard Gentry Tindall (1892–1984).
240 Walter Werner Arndt (1916–2011).
241 Trott war in die NSDAP eingetreten, um im Auswärtigen Amt seine Verbindungen zur Widerstandsarbeit im Ausland aufrecht erhalten zu können.

kartetes Spiel der Deutschen bezeichnet. Durch Moltkes Verhaftung im Januar 1944 erledigt sich dieser militärische Plan, obwohl er dennoch bei vielen Wehrmachtsoffizieren im Osten bis Ende 1944/Anfang 1945 so auch gedacht wird.[242]

Immer deutlicher schält sich in vielen von Moltkes Briefen seine Sinnsuche für die Bedeutung des Glaubens heraus, für die Religion, ihre Wirkung und ihre Gegenkräfte: *Wie immer mit allen Leuten, die wirklich meiner Auffassung zuneigen, waren wir bereits nach zehn Minuten bei der Frage der Religion angelangt* [...]. *Er* [Carlo Schmid, EFH] *ist mehr Mystiker als mir liegt, aber durch die Art seiner Tätigkeit ist es ihm verwehrt, sich ganz da hineinzuversenken und das ist gut.*[243] Im selben Brief an Freya schildert er ein nächtliches Erwachen und Bewusstwerden seiner selbst: *Um 4 Uhr erwachte ich und dachte über Kreisau, die Meinen und den Krieg nach, eine Tätigkeit, die mich nicht quälte, sondern mich angenehm in den neuen Tag hinüberleitete. Bei dieser Gelegenheit wurde ich mir einer Wandlung bewusst, die während des Krieges in mir vorgegangen ist und die ich nur einer tieferen Erkenntnis christlicher Grundsätze zuzuschreiben vermag* [...]. *Die Erkenntnis, daß das, was ich tue, sinnlos ist, hindert mich nicht, es zu tun, weil ich viel fester als früher davon überzeugt bin, daß nur das, was man in der Erkenntnis der Sinnlosigkeit allen Handelns tut, überhaupt einen Sinn hat* [...]. Sinn sieht Moltke im Blick auf seine Kinder jetzt darin, zum Gebet zu finden, das die Kinder als Tischgebet einüben, *und zwar möglichst jeder ein anderes. Ich jedenfalls bin der Meinung, wir sollten zum Tischgebet zurückkehren* [...], schließt er einen Brief. Seelisch trifft er sich hier wohl auch mit Ernst von Borsig auf einer gemeinsamen Ebene.[244]

An den gemeinsamen Arbeitswochenenden um Ostern und Pfingsten herum in Kreisau, nimmt Ernst von Borsig nicht teil. Diese will Moltke den Besprechungen zum Verhältnis von Kirche und Staat widmen und findet dafür Vertreter auf evangelischer und katholischer

242 Rüstow a.a.O.
243 Am 11. Oktober 1941 im Gespräch mit Carlo Schmid in Frankreich. Carlo Schmid (1896–1979) wird nach dem Krieg als Sozialdemokrat und einer der Väter des Grundgesetzes eine bedeutende geistige und politische Rolle in der Bundesrepublik für die Aussöhnung mit Frankreich und der Sowjetunion spielen.
244 MB 299 f. vom 11.10.1941, MB 311 vom 5.11.1941.

Seite, mit denen er – wie mit dem katholischen Bischof von Berlin, Konrad Graf von Preysing – intensiven Austausch pflegt. Der Franke Karl Ludwig zu Guttenberg, der einmal zwei Tage an den Gesprächen in Behnitz Anfang Juli 1942 teilnimmt, hatte zuvor die Verbindung zu den Jesuiten-Oberen hergestellt. [245]

In seiner offiziellen wie in seiner verdeckten Tätigkeit eilt Moltke rastlos von Termin zu Termin. Sein Aktionsradius während der Kriegsjahre reicht von Oslo bis Istanbul, von Spanien und dem besetzten Frankreich über Belgien und die Niederlande bis nach Polen. Er trifft sich oft bis spät in die Nacht mit Freunden und Menschen, die er für die Entwicklung einer menschlich und moralisch besseren Nachkriegsordnung für wichtig und ansprechbar hält und findet dennoch immer wieder Zeit, in winziger Schrift seiner Frau Freya genau oder verschlüsselt alles Wesentliche mitzuteilen: wie die militärische und politische Lage seiner Ansicht nach ist, was sie und ihn, die Kinder und das Gut, die Bienen und die Früchte angeht und das, was er tut, fühlt, denkt und treibt.

In seinem Urteil über militärische Erfolge oder Misserfolge der deutschen Truppen oder der Heeresleitung geht er ganz mit dem zeitlichen Urteil einher, gut ist der Sieg, aber auch der gegnerische wird sachlich immer anerkannt. Moltke löst sich nie ganz aus dieser militärischen Betrachtungsweise, ergänzt aber durchaus die Schreiben mit Schilderungen der endlosen Katastrophen, die von der Führung organisiert und gewollt sind. Er schaut, wie er eingreifen kann, so dass Einzelne gerettet werden können.[246] Durch seine parallel geführte anwaltliche Tätigkeit kann er besonders auch einigen jüdischen Klienten helfen.

Moltke und Yorck sind die tragenden Persönlichkeiten der Kreisauer.

Brieflich schildert Moltke am 13. September 1941 seiner Frau Freya sein Verhältnis zu Yorck, das sich immer weiter intensiviert: *Yorck ist eigentlich der einzige, mit dem ich mich wirklich beratschlage, bei all den anderen handelt es sich in Wahrheit um eine in die Form der Beratschlagung*

---

[245] MB 42, GBBehn 13.–16.3.1942.
[246] MB 264 vom 8.7.1941.

gekleidete Anfrage, wie weit sie mitmachen und was sie tun wollen. Das lässt dann immer wieder die Verantwortung bei mir, oder mindestens den Schwerpunkt der Verantwortung.[247]

Peter Graf Yorck von Wartenburg

Peter Yorck ist knapp zweieinhalb Jahre älter als Moltke, zwei Jahre älter als Ernst, aber kleiner als er und mit einem markanten Profil, das Dagmar von Bernstorff auffällt; als Jugendlicher ist er Schüler der Klosterschule Roßleben, studiert nach seinem Abitur 1923 genau wie Moltke Jura.[248]

Peter Yorck geht in den Verwaltungsdienst, nachdem er sein Studium 1926 mit dem Referendarexamen abgeschlossen hat. Er ist während der Nazizeit im Reichskommissariat für Preisbildung und wird Referent für Organisations- und Grundsatzfragen – eine Stellung, die ihm große Bewegungsfreiheit im Reich ermöglicht.

Yorck, den Borsig im Juli 1941 nach Behnitz einlädt, wird zum Mittler zwischen den verschiedenen Gruppierungen im Widerstand, der attentatsbereiten Gruppe um Stauffenberg und den die Zukunft nach Hitler planenden Kreisauern sowie den zahlreichen Freunden. Er vermittelt auch zwischen Borsig und Moltke, zwei sehr unterschiedlichen Persönlichkeiten. Aus dem großen Kreis der ehemaligen Roßlebener Mitschüler knüpft er Verbindungen zwischen Persönlichkeiten, die in ihrer Art ganz verschiedene berufliche Wege und Karrieren ergriffen haben: Landwirte, Juristen, Diplomaten, Offiziere. Zu den Diplomaten gehört der zwei Jahre ältere Jurist Albrecht von Kessel. Als genaue Beobachterin der Menschen, Ereignisse, Beziehungen und Stimmungen schreibt Barbara von Borsig über ihn:

Peter Yorck hatte hinsichtlich des Zustandekommens [...] der Besprechungen und Arbeitstagungen [in Behnitz, EFH] *die Führung, dies wie mir bewusst war aus dem Wunsche zu helfen. Es gelang ihm immer, Menschen zusammenzubringen und zu vermitteln*, schreibt Barbara von Borsig später.

---

[247] MB 287 vom 13.9.1941.
[248] Peter Graf Yorck von Wartenburg (13.11.1904–8.8.1944).

Mein Mann stimmte [...] sofort dem Vorschlag zu, land- und forstwirtschaftliche Besprechungen des Kreisauer Kreises in Behnitz abzuhalten und an Besprechungen über weitere Themen andernorts teilzunehmen; es fanden darauf mehrere kleinere Besprechungen und 4 grössere Tagungen in den Jahren 1941– 1943 in Behnitz statt [...] und zwar etwa in zweimonatigem Wechsel ab den „Iden des März", wie Moltke es einmal formulierte, vom 13. bis 16. März 1942.

Der erste Eindruck, den ich von Peter Graf Yorck hatte, – also am 5. Juli 1941, schreibt Barbara von Borsig – war *der einer ebenso starken wie ausgeglichenen Persönlichkeit [...] Ich hatte – seit meiner ersten Begegnung mit Graf Yorck – immer das Gefühl: Gott sei Dank, wenn man sich wiedersieht und die geistig-menschliche Übereinstimmung und das Einvernehmen weiterbesteht.*

Das Fesselndste an Peter Yorck für mich war neben der absolut weltoffenen, weltnahen und erfahrenen Art die feste unnachgiebige innere Haltung, die auf ethischen Voraussetzungen beruhte. Dazu kam natürlich das Wissen, das ihn als Jurist und Regierungsbeamten auszeichnete. Er half immer, wenn er sah, dass Hilfe sich lohnte und er nicht tauben Ohren predigte. Peter Yorck war nicht redselig, eher ein Schweiger, aber wenn er etwas sagte, so war es reizend, menschlich und meist überzeugend. Peter war einer der klügsten und weisesten Menschen, die ich kannte, er war – neben Moltke – bestimmt die führende Persönlichkeit des Kreisauer Kreises [...] Warnungen vor einer allzu kompromisslosen, radikal-sozialen Haltung [war er, EFH] *nicht oder schwer zugänglich.*[249]

Barbara von Borsig stellt fest, dass zwischen ihrem Mann und Yorck nach anfänglichem Zögern Einvernehmen sowohl in menschlicher als auch politischer Hinsicht bestand, und *Graf Yorck meinte, dass wir ein längeres „Nichtwiedersehen" vermeiden müssten.* Das tun sie nun auch: Nicht nur Yorcks kommen zwischen September 1941 und Ende 1943 regelmäßig nach Behnitz, mindestens neunmal, sondern Borsigs besuchen Marion und Peter Yorck auch in deren Berliner Wohnung in der Hortensienstraße in der Nähe des Botanischen Gartens oder fahren auf das Yorck'sche Gut nach Klein-Öls in Niederschlesien süd-

---

[249] Barbara von Borsig an Ger van Roon 30.6.1963, Erinnerung an Peter Graf Yorck von Wartenburg, IfZ, ZS/A-18/01-136.

östlich von Breslau. Sie treffen sich auch bei Yorcks Schwester Renata von Gersdorff in Wiesenthal bei Neustrelitz, wo sich Barbara nach ihrem Behnitzer Reitunfall erholt.

Die Verbindung zu Graf Yorck und zum Kreisauer Kreis war für uns in den Jahren 1941–1943 [...] Möglichkeit und Versuch, aus dem Hitlerregime in eine gerechtere Zukunft zu finden, [...] Möglichkeit, hierbei mitzuhelfen und mitzuwirken an dem Geschick und an der Zukunft des eigenen Volkes, gleichzeitig eine Hilfe und Hoffnung. Es war natürlich so, dass die Hoffnung auf irgendwelche praktischen Erfolge vom ersten Tag an gering war und sich später – mit den sich überstürzenden Ereignissen an den Fronten – immer mehr verringerte, aber das Grundsätzliche behält ja seinen Wert auch ohne die Möglichkeit, es sofort in die Tat umzusetzen.[250]

Ulrich Wilhelm Graf von Schwerin von Schwanenfeld

Yorck ist Vetter und Mitschüler von Ulrich Wilhelm von Schwerin von Schwanenfeld[251] in Roßleben, der gerne wie sein Vater Diplomat geworden wäre, durch einen Bruder seines Vaters jedoch adoptiert wird, um die Familiengüter zu übernehmen. Nun muss er eine zweijährige landwirtschaftliche Lehre machen, um danach zu studieren. Was Ernst Borsig durch sein Studium möglich wurde, kann Schwerin nicht, da sein Erbonkel schon 1926 stirbt und er gezwungen ist, nun die Verantwortung für die Güter zu übernehmen. Eins liegt bei Schwetz an der Weichsel in dem 1919 durch den Versailler Vertrag polnisch gewordenen Gebiet, das andere im Mecklenburg-Strelitzschen. Dadurch lernt er die schwierige Situation zwischen den verbliebenen Deutschen jenseits der Grenze und den Polen ganz anders sehen und einschätzen, als es durch die deutsche antipolnische Propaganda dargestellt wird. Er macht 1939 als Reserveoffizier den Polenfeldzug mit, wird Ordonnanzoffizier von General Erwin von Witzleben, dem späteren Feldmarschall im Westen, mit dem er 1942 nach Berlin

---

[250] Barbara von Borsig an Ger van Roon 30.6.1963, Erinnerung an Peter Graf Yorck von Wartenburg, IfZ-Archiv, ZS/A-18/01–138/39.
[251] Ulrich Wilhelm Graf von Schwerin von Schwanenfeld (21.12.1902–8.9.1944).

versetzt wird. Von 1943 bis kurz vor dem 20. Juli 1944 wird er nun mindestens viermal nach Behnitz kommen: im August 1943 zusammen mit Adam von Trott, im Oktober mit Herbert Blankenhorn, beide im Auswärtigen Amt, und zuletzt vor dem Attentat auf Hitler noch im April 1944.[252] Schließlich treffen sich Borsig und Schwerin anlässlich eines Festes in Schwerins Potsdamer Wohnung.

Hans-Jürgen Graf von Blumenthal

Ulrich Wilhelm Schwerin, der öfter zusammen mit Adam von Trott in Behnitz ist, kommt schon wegen seiner militärischen Stellung als Ordonanzoffizier des Feldmarschalls gemeinsam mit Hans-Jürgen Graf von Blumenthal[253], den Ernsts Cousine Cornelia nach ihrer Scheidung von Otto von Kries 1939 heiratet, von Berlin heraus nach Behnitz. Blumenthal ist genau wie Claus Schenk Graf von Stauffenberg, durch eine Verletzung des rechten Armes nicht mehr felddienstfähig. Die beiden treffen im Allgemeinen Heeresamt aufeinander und finden sich in dem gemeinsamen Ziel auch zur gewaltsamen Befreiung Deutschlands von Hitler. Blumenthal wird Stauffenbergs Ordonnanzoffizier. Ins Behnitzer Gästebuch trägt er sich nicht ein, aber Heinz von Bodelschwingh erinnert sich nach dem Krieg an seine Besuche dort:

Nach dem 20. Juli 44 haben meine Frau und ich grosse Ängste um Ernst ausgestanden, weil … viele der darin Verwickelten zu seinen besten Freunden gehörten und regelmäßig in Behnitz zu Besuch waren. Ich denke besonders an York, Trott, Schwerin und Blumenthal.[254]

Gleich nach Blumenthals Verhaftung und dem sofort an ihm vollstreckten Todesurteil am 13. Oktober 1944 durch den Strang kommt seine Frau Cornelia mit den Kindern nach ihrer nur fünfjährigen Ehe mit ihm – denn vorher war sie mit von Kries verheiratet – öfter nach Behnitz und findet dort die für sie nun so nötige menschliche Nähe.

---

[252] GBBehn.

[253] Hans-Jürgen Graf von Blumenthal (23.2.1907–13.10.1944).

[254] Heinz von Bodelschwingh an Arnold von Borsig am 27.1.1946, GBBehn 19.–26.10., 16.–18.11., 2.–4.12.1944.

Adam von Trott zu Solz

Adam von Trott[255] ist einer der jüngeren Besucher in Behnitz aus dem Umfeld der Kreisauer, geboren am 9. August 1909 in Potsdam, behütet in der frühen Kindheit von einer „Nurse" aus England, so dass ihm durch sie das angelsächsische Element der mütterlichen Vorfahren, die bis zu John Jay, einem der Gründungsväter der Vereinigten Staaten zurückgehen, wohl noch lebendiger wurde. Dass die geliebte Nurse zu Beginn des ersten Weltkrieges „feindliche Ausländerin" wird und das Trott'sche Heim verlassen muss, könnte für den Fünfjährigen eine grundlegende Verlusterfahrung gewesen sein. Eine weitere ist wohl das Gefühl von seelischer Einsamkeit während seines Aufenthalts im Kloster Loccum, wo er wohnt, um leichter als von Imshausen das Gymnasium in Hannoversch-Münden besuchen zu können. Sein erstes Semester in München nutzt er daher offenbar nicht so sehr für ein vertieftes juristisches Studium, sondern zur Eroberung der Freiheit, zum Radeln und zu Fechtstunden, zum Reisen, zu Touren mit dem Faltboot. Einen unauslöschlich starken Eindruck erhält er bei einer der Reden Hitlers in München, den er noch als ganzen Kerl beschreibt, seine Zuhörer allerdings als *ungebildet und unfähig bis dorthinaus.*[256]

Anschließend an München geht er nach Göttingen, findet dann in Genf, Liverpool und Oxford gerade im kirchlichen Bereich Freunde, besonders in Oxford, wo er ein Trimester studiert und eintaucht in englische Studienmethoden. Die Freundschaften, die er hier schließt, werden ihm bleiben; sie prägen ihn, erleichtern ihm auch den Einstieg in das Berliner Leben. Die Begegnung mit dem Arbeitersohn Johannes Gaidies motiviert ihn, sich mit dem Thema der Lager für Arbeiter und Studenten zu beschäftigen. Dadurch setzt er sich auch mit dem englischen Faschismus wie mit dem Nationalsozialismus auseinander.

Nach weiteren zwei Semestern in Göttingen, wo er sich in einer studentischen Verbindung eng mit Otto Rumohr befreundet,[257] geht

---

[255] Adam von Trott zu Solz (9.8.1909–26.8.1944).
[256] AvT 61.
[257] Mitteilung Dagmar Gräfin von Bernstorff, 13.2.2014 in Delhi.

er ins Referendar-Examen und bewirbt sich auf ein englisches Rhodes-Stipendium, das ihm ein zweijähriges Studium in Oxford ermöglichen soll; beides erreicht er. Erlebt er hier schon bewusst die Antagonismen seines Lebens durch seine Kenntnis der angelsächsischen Welt von der Weite und Vielfalt der Möglichkeiten und andererseits der geistigen Enge der politischen Entscheider, die er nicht in seinem Sinne beeinflussen kann?[258]

Der Vater, Jurist und preußischer Kultusminister bis 1917, hatte als Oberpräsident 1906 Kontakt zu Ernst Borsigs Vater. Das wird dem Juristen, späteren Diplomaten und begeisterten Jäger Adam Trott nicht bekannt gewesen sein, als er im Oktober 1941 Behnitz besucht, zusammen mit den Freunden Yorck und Wussow und ihren Frauen. Dass er 1934 in der Wohnung von Ernst Bruder Tet Arnold von Borsig gewohnt hatte, ist ihm da natürlich bewusst.

Trott wirkt in seiner Art und körperlichen Größe von einer bezaubernden Eleganz und wie von einer inneren und äußeren Schönheit, wie ein überlebender Kreisauer später über ihn bemerkt.[259]

Die vier Jahre jüngere Behnitzer Gastgeberin Barbara von Borsig erinnert sich später sehr lebendig an diesen und die zahlreichen weiteren Besuche von Adam und Clarita von Trott:

Adam Trott stand meinem Mann und mir von den Mitgliedern des Kreisauer Kreises nach Peter Yorck am nächsten. […] Adam Trott war wie Peter Graf Yorck ein durch und durch geistiger Mensch und in seinem menschlichen und politischen Denken hochbegabt. Er war aber vielleicht nicht so unnachgiebig [wie Yorck, EFH], und er versuchte immer in den Zusammenkünften und beim Besprechen der Pläne das Reale zu finden. [Es, EFH] lag ihm auch vor allem daran, die Verbindung mit anderen Kreisen des Widerstandes ausserhalb des Kreisauer Kreises zu finden und aufrechtzuerhalten und mit Männern aller Schichten in Verhandlungen einzutreten. Ich erinnere mich, dass z.B. Clarita des öfteren erwähnte, als reiner „Grafenclub" sei man nicht in der Lage, handeln zu können, auch würde man, wenn man zu theoretisch sei, an den härteren Männern der anderen – ob rechts- oder links-stehenden – Gruppen scheitern. Adam war ein genau so unerbittlicher Gegner des Nationalsozialis-

---

[258] AvT 68f, 73, 188.
[259] Eduard Wätjen an Ger van Roon, 25.8.1962.

mus wie Yorck und Moltke und zwar aus ethischen und religiösen Gründen,
aber er war anderen Meinungen und Menschen gegenüber mehr zu Zugeständ-
nissen geneigt. Er versuchte auch, trotz seiner geistigen Überlegenheit, stets die
Meinung der anderen zu respektieren und nicht belehrend zu wirken.

Mein Mann und Adam hatten bei aller Verschiedenheit im Wesen viel Ge-
meinsames: Unbedingtes Pflichtbewusstsein, das Wurzeln im Christlichen, das
Gefühl handeln zu müssen. Wenn z.B. das Verhalten des Menschen in seinem
Umkreis, [in, EFH] Familie und Staat, zur Sprache kam, so zeigte sich, dass
Adam wie Ernst die Bindung an die Familie ernst nahmen. (Das Problem der
Generationen, das nie diskutiert wurde – obwohl es vielleicht doch besteht – be-
stand gar nicht oder kaum für sie. Es handelte sich eben weitgehend darum, und
dies war viel schwerer und, wie sich später in Behnitz zeigte, aussichtslos, Men-
schen anderer Herkunft für eine so wesentliche Sache zu gewinnen) […] Adam
Trotts staatspolitische Begabung war, wie ich glaube, das Hervorstechendste an
ihm, schreibt Barbara von Borsig später.[260]

Vielleicht sieht Barbara von Borsig bei Menschen, die nicht ihrer
eigenen Schicht angehören, gar keinen Ansatz, für höhere Ziele das
Leben einzusetzen. Sie selbst hatte – mindestens bis 1945 – sehr viel
mehr zu ihren eigenen großbürgerlich-konservativen Kreisen Kontakt als je zu irgendwelchen anderen.

Jedenfalls ist aus Adam Trotts Dankesbriefen an Barbara Borsig die
wachsende Vertrautheit zwischen den Familien zu spüren, wo man
sich auch über die Kinder austauscht.[261]

Clarita von Trott hatte noch im Oktober 1941 mit Adam in Behnitz
sein können, nun im Mai 1942 ist sie mit ihrer Tochter Verena
beschäftigt und hat den Weg nach Behnitz nicht auf sich genommen.
Adam bringt ihr stattdessen eine nahrhafte Gabe vom Gut mit. Später im April 1943 ist sie einmal *für drei herrliche Wochen* mit Verena in
Behnitz, als sie mit der jüngeren Tochter schwanger ist.[262]

---

[260] Barbara von Borsig an Ger van Roon, Erinnerung an Adam von Trott, IfZ-Archiv, ZS/A-18/01-140.
[261] Adam von Trott an Barbara von Borsig, 6.5.1942, Briefabschrift, IfZ-Archiv, ZS/
A-18/01-143. Adam von Trott an Barbara von Borsig, 16.6.1943, Briefabschrift,
IfZ-Archiv, ZS/A-18/01-141.
[262] GBBehn 31.3.–21.4.1943.

Das persönliche Verhältnis der Borsigs zu Adam und Clarita von Trott wächst durch die häufigen Treffen sowohl in Behnitz, wie auch in der Stadt bei Trotts, so dass Barbara Borsig feststellt, dass Adam und Clarita ihnen (auch) in Bezug auf ihren Sohn Manfred des Öfteren geholfen hätten.

Clarita nennt die Wochenenden bei Ernst und Barbara *Lichtpunkte im Ablauf der Wochen*, wo Adam auch die Jagden so besonders geliebt habe und im *November 1943 Jagdkönig* wurde. Diese Wochenenden im Kreise der Freunde, den Yorcks, Moltkes, Gersdorffs, Trothas und Heinz und Eva Bodelschwingh, gelegentlich mit dem Legationsrat Herbert Blankenhorn, boten seelisch befreiendes Lachen, da Blankenhorn[263] *unvergleichlich komisch von dem Umgang mit seinen nazistischen Chefs und von deren Hilflosigkeit sachlichen Aufgaben gegenüber erzählen* konnte.[264]

Wenn man Adam von Trotts Lebenszeit und die Dynamisierung des Lebens nach dessen Schulzeit betrachtet, so scheint seine nun knappere zweite Lebenshälfte stärker ihm selbst zu entsprechen, seinem Impuls, Verbindungen zu schaffen und ein künftig freies Deutschland vorzubereiten.

Nach der Verhaftung von Sophie und Hans Scholl

Hatte Ernst von Borsig am Morgen des 18. Februar 1943 Nachricht von der Geburt eines Sohnes seiner Schwester Annelise erhalten, den sie nach ihm Ernst nennt und für den er die Patenschaft übernimmt, hört er am Abend in den Radionachrichten, dass an diesem Tag die Geschwister Scholl als Teil der Münchener studentischen Widerstandsgruppe Weiße Rose im Lichthof der Ludwig-Maximilians-Universität beim Auslegen und Abwerfen von Flugblättern vom Hausmeister verfolgt, gestellt und der Gestapo übergeben worden sind.

---

263 Herbert Blankenhorn (15.12.1904–10.8.1991) ist im GBBehn zweimal eingetragen, nach dem Zeugnis Clarita von Trotts aber häufiger in Behnitz gewesen, siehe AvT 261.
264 AvT 261.

Als unter ungeheurem propagandistischem Aufwand an diesem Abend auch noch der Reichspropagandaminister Joseph Goebbels nach dem Fall Stalingrads und dem Verlust der ganzen 6. Armee dort im Berliner Sportpalast die Anhänger der Partei und das ganze Volk zum totalen Krieg aufruft – und damit zum sicheren Untergang –, wird dieser Tag vollends zum Schicksalstag.

Ernsts Kontakte nach München zu seinen Professoren sind noch so sehr lebendig, dass er hofft, im Zusammenhang mit dem sicher unmittelbar folgenden Prozess gegen Hans und Sophie Scholl und ihre Freunde vielleicht noch etwas für sie tun zu können. Er fährt auch mit Moltkes Frage nach München, *zu erkunden, ob dort weiterhin studentischer Widerstand existierte*, doch kann er keine guten Nachrichten von dort nach Berlin mitbringen. Die beiden Geschwister Sophie und Hans Scholl werden schon am 22. Februar hingerichtet. Moltke trifft er wohl erst Anfang April in Berlin wieder.[265]

Wahrscheinlich trifft Ernst von Borsig in München Prof. Kurt Huber – der erst am 27. Februar verhaftet wird – und erhält vermutlich das von Huber verfasste sechste Flugblatt der Gruppe, das Ernst später Moltke übergibt, der es bei seinem zweiten Istanbulbesuch zu weiteren geheimen Verhandlungen mit den Alliierten über die Frage der Kapitulation deutscher Truppen im Westen an diese weitergibt. Die Engländer drucken es und werfen es von ihren Flugzeugen später über Deutschland ab.

Mittags kam Borsig zum Essen. Er hatte wenig zu berichten, weniger, als mir lieb war, schreibt Moltke an Freya am 3. April 1943. Ernst hatte in München keinerlei Hinweise mehr darüber gefunden, dass es nach dem Auffliegen der Weißen Rose noch anderen studentischen Widerstand in der Stadt gab.[266] Nach der „Jubelveranstaltung" in der Aula der Universität am 22. Februar, dem Todestag der Geschwister, als der Pedell, der Sophie Scholl gefasst hatte, johlend und mit Geschrei geehrt wird, scheint das nunmehr auch ganz undenkbar. Das teilt Ernst Helmuth von Moltke mit. Nach diesem Treffen wird sein

---

[265] Günter Brakelmann: Helmuth James von Moltke. 1907–1945, München 2009, S. 206.

[266] MB 465 vom 3.4.1943.

Kontakt zu Moltke in Behnitz nicht mehr wahrnehmbar; die Agrar-frage tritt in den Zukunftsplänen der Kreisauer offenbar ganz in den Hintergrund. Die Zeitumstände spitzen sich zu.

Die anderen Mitstreiter

In die Jahre 1942 bis 1944 fallen auch die Besuche von Ottmar von Loessl in Behnitz.[267] Loessl ist ein vertrauter Freund von Ernsts Bruder Arnold von Borsig. Er arbeitet nun bei der *Magdeburger Maschinenfabrik,* einer Tochterfirma der Flugzeughersteller Junkers, vorher bis 1932 bei A.BORSIG in leitender Stellung. Loessl kann, ohne dabei aufzufallen, als alter Freund der Familie Borsig, als passionierter Jäger und mit seiner Beteiligung an der Kölner Zuckerfabrik Pfeifer & Langen als Zucker-Industrieller nach Behnitz kommen, da der Behnitzer Zuckerrübenanbau auch eine Beteiligung an den örtlichen Zuckerfabriken ergibt. Auch ist der Weg von Magdeburg nach Behnitz nicht wirklich weit.

Bei seinen Besuchen in Behnitz trifft Loessl mit beiden Yorcks und Heinz von Bodelschwingh zusammen, mit Adam von Trott und Oskar Schlitter vom Auswärtigen Amt sowie auch mit Philipp von Münchhausen und führt mit ihnen Gespräche zur Planung der Wirtschaft nach dem Krieg.[268] Loessl, der auch einmal zu Gast in Kreisau gewesen war, vernichtet nach dem Scheitern des Anschlags auf Hitler am 20. Juli 1944 und nach der Verhaftung der Freunde alle seine Unterlagen, die etwas mit der Arbeit für die künftige Neuordnung Deutschlands und der Gruppe um Yorck und Moltke zu tun haben und schickt seine Tochter mit dem Kindermädchen zu deren Eltern ins Elsass, um sie im Falle der Sippenhaft nicht in die Hände der Gestapo fallen zu lassen.[269]

---

[267] Ottmar Edler von Loessl (20.8.1897–8.7.1983), GBBehn, biografische Angaben im Anhang.

[268] GBBehn 28.–29.11.1942, 16.5.1943, 15.–19.7.1943, 25.–26.9.1943, 18.–22.11.1943, 1.–2.11.1944.

[269] Mitteilung Dr. Edla von Loessl-Colsman 19. und 30.1.2012.

Zu den Menschen mit dem engsten Kontakt zu Ernst Borsig gehören Heinz von Bodelschwingh und seine schwedische Frau Eva, eine geborene Carlgren. Durch deren Kontakte zu höchsten politischen Kreisen in Schweden und zur schwedischen Kirche, in deren Namen Bodelschwingh für die deutsche Innere Mission in Schweden arbeitet, hält auch Adam von Trott Verbindung zu seinen schwedischen, insbesondere kirchlichen, Freunden und Verbindungsleuten für seine Kontakte nach England und in die USA.

In der auf den 20. Juli 1944 folgenden Zeit ist in Behnitz alles in Hochspannung, ist doch nicht klar, ob und was die Verhafteten aussagen werden, wie Ernsts Name in den Vernehmungen fallen, ob auch er verhaftet wird. Tatsächlich wird er von der Geheimen Staatspolizei verhört, kann den Verdacht der Gestapo aber zerstreuen. Auch Ernst und Barbara Borsig vernichten alle ihre Protokolle und Aufzeichnungen zu den früheren Treffen.[270]

Man kann sich gut vorstellen, was die Gestapo getan hätte, wenn sie in den Wäscheschränken des Gutshauses in Behnitz mit der Bettwäsche die Namen all der Gesuchten gefunden hätte, die regelmäßig nach Behnitz zu Besuch kamen, da deren Leinzeug mit Namensschildern versehen beiseitegelegt wurde. Man war halt praktisch bei Borsigs, und diese Sparsamkeit war auch bei dem damaligen Mangel an Waschmitteln und Seife durchaus üblich.[271]

Zu den in Berlin im November 1943 ausgebombten und von dort geflohenen Dauergästen gehört nun auch Waltraut von Rumohr mit ihren zwei Töchtern Dagmar und Gabriele, die ihren Mann Otto von Rumohr, den engen Freund Ernsts, um die Weihnachtstage 1942 verloren hatte, seit er in Russland als Oberleutnant bei Welikije Luki vermisst gemeldet wurde.

Ernst lädt die drei Rumohrs nach dem Verlust ihrer Berliner Wohnung nach Behnitz ein. Eli, Gabriele von Rumohr, die jüngere Tochter, besucht zusammen mit Ernsts Sohn Manfred, der lieber Bücher liest, als mit den Kindern draußen zu spielen, bis Kriegsende die

---

[270] Barbara von Borsig am 15.9.1954 an Walter Hammer, Briefdurchschlag, Archiv Manfred von Borsig.

[271] Gabriele von Bredow, Erinnerung und Mitteilung Dagmar von Bernstorff, 13.2.2014.

Dorfschule. Beide gehen in die Klasse von Lehrer Grützmacher, der Pädagogik noch mit dem Rohrstock betreibt.[272] Dagmar, die Ältere, aus erster Ehe mit Percy Graf von Bernstorff, ist zu dieser Zeit schon fünfzehn Jahre; sie wohnt in den Ferien bei ihrer Familie, besucht 1944 im Rahmen der Kinder-Landverschickung aber zunächst bei Verwandten in Breslau die Schule, bis ihre Berliner Schule, die Königin Luise Stiftung, in Agnetendorf bei Hirschberg im Riesengebirge in einem Landschulheim zwei Klassen eröffnet. Dort trifft sie auch die kleine Margret Eckert aus der Borsig-Familie. Hin zu ihren Freundinnen zieht es sie, bis sie Ende Januar 1945 mit einem der letzten Züge nach Berlin gelangt und dann als Sechzehnjährige die letzten Kriegsmonate in Behnitz erlebt. Von ihr gibt es eine lebendige Darstellung von Verhältnissen und Ereignissen ab dem Jahre 1944 bis zu den letzten Kriegstagen in Behnitz und bis zur Verhaftung Ernst von Borsigs.[273]

Als nach dem misslungenen Attentat auf Hitler die Verfolgung, Aburteilung und Ermordung der Freunde einsetzt, denen auch Adam von Trott zum Opfer fällt, versucht Ernst von Borsig jedoch weiter seinen Freunden zu helfen und sie zu unterstützen und bringt Lebensmittel zu den Inhaftierten. Hatte er schon *ein sehr nettes Fräulein von Stülpnagel als Gutssekretärin*, wie Moltke bei seinem ersten Besuch feststellt,[274] holt er nach der Verhaftung Yorcks auch dessen höchst gefährdete Sekretärin Becker aus Berlin als weitere Gutssekretärin nach Behnitz.[275]

Annabel Siemens, die Inspektorin auf dem Gut, ist in diesen Tagen als indirekt Betroffene fast verstummt, war sie doch, bevor sie in Behnitz Inspektorin wurde, bei dem Hitler-Attentäter Claus von Stauffenberg im Haushalt tätig und ihm ganz nahe.[276]

Ernsts Frau Barbara erlebt, wie für Ernst der Tod der Freunde nach dem 20. Juli in den Gefängnissen in Moabit und Plötzensee ein alles

---

[272] Bredow a.a.O.
[273] Bernstorff a.a.O.
[274] MB 302.
[275] Bredow a.a.O. und Heinz von Bodelschwingh, Brief an Arnold von Borsig, 27.1.1946.
[276] Bernstorff a.a.O.

entscheidender Schicksalsschlag ist. Ihr Mann habe sich immer mehr von allem, was nicht unumgänglich nötig zu tun war, zurückgezogen. Das Gut Behnitz und seine Arbeit, an der er mit aller Liebe hing, hätte für ihn fast alle Daseinsberechtigung verloren, schreibt sie später dem holländischen Historiker Ger van Roon.[277]

Im September 1944 kamen zwei tief verschleierte Damen zu Besuch, die Ernst von Borsig mit großer Ehrfurcht und Handkuss willkommen hieß; es waren dies [...] Witwen seiner Freunde aus dem Widerstand.[278]

Vater und Sohn

Die Spannungen, die Ernst und Barbara im Zusammenhang mit ihren Freunden und deren politischen Plänen und den Folgen des Reitunfalles aushalten und ausgleichen müssen, dürften für ihren Sohn Manfred oder die Vettern, die ja häufig länger zu Besuch waren, kaum äußerlich wahrnehmbar gewesen sein. Hanns-Jörg Eckert, Neffe Ernsts und Vetter seines Sohnes Manfred, erinnert sich lebhaft an einen längeren Aufenthalt in Behnitz im April/Mai 1943, als er seinen Vater in Berlin besucht, der ihn wegen der Luftangriffe auf Berlin nach Behnitz zum Schwager bringt. Besonders erinnert er sich an eine Kutschfahrt – die er im Gästebuch einzeichnet – als Ernst mit zwei Herren, *der eine war ein schwedischer Herr und der andere ein Offizier in Zivil*, ausfährt und Hanns-Jörg auf dem Kutschbock neben dem Kutscher sitzen darf, der angeregt vorn mit ihm spricht, während sich die Gäste hinten ernsthaft unterhalten. Wieder daheim nimmt Ernst den Neffen auf ein paar Schritte neben sich und sagt, er solle das, was er gehört habe, nicht weiter erzählen, worauf der Dreizehnjährige sagt, dass er gar nichts gehört und sich nur mit dem Kutscher unterhalten habe. Bei diesen Gästen könnte es sich um Wolf von Gersdorff und Heinz von Bodelschwingh gehandelt haben, die zusammen mit

---

[277] Barbara von Borsig an Ger van Roon 30.6.1963, IfZ-Archiv ZS/A-18/01-139.
[278] Bredow a.a.O.

Trotts zu der Zeit in Behnitz sind, Bodelschwingh der vermeintliche Schwede mit seiner schwedischen Frau, Gersdorff – der Offizier.[279]

Während der zweiten großen alliierten Luftangriffsserie auf Berlin im November 1943 fährt Ernst mit seinem Sohn Manfred mit dem Zug nach Berlin zum Zahnarzt in die Fasanenstraße. Dorthin bringt Ernst üblicherweise auch kurz vor Weihnachten Christbäume und Kaninchen zum Verkauf auf den Markt. Beim Sirenengeheul zum Beginn des Luftalarms suchen sie dort einen Luftschutzkeller auf, können dann allerdings bei Aufhebung des Alarms nicht mehr am selben Abend zurück nach Nauen und Behnitz gelangen. Der Siebenjährige erlebt nun, wie der Vater mit dem Luftschutzwart verhandelt und ihn überredet, sie – gegen das ausdrückliche Verbot – im Schutzraum übernachten zu lassen. Am nächsten Morgen machen sich Vater und Sohn auf den Weg zum Bahnhof Zoo zum Zug nach Nauen. Dort hören sie, dass überhaupt kein Zug ginge, und so machen sie sich zu Fuß auf den Weg, nehmen die Schienen beziehungsweise die Schwellen unter die Füße, für beide unbequem, da der Abstand der Schwellen für den Vater zu klein, für Manfred zu groß ist. In Nauen werden sie dann mit dem Pferdewagen vom Bahnhof abgeholt. Der helfende Luftschutzwart wird jedoch später darüber nicht vergessen: Zu Weihnachten 1943 und wieder 1944 erhält er einen Christbaum und ein Kaninchen als Festtagsbraten.[280]

Der achtjährige Manfred erlebt den Vater spät abends am 20. Juli 1944, wie er im dunklen Flur an seinem Zimmer steht und heftig weint. Und als er am nächsten Tag mit dem Vater und Kunckel, dem Fahrer der Großmutter, im Wagen auf einem Feldweg unterwegs ist, sieht er den Vater am Steuer wie geistesabwesend auf einen Baum zufahren. Erst beim Aufprall kommt der Vater zu Bewusstsein und wird wieder innerlich wach für die Außenwelt.[281]

[279] Mitteilung Hanns-Jörg Eckert an EFH am 2.9.2009.
[280] Interview Manfred von Borsig, 7.10.2011.
[281] A.a.O.

IG-Farben-Abteilung in Behnitz

Zuwachs für die Gutsbewohner bringt Ende 1943 der Umzug der Volkswirtschaftlichen Abteilung des IG-Farben-Konzerns weg aus dem zunehmend zerbombten Berlin in das Schloss nach Behnitz. Diese Abteilung zählt man zum Wirtschaftsgeheimdienst der Wehrmacht. Von den Leuten dieser Abteilung werden vorwiegend wirtschaftliche Nachrichten aus dem Rundfunk und aus Zeitungen Europas aus den nicht von den Deutschen besetzten Gebieten, aus England und den USA ausgewertet. In dieser „Literarischer Club" genannten Abteilung gibt es neben einer größeren Zahl von Angestellten einige Menschen, die nach dem in Österreich begeistert aufgenommenen Anschluss an Hitlers Deutschland im Frühjahr 1938 durch SS und Gestapo aus ihrem eigentlichen Arbeitsfeld des österreichischen diplomatischen Dienstes hinausgeschleudert worden waren, zum Beispiel den österreichischen ehemaligen Diplomaten Theodor von Hornbostel[282] und in den letzten Kriegsmonaten Vico Jordan, dazu den ehedem deutschen Diplomaten Dirk Forster, der angeblich seinen Dienst hatte quittieren müssen, da er eine jüdische Ehefrau hatte.[283] Hornbostel hat, beruflich bedingt, sehr gute Sprachkenntnisse, er spricht Russisch, Englisch und Französisch, was ihn zu dieser Aufgabe befähigt.

Hornbostel war im Mai 1938 nach dem Anschluss Österreichs an Deutschland verhaftet und mit einem „Prominententransport" zunächst in das Konzentrationslager Dachau, dann 1939 in das KZ Buchenwald verbracht worden, wo er bis Mitte 1943 bleibt und worüber er – eingedenk des absoluten Verbotes, darüber zu sprechen – kaum je spricht. *Teddy* Hornbostel stößt in Behnitz zur gelegentlichen Runde der Bridgespieler mit Ernst und Barbara von Borsig wie auch mit

---

[282] Theodor von Hornbostel (1889–1973).

[283] Eckart Conze u.a.: Das Amt und die Vergangenheit. Deutsche Diplomaten im 3. Reich und in der Bundesrepublik, München 2010, S. 357. Dirk Forster, geboren am 5.4.1884 in Amsterdam, 1912 bis 1937 im Auswärtigen Dienst, 1937 in den vorläufigen Ruhestand versetzt, angeblich wegen seines Widerspruchs gegen die Remilitarisierung des Rheinlandes.

Waltraut von Rumohr. Teddy von Hornbostel beteiligt sich öfter an Pokerrunden, denen sich auch Forster häufiger anschließt.[284]

Die beiden Österreicher finden als Auswertungsspezialisten der internationalen Presse also in dieser Abteilung Unterschlupf, obwohl sie im KZ gewesen waren. Sie bringen etwas aus sehr verschiedenen Welten mit: aus der alten, scheinbar erledigten diplomatischen Welt der Etikette und Weltgewandtheit, dann aus der dunklen Welt der Lager die Angst und das Verstummen wegen der Mordmaschine und der Gefahr, wieder dorthin gebracht zu werden. In Behnitz finden sie Freunde und Anschluss. Und jetzt kommen – immer mit einer gewissen Verzögerung – englische, amerikanische und russische Zeitungen vermutlich über die Schweiz hierher. Die Spezialisten dürfen und müssen sogar auch die so genannten Feindsender abhören; damit sind die neuesten alliierten Nachrichten und Hintergrundberichte in Behnitz im kleinen Kreis bekannt.

Hornbostel berichtet später nur sehr knapp über seine Tätigkeit:

Es gelang mir, bei der IG-Farben im literarischen Büro unterzukommen, wo ich zwei Jahre, unzählige Bombenangriffe, die Aufregung des 20. Juli (im Kreise einiger später Gehänkter mit der Lektüre sämtlicher damals verbotener Zeitungen, Radiosendungen, „Beute-Akten" und deren Übersetzung und dgl. recht angenehm verbrachte. Die Gestapo kontrollierte mich jedoch mehrmals überfallartig und zog auch Erkundigungen über mein „politisches Verhalten" ein.[285]

Die Schweden in Behnitz

Spätestens im Februar des letzten Kriegsjahres 1945 wird es durch die Flüchtlinge aus dem Osten, die in unabsehbaren Trecks westwärts durch Brandenburg ziehen, in Behnitz klar, dass die Russen sich kaum mit der Einschließung Breslaus Mitte Februar begnügen oder

---

[284] Bredow a.a.O.
[285] Brief Hornbostels an die Staatskanzlei, auswärtige Angelegenheiten, 12.12.1945, in: Dörner, Christian/Dörner-Fazeny, Barbara: Theodor von Hornbostel 1889–1973, Wien/Köln/Weimar 2006, S. 136.

sich an der Oder niederlassen, sondern auf Berlin und weiter westwärts vormarschieren werden. Die Unsicherheit darüber, ob amerikanische, englische oder russische Truppen Behnitz zuerst erreichen
und es besetzen werden, ist riesengroß ebenso wie die Hoffnung, es
würden die Amerikaner sein.[286]

Es gelingt Ernst und Heinz von Bodelschwingh über dessen
schwedische Frau Eva, im Kontakt mit dem schwedischen Gesandten in Berlin auf Behnitz aufmerksam zu machen, dass man dort ja
relativ sicher vor der Front sei und dass die schwedischen Mitarbeiter
dort sicherer und besser als im zerbombten Berlin wohnen könnten,
denn die schwedische Gesandtschaft in Berlin suchte für ihre Mitarbeiter außerhalb Berlins im Westen Wohn- und Schlafräume, um
ihnen bei den anhaltenden Bombenangriffen auf Berlin und den erwarteten Kriegsaktivitäten in der Stadt größere Sicherheit und Ruhe
zu verschaffen. *Das Haus, wo sich die Schwedische Legation befand, wurde in
der Nacht zum 23. November 1943 im Zusammenhang mit einem Bomben-
anfall zerstört. Der Legationschef, Gesandter Arvid Richert, hatte im Sommer
1943 als mögliches Ausweichquartier Räumlichkeiten bei Alt-Döbern angemietet [...]. Anscheinend hat man diese [...] als Rückzugssicherung und zur
Erholung benutzt. In Berlin blieb die damals neugebaute Bunkeranlage sowie
provisorische Räume in einem Nebengebäude (Rauchstrasse 25) der zerstörten
Gesandtschaft [...].*[287]

Dass die Schweden dann tatsächlich kommen, ist wie ein kleiner Hoffnungsschimmer für die Menschen in Behnitz, da man bei
einer Besetzung durch russische Soldaten beim wahrnehmbar schnellen Vormarsch der sowjetischen Truppen auf den Schutz durch die
schwedischen Diplomaten hofft.

*Anscheinend wurden in Grossbehnitz für den Zeitraum 8. März bis 15.
April 1945 zehn Schlafzimmer und Wohnzimmer angemietet. Es war be-
absichtigt, die Räumlichkeiten als Ausweichquartier bei einer schrittweisen
Verlagerung des diplomatischen Personals Richtung Westen zu nutzen. Die
Zimmer wurden nicht für Bürozwecke in Anspruch genommen, sondern dien-*

---

[286] Interview Manfred von Borsig, 7.10.2011.
[287] Mitteilung des Gesandten Torbjörn Haak vom schwedischen Außenministerium
am 11.11.2011 an EFH.

ten ausschliesslich als Wohnraum. Die Belegschaft ist täglich zur Arbeit in der Gesandtschaft nach Berlin gefahren.

Mitte April hat man die Entscheidung getroffen, doch angesichts des dort sichereren Schutzes [in Berlin, EFH] *durch die hauseigene Bunkeranlage in Berlin zu bleiben. Das Quartier in Grossbehnitz wurde dann endgültig geräumt, wobei Hausrat und Mobiliar sowie ein PKW und Kraftstoff zurückgelassen wurden. Spätere Versuche, an das Eigentum heranzukommen, wurden von der sowjetischen Besatzungsmacht vereitelt.*[288]

Bevor die Russen dann tatsächlich kommen, wird auf dem Schloss die schwedische Fahne gehisst, um Achtung und Schutz einzufordern in der Hoffnung, dass die Russen die Fahne des neutralen Schweden erkennen und sich demgemäß verhalten.[289]

Bis zum Ende

Im März lud Borsig zur letzten Treibjagd in Behnitz ein. Ich durfte mitlaufen, und als die Schützen ihre Plätze einnahmen, meinte Ernst, ich sollte ihn begleiten. Es dauerte eine Weile, bis die Treiber kamen, wir unterhielten uns über die Kriegslage, die heranrückenden Russen, die Amerikaner. Dann schwiegen wir eine Weile. Plötzlich fragte Ernst: „Glaubst Du, dass wir das alles überleben werden?" Ich sagte spontan „ja". Er leise: „Ich glaube nicht, dass ich das überleben werde."[290]

Am 1. April 1945 erreichten die amerikanischen Truppen das Westufer der Elbe, nur 50 Kilometer von Behnitz entfernt. Wir erwarteten täglich, dass diese Truppen die Elbe überqueren würden. Doch sie blieben dort stehen. Es kursierten wilde Gerüchte, die Alliierten würden es sich nicht nehmen lassen, gemeinsam Berlin zu erobern. Und dann würde ein Korridor Berlin mit den Gebieten unter britischer oder amerikanischer Besatzung verbinden. Diese Theorien wurden von Mitarbeitern des ‚Literarischen Clubs' verbreitet. Behnitz lag sowohl an der Bahnstrecke wie an der Autobahn von Berlin nach Westen, der Korridor würde also durch Behnitz führen.[...]

[288] A.a.O.
[289] Interview Manfred von Borsig, 7.10.2011.
[290] Bernstorff a.a.O.

Der Korridor wurde [...] nie geschaffen, die amerikanischen Truppen blie-
ben westlich der Elbe stehen. Um den 10. April 1945 herum wurde uns klar,
dass Behnitz von sowjetischen Truppen erobert werden würde. Nun war es zu
spät, um zu fliehen – die Straßen waren verstopft, die Züge mit Flüchtlingen
überfüllt, Chaos![291]

Als es deutlich wird, dass ein Treck in den Westen – nach dem
Verbot durch den Ortsgruppenleiter – nun nicht mehr möglich sein
wird, sammelt Ernst an einem Abend im April alle Männer und Gäste
im Haus und bittet auch die jugendliche Dagmar von Bernstorff,
mit einem Korkenzieher dazu zu kommen; den Sinn versteht sie zunächst nicht, bringt aber das Gewünschte mit. Sie kommt nun in dem
Schlosskeller in eine bizarre Situation: Die Männer nehmen die Flaschen des Weinkellers aus den Regalen, ziehen sie auf und entleeren
sie in den Gully, an manchen riechen sie erst, manche probieren sie.
Der Hausherr erklärt ihr, dass die Alkoholvorräte auf keinen Fall in
die Hände der russischen Soldaten fallen dürften, da die Gefahren, die
von Betrunkenen ausgingen, unabsehbar seien, besonders, wenn sie
in größeren Gruppen aufträten und bewaffnet wären. Vom Riechen
und gelegentlichen Schmecken dieser alten Weine trägt sie ihren ersten Schwips davon.[292]

In den folgenden Tagen lässt Ernst Borsig von der Brennerei noch
einen kleinen Graben zum See ziehen, um den Branntwein von dort
abfließen zu lassen und damit die drohende Gefahr etwas zu verrin-
gern.

Unter Aufsicht der Inspektorin Mummi Siemens [so wurde Annabel Siemens genannt, EFH] *wurde von der Brennerei eine Rinne zum See gegra-
ben, durch die der Alkohol abgeleitet werden sollte. Dies erfuhr der Ortsgruppenleiter, kam zum Gut und wollte das Vernichten des Alkohols verhindern, da
der ein wehrwirtschaftlich wichtiges Gut sei; er würde sie vor das Kriegsgericht
bringen. Resolut, wie sie war, zog die junge Inspektorin eine Pistole und zwang
ihn, sofort das Gutsgelände zu verlassen.*[293]

---

[291] A.a.O.
[292] Bernstorff a.a.O.
[293] Mitteilung Manfred von Borsig 11.1.2012. Der Wasserzulauf zur Brennerei wird
vermutlich nicht benutzt worden sein, um das Seewasser nicht zu gefährden.

Nach dem Abziehen der Wehrmachtssoldaten am 24. April 1945 bewaffnet Ernst von Borsig die englisch-irischen Soldaten vermutlich mit Jagdwaffen. Sie übernehmen sodann den Schutz des Gutes. Die polnischen Arbeiter beginnen auf dem Gutsgelände mit den übrigen Gefangenen, die jetzt alle in Freiheit gesetzt sind, zu feiern, Freudenfeuer zu entzünden und sich zu verbrüdern.

Russische Truppen waren noch fern: ein herrschaftsfreier Augenblick, Anarchie. Die Unterkünfte der ausländischen Arbeiter waren geöffnet worden und die britischen und russischen Kriegsgefangenen, die weiblichen deutschen Sträflinge, sie alle strömten auf die Straßen.

Am Abend fanden sich hunderte von Menschen auf dem Platz vor dem Schloss ein. Leute aus dem Dorf mischten sich unter die befreiten Ausländer. Die Menschen teilten sich in zwei Lager, ein östliches: Russen, Polen und die weiblichen Häftlinge und ein europäisches: Briten, Franzosen, Deutsche. Die Franzosen im Überschwang des Freudentaumels verbrüderten sich mit den Briten und mit uns Deutschen. Sie boten an, uns zu helfen. An Freudenfeuern wurde in vielen Sprachen gesungen.[294]

Die disziplinierten englisch-nordirischen Soldaten begrüßen am folgenden Tag die auftauchenden russischen Soldaten als Verbündete und Kampfgenossen, machen sich dann aber in geschlossener Formation auf den Weg in die von den Briten zu verwaltende Zone in Norddeutschland.[295] Mit den nach Westen abmarschierenden Nord-Iren und unter ihrem Schutz reitet die noch so junge „Mummi", die Inspektorin Annabel Siemens, bis an die Elbe, wo sie die amerikanischen Truppen erreicht, die ihren Vormarsch nach Osten gemäß den Abmachungen mit den Sowjets gestoppt haben. Sie will ihre Verwandten im Westen finden.[296]

Ernst erwartet mit seiner kranken Frau Barbara und dem nunmehr neunjährigen Sohn Manfred die Ankunft der sowjetischen Truppen, nachdem er allen Erwachsenen auf dem Gut geraten hat, Papiere und Notverpflegung und das Nötigste bei sich zu haben. Viele der Guts-

---

[294] Bernstorff a.a.O.
[295] Interview Manfred von Borsig, 7.10.2011.
[296] Bernstorff a.a.O.

leute drängen sich nun in den Keller des Schlosses in eine doch nur relative Sicherheit.

Die Russen sind da!

Die ersten Russen waren eine Kosakenbande, die gleich die Pferde stahlen, berichtet Theodor von Hornbostel von den ersten Vorhuten der sowjetischen Armee am nächsten Morgen. *Dann schnappten mich die Russen in dem Schloß, in welches meine Abteilung verlagert war [...], nahmen mich mit nach Berlin, dann an die Elbe, Sibirien stand zur Diskussion, verhörten mich (gerade wegen meines KZ-Entlassungsscheins!) als Agenten der NSDAP, drohten mit den bekannten Folgen und – ein wahres Wunder! – entließen mich trotzdem dank einem Witz, den ich beim Verhör, das sich russisch vollzog, unfreiwillig machte! Infolge Unmöglichkeit einer Heimkehr musste ich noch vier Monate den Bürgermeister* [in Behnitz, EFH] *spielen [...]*[297]

Am Nachmittag erreichten sowjetische Truppen das Dorf. In der Nacht überfielen Soldaten, angeführt von deutschen weiblichen Häftlingen, die Häuser im Dorf, plünderten und vergewaltigten. Sie drangen auch ins Schloss ein, wohin sich die Familien der Gutsangestellten geflüchtet hatten. Die Schreie der vergewaltigten Frauen verfolgten mich noch lange. Zwei Soldaten kamen auch im Keller vorbei. Vico erklärte ihnen auf Russisch, wir seien Österreicher, die Soldaten gingen weiter.[298]

Am nächsten Morgen, so berichtet Dagmar von Bernstorff als Augenzeugin weiter, gibt es *ein aufgeregtes Menschengewühl im Keller und im Parterre des Schlosses. Es schwirrte von Berichten über die Ereignisse der Nacht und die Begegnung mit den fremden Soldaten, den neuen Herrschern. Meine Mutter ging kurz in unsere Wohnung* [im Logierhaus, EFH] *und fand, dass die Schränke aufgebrochen und durchwühlt waren, aber nichts wesentliches fehlte. Ernst Borsig [...] kam in den Keller, um nach uns zu schauen und berichtete, dass Vieh auf dem Gutshof geschlachtet oder weggetrieben war. Vor allem die Pferde waren verschwunden.*

---

[297] Hornbostel an Dr. Ammon Mörl, 30.11.1951 in: Dörner, S.137.
[298] Bernstorff, a.a.O.

Wir kampierten auf Liegestühlen in zwei Kellerverschlägen des ehemaligen Weinkellers. Einige wenige Flaschen waren nach der nächtlichen Vernichtungs-aktion übrig geblieben. Um die Mittagszeit hatte sich die Aufregung etwas ge-legt. Vico öffnete eine Flasche Château d'Yquem, wir tranken jeder ein Glas und versuchten uns auszuruhen.[299]

Dem ins Haus gekommenen Kommandanten wird voll einge-schenkt, dazu findet sich wohl doch noch übrig gebliebener Wein. Der Russe wankt schließlich ins Bad und legt sich in die Wanne zum Schlafen, wo man ihn am nächsten Morgen findet.[300]

Verantwortlich zeigt sich Borsig für die Gutsleute auch bis zum Ende; als er am Weg auf die weinende Ilse Barth trifft, die Tochter seines Vorarbeiters und Dampfpflugführers Reimann, fragt er nach der Ursache und erfährt, dass ihr Haus abgebrannt ist; in dieser Si-tuation lädt er die Familie gleich ein, zu den andern aufs Schloss zu kommen.[301]

Im Übrigen werden die sowjetischen Soldaten nun offenbar zur Ordnung gerufen. Sie verlassen den Gutshof und gehen zu ihren Truppenteilen; im Dorf wird eine Kommandantur eingerichtet, wohin Ernst Borsig mehrfach mit dem Russisch sprechenden Horn-bostel zusammen geht und wo sie mit dem Kommandanten ver-handeln. Vermutlich teilt Ernst Borsig in diesen Gesprächen dem Kommandanten auch seine Teilnahme am Widerstandskreis mit. Als Manfred draußen vor dem Eingang des Schlosses spielt, kommt der Vater mit zwei Russen aus dem Haus und sagt ihm, er solle den bei-

---

[299] A.a.O.

[300] Interview Manfred von Borsig, 23.11.2009.

[301] Interview Ilse Barth 2008: *Frau Barth, sacht er, warum weinen sie denn so? – Unser Haus is abjebrannt. – Na, denn kommen se man aufs Schloss! sacht er.* Als Frau Barth sehr krank gewesen war und in Nauen im Krankenhaus nicht aufgenommen wurde, hatte sich Borsig für sie eingesetzt, und dann durfte sie kommen, bekam sogar ein Einzelzimmer. Und als nach vier Tagen die Ärzte kamen, sagten sie ihr, dass sie keinen Pfennig auf ihr Leben gegeben hätten. *Er tat viel für seine Leute. Mein Opa hat gefragt: warum gehen sie nicht. – Nee, sacht er, wenn meine Leute bleiben, bleibe ich auch.* Barbara von Borsig hatte zu den Leuten vom Gut ein gutes Verhältnis, das auch nach dem Zusammenbruch andauert, auch, als das Gut aufgeteilt wurde in Klein-bauernstellen. Sie sagte: *Herr Reimann, siedeln sie doch, det is jetzt nicht anders möglich. Versuchen sie's und machen sie's beste draus.*

den etwas beim Vorwerk zeigen, und der Neunjährige macht sich mit den beiden auf den Weg dorthin.[302]

Am Morgen des 29. April 1945 *kam Ernst von Borsig und berichtete, dass nicht nur das Vieh fortgetrieben worden war, auch der Getreidespeicher war geplündert worden. Ernst machte eine Bemerkung, dass ihm die Schuhe, die er trug, etwas zu eng waren. Gegen 12 Uhr verlangte eine Gruppe russischer Soldaten Einlass. Sie befahlen, die Männer sollten sofort alle zum Verhör zur Kommandantur kommen, sie würden nach einer Stunde zurück sein. Sie gingen mit, Hornbostel, Vico Jordan, einige Gutsangestellte und Ernst von Borsig. Besorgte letzte Blickkontakte. Eine Stunde verging, zwei, es wurde Abend, doch die Männer kamen nicht zurück.*[303]

Der kleine Manfred von Borsig und seine Mutter Barbara sehen die Männer durchs Dorf zur Kommandantur gehen, danach nicht mehr. Von Behnitz aus müssen die Verhafteten in das sowjetische Speziallager Nr. 7 nach Weesow-Werneuchen marschieren, nordöstlich von Berlin; Ernst in zu engen Schuhen. Im Juni werden sie in das sowjetische Speziallager Nr. 4 nach Landsberg an der Warthe verbracht. Der einzige der Gruppe, der nach einem Monat zurückkommt, ist Theodor von Hornbostel, der nun vom sowjetischen Kommandanten zum Bürgermeister von Behnitz gemacht wird, bis er nach etwa vier Monaten die erste Gelegenheit ergreift, mit einem Transport zurück nach Österreich zu gelangen.

Wochen nach der Inhaftierung Ernst Borsigs tauchen in Behnitz in einem Jeep amerikanische Offiziere auf und forschen bei den Russen und den Leuten nach dem Verbleib von Ernst von Borsig. Niemand traut sich, sie zu Barbara von Borsig zu schicken, die noch zwei Wochen nach dem Einmarsch und Machtübernahme der Russen im Schloss in zwei Zimmern und danach im Dorf bei Freunden wohnte.[304]

---

[302] Manfred von Borsig hält es für sehr wahrscheinlich, dass Ernst von Borsigs klare und offene Haltung gegenüber den Russen mit ein Grund zu seiner Verhaftung gewesen sein könnte, da er denen weniger manipulierbar erschienen sein könnte als die Nazis am Ort. Interview 23.11.2009.
[303] Bernstorff a.a.O.
[304] Interview Manfred von Borsig, 7.10.2011.

Es könnte sich bei den Amerikanern um Arnold von Borsigs Freund Karl Brandt und um seinen Fahrer gehandelt haben. Brandt hatte vor der Nazizeit die Siedlerstellen in Behnitz geplant, war 1933 in die USA emigriert, gehörte nun zum Stab des amerikanischen Generals Clay, der den deutschen Wiederaufbau unterstützen sollte. Er hatte schon in Berlin-Nikolassee nach Annelise Harmsen und ihren Kindern geschaut.

Als überlebender Freund aus dem Widerstand setzt sich Dr. Horst von Einsiedel als ehemaliges Mitglied des Kreisauer Kreises am 14. September 1945 bei der Sowjetischen Militäradministration, der SMAD, schriftlich für Ernst von Borsig ein. Als Abteilungsdirektor der neuen „Zentralverwaltung der Deutschen Industrie in der sowjetischen Besatzungszone" versucht er, Einfluss auf das Schicksal des Freundes zu nehmen. Er beschreibt in einer Art Gutachten für die SMAD Ernst von Borsigs Tätigkeit im Rahmen des Kreisauer Kreises und sein Handeln für die Familien der Verfolgten während der Nazizeit, um ihn aus dem Lager zu befreien; das zeigt jedoch in dieser chaotischen unmittelbaren Nachkriegszeit keine Wirkung. Das Schreiben gelangt vermutlich auch nicht bis zu dem Kommandanten des Speziallagers in Landsberg an der Warthe.[305] Einsiedel selbst wird vielmehr noch im selben Jahr wegen angeblicher Spionage nach den Wirtschaftsverhandlungen im größeren Kreis, an dem auch US-Amerikaner teilnehmen, von den Sowjets verhaftet und kommt 1947 im sowjetischen Speziallager Sachsenhausen um, dem ehemaligen Nazi-Konzentrationslager.

Die Unsicherheit über den Verbleib, die letzten Monate und den Tod von Ernst Borsig erschüttern seine Frau und den neunjährigen Sohn Manfred ebenso wie Ernsts Schwester Annelise, die die Besetzung des östlichen Deutschlands durch die Russen mit allen ihren Folgen mit ihren und den anderen Kindern ihres Mannes sowie denen des Schwagers in Mecklenburg durchmacht. Barbara und Manfred von Borsig leben zunächst noch in Behnitz, dürfen aber nicht mehr auf das Gutsgelände zurück. Ein letztes Mal noch wird Annelise von

---

[305] Siehe Anhang: Biografisches zu Horst von Einsiedel, Brief Horst von Einsiedel vom 14.9.1945, Abschrift.

Berlin-Nikolassee auf das Gut zurückkehren, um eine größere Holzgruppe von Ernst Barlach zu retten, die sie schon zersägt in zwei Hälften dort vorfindet und mit Linde Harmsen, der Nichte ihres Mannes, in ihren Rucksäcken zu Leuten im Dorf fortschleppen kann, ohne von den russischen Soldaten auf dem Gut bemerkt zu werden, die offenbar versucht hatten, die Holzplastik zu Feuerholz zu verarbeiten.[306]

Die Familie erhält um Weihnachten 1945 von Leidensgenosssen und einem Pfleger aus dem Lager in Landsberg an der Warthe nach deren Entlassung erste Nachrichten. Es heißt, Ernst von Borsig sei im Lager im September 1945 an der Ruhr gestorben. Seine Mutter und seine Schwester Margret erhalten die Nachricht sehr viel später in Hindelang, wohin sie sich im letzten Kriegsjahr nach dem Winter in Sicherheit gebracht hatten. Barbaras Erschütterung über den Verlust ihres geliebten Mannes und Vaters von Manfred, Annelises Trauer um den vertrauten Bruder und Freund, das Erschrecken ist bei den Mitgliedern der Familie wie auch bei den verbliebenen Freunden ungeheuer. Zuletzt erfährt auch Ernsts Bruder Arnold in New York von diesem Verlust durch einen Brief seines Freundes Karl Brandt, der nach Berlin gekommen ist.[307] Arnold benachrichtigt am 22. Januar 1946 Ernsts Studienfreund Heinz von Bodelschwingh in Schweden von dessen Tod. Dieser antwortet ihm in einem bewegenden Brief, in dem er seinen Weg mit Ernst andeutet.[308]

Alle Menschen, die Ernst kennen lernten, sagten, wie gern sie Ernst gehabt hatten; er war sehr freundlich mit den Menschen, so sein Sohn Manfred.[309]

Am 20. Januar 1946 hält dann Pfarrer Fritzsche die Trauerfeier für den Patron der Kirchen von Groß und Klein Behnitz und stellt seine Predigt unter das Römerwort 14 Vers 7+8: *Unser keiner lebt sich selber, und keiner stirbt sich selber. Leben wir, so leben wir dem Herrn; sterben wir, so sterben wir dem Herrn. Darum, wir leben oder sterben, so sind wir des Herrn.*[310]

---

[306] Annelise Harmsen: Erinnerungen, unveröffentlicht 1985 und Linde Gressmann: Mitteilungen an EFH im Gespräch, 2012.

[307] Karl Brandt an Arnold von Borsig, am 1.1.1946, ArchEFH.

[308] Heinz von Bodelschwingh an Arnold von Borsig am 27.1.1946.

[309] Interview Manfred von Borsig, 7.10.2011.

[310] Predigttext bei der Trauerfeier für Dr. Ernst von Borsig, 20.1.1946 Groß Behnitz, ms. Durchschrift, ArchEFH.

Er erinnert darin an die letzten zwölf Jahre des Kirchenkampfes, in denen der Patron *dem Einbruch der falschen Lehre gewehrt und die rechte Verkündigung des Gotteswortes ermöglicht* habe [...] *Wie vor 8 Jahren das Bestreben der kleinen nationalsozialistischen Klique unseres Dorfes, die falsche Lehre zu fördern, durch die Tatkraft unseres Patrons und durch die Unterschriften der Mehrheit der Gemeinde verhindert wurde, ist noch in aller Erinnerung.*

Fritzsche erwähnt in der Feier die häufigen Gespräche mit Ernst Borsig unter vier Augen um die Not, *dass dem Wahnsinn kein Einhalt geboten werden konnte* [...] *War doch bei der Stellung, die ihm Besitz und Ansehen gaben, sein Auftreten stets bescheiden, ja gerade schüchtern, und er hat niemals seine Stellung ausgenützt. War er doch stets aufgeschlossen für andere Menschen, die ihm Vertrauen schenkten – und er brauchte das zum Leben – oder die ihm ihre Anliegen brachten – und er ging auf sie ein. Wie vielen hat er im Kleinen und oft auch im Großen geholfen und freute sich, helfen zu können. [...] Vor allem aber stand er unter dem starken Bewußtsein der Verantwortung vor dem Herrn. Es stand nicht nur hinter seiner Arbeit und ist der Schlüssel dafür, daß das Gut in den letzten Jahren solchen Aufschwung nahm; es bestimmte überhaupt sein Leben und seine Entschlüsse. Gerade auch Entscheidungen, in denen er als der Herr seine Meinung und seinen Willen durchsetzen mußte, waren getragen von dieser Verantwortung, die ihn Besitz und Stellung ansehen ließ als anvertrautes Gut, für das er dem Herrn Rechenschaft ablegen muß. Dieses Verantwortungsbewußtsein bestimmte auch seine soziale Haltung, seine Fürsorge für seine Gefolgschaft, sein Streben nach Verbesserung der Wohnungen und dergleichen. [...] Dieser Verantwortung entsprang es auch, wenn er es ablehnte, sich beim Zusammenbruch persönlich in Sicherheit zu bringen. Er hatte einen Treck geplant mit seinem ganzen Gut. Als der nicht möglich wurde – verboten von den damaligen Machthabern –, war es für ihn selbstverständlich, auf seinem Platz zu bleiben und Großbehnitz nicht im Stich zu lassen. Das werden wir ihm in Großbehnitz nicht vergessen.*[311]

Zu dieser Predigt scheinen die einleitenden Worte zu Ernst von Borsigs Abituraufsatz zu passen:

Zweierlei, können wir sagen, bestimmt den Lebensweg eines Menschen. Die innere Natur gibt Richtung und Ziel, die äußeren Einflüsse drängen ihn teils

---

[311] Kurt Fritzsche: Predigt bei der Trauerfeier für Ernst von Borsig, 20.1.1946, Groß Behnitz, ms. Durchschrift, ArchEFH

ab vom Weg oder beschleunigen seine Lebensaufgabe. Die einen sind wohl weniger abhängig vom Äußeren als die anderen, und es sind dies wohl meistens die bedeutenderen Menschen, wie überhaupt das Innere für jeden Menschen den Ausschlag geben sollte. Doch keiner kann sich ganz der Außenwelt entziehen [...].[312]

Ernst ist wirklich sehr schneidig gewesen und hat sicher selbst auch in grosser Gefahr geschwebt. Es ist ein Wunder, dass man ihn nicht verhaftet hat. Umso tragischer ist sein Schicksal, schreibt Heinz von Bodelschwingh an Ernsts Bruder Arnold.[313]

Ernst von Borsig hält seinen Freunden bedingungslos die Treue, und sicher kann man sagen, dass ihn die äußeren Einflüsse in seiner Treue zu den Freunden und in der Verantwortung gegenüber den Behnitzern bestärkten.

Er war sich in seinem Studium wie auch in seiner Tätigkeit als Landwirt der Verantwortung für die Freunde, die Gutsleute und die Sache Deutschlands immer bewusst. Er war kein Denker in engen Vorstellungen. Er handelte bedacht, ganz aus der Praxis heraus und gefühlsmäßig gemäß seiner Überzeugung. Dies unterschied ihn von den Freunden, die sich an die Spitze der Verschwörung gegen Hitler stellten oder von den Kreisauern, die eine stärker sozialistisch geprägte Zukunft Deutschlands nach Hitler planten.

Er hat die von den Eltern vorgesehene Aufgabe, Landwirt zu werden, trotz starker Zweifel ergriffen. Er war der einzige Borsig aus diesem Zweig der Familie, der die Verwaltung des Gutes und seine Bewirtschaftung ganz bewusst unter wirtschaftlichen Aspekten übernahm, sie entwickelte und Groß Behnitz zum Mustergut ausbaute. Sein Großvater erwarb das Gut, der Vater pflegte und nutzte es auch in dem Sinne, um der Belegschaft der A.BORSIG gesunde Nahrungsmittel zur Verfügung zu stellen. Der Sohn brachte das Gut in die Höhe, wie er es als Pflicht übernommen hatte. Sein Tod steht im Zusammenhang mit der Hingabe an die Freunde, die Verantwortung für die Mitarbeiter und für die Aufgaben der Zeit.

---

[312] Ernst von Borsig, Abituraufsatz 1925, RoßlArch, übertragen von Ernst-Friedrich Harmsen, aus der Einleitung.
[313] Heinz von Bodelschwingh a.a.O.

Die Folgen des nationalsozialistischen Wahns machten zunächst die Pläne zur Neugestaltung Deutschlands nach der inneren und äußeren Niederlage zunichte. Die meisten der Freunde Ernst von Borsigs waren umgekommen, seine Lebenskräfte verbraucht.

Ernst von Borsig als ein Vertreter der vierten Generation der Industriellenfamilie Borsig kommt im September 1945 in einem sowjetischen Speziallager in Landsberg an der Warthe um. Barbara von Borsig darf nicht mehr auf dem Gut wohnen und geht mit ihrem Sohn Manfred im Herbst 1945 endgültig nach Berlin. Vom Tod ihres Mannes erfährt sie erst im Dezember über einen aus Landsberg zurückgekehrten Krankenpfleger.

Eine Namenstele auf dem Friedhof Stare Czarnowo/Neumarkt in Polen am Block 1 trägt seit Ende September 2011 den Namen von Ernst von Borsig.[314]

Ernst von Borsigs Onkel Conrad von Borsig war schon am 13. Februar 1945 von russischen Soldaten in Prillwitz erschossen worden. Im selben Jahr stirbt die Älteste der dritten Borsig-Generation, Margarethe Martius, geborene Borsig, in Kiel und die Jüngste, Hedwig von Schnitzler, geborene Borsig, in Klink: drei Geschwister im letzten Kriegsjahr. Zwölf Jahre davor war Ernst Borsig sen. auf dem Gut in Behnitz wohl an gebrochenem Herzen verstorben, da er sich für die Insolvenz der Tegeler Firma zwei Jahre zuvor in der Verantwortung sah.

Arnold von Borsigs Versuch, eine familiäre Lösung mithilfe anderer Industrieller zu erreichen, schlug 1933 fehl; er konnte auch 1937 eine juristischen Anfechtung des Vertrages zwischen Borsig und Rheinmetall nicht mehr zum Erfolg bringen.

Im Zusammenhang mit der umgewandelten Firma A.BORSIG zur Rheinmetall-Borsig AG, die 1945 in dieser Form zu existieren aufhörte, findet sich nach dem Krieg nur noch die A.BORSIG'sche Vermögensverwaltung, die nach dem Tod von Tet Arnold von Borsig und der Volljährigkeit Manfred von Borsigs aufgelöst wird, da Albert von Borsig nach seiner Auswanderung in die Vereinigten Staaten An-

---

[314] Mitteilung Volksbund Deutsche Kriegsgräberfürsorge Nr. 846143 der Abteilung Gräberdienst vom 10.8.2011 an EFH.

fang der 1950er-Jahre aus diesem Zusammenhang ausscheidet. Der Borsig'sche Firmenkomplex in Berlin-Tegel geht nach dem Krieg durch mehrere Stufen: als Aktiengesellschaft, als Beteiligung mit der Babcock AG, bis diese insolvent wird und ein Teil der Borsig-Belegschaft die Firma in einem „Buy-Out" übernimmt und sehr erfolgreich in die Zukunft führt.

Das Ende einer Epoche

Mit dem Tod von Ernst von Borsig, dem Jüngsten von Ernst Borsig und Margarethe Gründler, geht die Gutsgeschichte Groß Behnitz und das Kirchenpatronat der Borsigs nach knapp drei Generationen zu Ende, wovon die zwölf Jahre während der Diktatur der Nationalsozialisten die wohl intensivsten auf dem Gut sind, in menschlicher wie auch in wirtschaftlich-produktiver Hinsicht.

Die Besetzung von Behnitz durch die sowjetischen Truppen beendet den äußeren Kriegszustand hier; die russische Besatzung fordert neue Opfer, weitere Flüchtlinge gelangen nach Behnitz, erst langsam beginnt das Trauern. Durch das Plündern geht privater Besitz verloren und die politischen Karten werden neu gemischt: Die Besatzungsmächte oktroyieren neue, unterschiedliche Staats- und Rechtsordnungen im Osten wie im Westen, die Aufarbeitung der nun zurückliegenden zwölf Jahre nationalsozialistischer Herrschaft und der Jahre davor wird Generationen dauern.

Im Schloss Groß Behnitz werden zunächst Flüchtlinge aus den russischen und den ehemals deutschen Ostgebieten untergebracht, und wohl durch eine Unachtsamkeit donau-schwäbischer Flüchtlinge beim Feuern im Winter 1946/47 brennt der Dachstuhl des Schlosses teilweise ab.[315] Gemäß der Anordnung Walter Ulbrichts, „Schleift

---

[315] Michael Stober: Bericht eines Zeitzeugen zum Brand im Schloss Groß Behnitz, Mitteilung an EFH. Michael Stober berichtet am 24.2.2015 über ein Gespräch mit dem Sohn der Verursacher des Dachstuhlbrandes, wäre aber so verdattert gewesen darüber, dass er nach dem Namen nicht noch einmal gefragt habe: *Der Zeitzeuge stellte sich mir sogar mit Namen vor und schilderte mir folgendes: Sein Vater und seine Mutter und er seien im Schloss ganz oben unter dem Dach am südlichen Ende des Flures*

die Herrenhäuser!"", wird das Schloss dann 1948 abgetragen, sicher auch, um der Ideologie der neuen „sozialistischen"" Herren und ihrer Geschichtsdeutung zu dienen und unter dem Motto „Junkerland in Bauernhand!"" den geplanten so genannten Staat der Arbeiter und Bauern durchzusetzen.

Der Gutsbesitz – wie aller Besitz über 100 ha – wird nach dem Krieg in der sowjetischen Besatzungszone, der SBZ, durch die Bodenreform vom September 1945 enteignet und das Gut in Kleinbauernstellen aufgeteilt.[316] Die Landarbeiter erhalten durch die Bodenreform „auf ewig"" einen zum Existieren zu kleinen Besitz übereignet, aber schon von Anfang bis Mitte der 1950er-Jahre werden sie systematisch unter Druck gesetzt, in die von den Sowjets verordnete und von der SED für die ganze DDR geplante Form der Landwirtschaftlichen Produktionsgenossenschaft (LPG) einzutreten und auch ihren Grund und Boden dort unentgeltlich einzubringen. Nach dem wirtschaftlichen und politischen Zusammenbruch der DDR und mit der Vereinigung der beiden deutschen Staaten 1990 wird ein Weg gesucht, rechtlich und materiell die in fast einem halben Jahrhundert unterschiedlich organisierten politischen und wirtschaftlichen Realitäten zu verbinden. Im Gebiet der früher sowjetisch besetzten Zone Deutschlands, die in das Planwirtschaftssystem der Sowjetunion und ihrer Satellitenstaaten eingegliedert worden war, können sich nun auf

untergebracht gewesen in einer Dachstube, immerhin bestehend aus einer Küche und einem Zimmer. Immer freitags habe sein Vater seinen Lohn bekommen und [sei, EFH] dann immer sturzbesoffen nach Hause gekommen. Dann habe er immer seine Mutter verprügelt, sodass sie alle Angst vor ihm gehabt hätten. Als wieder einmal so ein Freitag war, stand seine Mutter in der Küche und bügelte „mit so einem kohlebefeuerten Bügeleisen"". Als sie den Vater im Flur schon betrunken kommen hörte, bekam sie Panik und flüchtete vor ihrem Mann durch die zweite Ausgangstüre (im Zimmer gelegen) zum Flur hinaus. Dabei vergaß sie das Kohlebügeleisen ordnungsgemäß vorher abzustellen, der Vater merkte im Suff gar nichts mehr und so entstand der kleine Dachstuhlbrand, der sich erst in der Folgewirkung als fatal herausstellte.

[316] Annelise Harmsen: Brief an Arnold von Borsig (Ende 1946): *Behnitz, wo meine Schwägerin noch fast ein Jahr im Dorf bei sehr netten Leuten wohnte, sieht trostlos aus. Die Russen hatten sich auf dem ganzen Gut und im Schloss sehr lange festgesetzt. So wurde auch leider aus dem schönen Plan nichts, dass es als Ganzes erhalten bleiben sollte, weil es als Mustergut gleich von der Provinz übernommen wurde, die es aber der Russen wegen nicht bewirtschaften konnte, und dann schließlich doch in 20 Morgen große Stücke aufteilen ließ. Die Leute sind alle entsetzlich unglücklich, weil sie wissen, dass sie auf diesen […] nicht leben können; siedeln sie aber nicht, müssen sie ihre Wohnung verlassen.*

dem Lande ehemalige SED-Kader und Spitzengenossen der LPG, gelegentlich auch im neureligiösen Mäntelchen jetzt unterstützt von den noch bestehenden kirchlichen Gemeinden, an dem früher durch das Bodenreformgesetz und dann von den Kleinbauern in die LPG eingebrachten Land bereichern und dem Leben in Behnitz eine neue Note verleihen, die der neukapitalistischen Bereicherung durch die Kontrolle über den Boden.

Auf dem Platz des abgetragenen Schlosses entsteht in einer Art Schuppen eine metallverarbeitende Werkstatt, die keinen Bezug zu der schöpferischen Arbeit der Borsigs in Behnitz und in Berlin herstellen will und kann.

Der Gutshof Groß Behnitz selbst wird später von einem Menschen, der von der Aura dieses Ortes und der ursprünglichen Anlage berührt ist, erworben. In Bewunderung des Borsigschen Wirkens nicht nur in Groß Behnitz räumt er den Schutt weg, stellt die Gutsgebäude möglichst authentisch wieder her und verwandelt sie, um − anknüpfend an die Art der Borsigs − nachhaltig Neues in der Gutsanlage entstehen zu lassen. Insbesondere lässt er die Jahre des Wirkens von Ernst von Borsig als Gutsherr in Groß Behnitz in der Zeit von 1933 bis 1945 und den Ort mit dieser besonderen Geschichte hier lebendig werden.

So entsteht − den Borsigschen Impulsen folgend − auf diesem historischen Fundament ein der Zukunft zugewandtes Zentrum für Tagungen, Konferenzen, Feiern und Entspannung, in dem der Geist der Borsigs weiterleben und den Besuchern und Gästen auch heute noch Inspiration für ein bewussteres Leben geben kann.

Anhang

Die Borsig-Generationen seit August Borsig

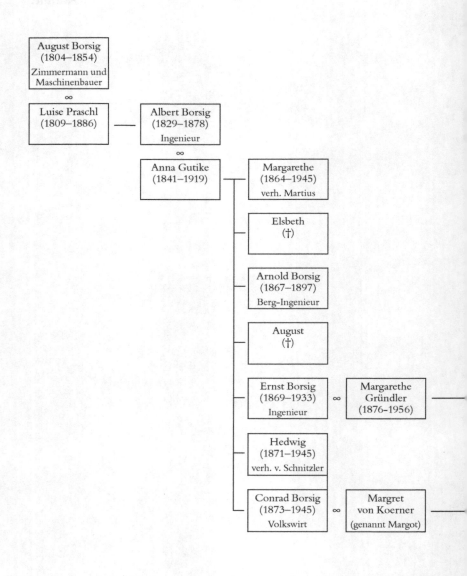

August Borsig
(1804–1854)
Zimmermann und Maschinenbauer
∞
Luise Praschl
(1809–1886)

Albert Borsig
(1829–1878)
Ingenieur
∞
Anna Gutike
(1841–1919)

Margarethe
(1864–1945)
verh. Martius

Elsbeth
(†)

Arnold Borsig
(1867–1897)
Berg-Ingenieur

August
(†)

Ernst Borsig
(1869–1933)
Ingenieur
∞
Margarethe Gründler
(1876–1956)

Hedwig
(1871–1945)
verh. v. Schnitzler

Conrad Borsig
(1873–1945)
Volkswirt
∞
Margret von Koerner
(genannt Margot)

1. Generation | 2. Generation | Der 3. Generation wird 1909 der erbliche preußische Adelsstand von Borsig verliehen.

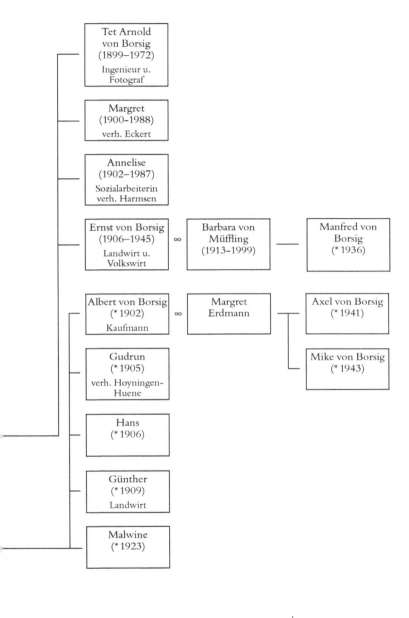

| Tet Arnold von Borsig (1899–1972) Ingenieur u. Fotograf |
| Margret (1900-1988) verh. Eckert |
| Annelise (1902–1987) Sozialarbeiterin verh. Harmsen |

Ernst von Borsig (1906–1945) Landwirt u. Volkswirt ∞ Barbara von Müffling (1913-1999) —— Manfred von Borsig (* 1936)

Albert von Borsig (* 1902) Kaufmann ∞ Margret Erdmann — Axel von Borsig (* 1941) / Mike von Borsig (* 1943)

Gudrun (* 1905) verh. Hoyningen-Huene

Hans (* 1906)

Günther (* 1909) Landwirt

Malwine (* 1923)

4. Generation | 5. Generation

175

Eingangstor Groß Behnitz

Schloss Groß Behnitz von der Seeseite. Aufnahme: Tet Arnold von Borsig

Die Borsig-Werke

Am Mittwoch, den 29. August [1924, EFH] führte uns, die Oberprima, ein viertägiger Ausflug in die Reichshauptstadt, nach Berlin. Unter Führung unseres sehr verehrten Klassenlehrers, Herrn Dr. Weise, sahen wir während dieser Tage ungeheuer viel Interessantes und Bildendes. Wir besichtigten den Tempelhofer Flugplatz, die Albatros-Werke, die „Freie Schule Scharfenberg", Potsdam und die Borsigwerke. Letztere waren das, was mich eigentlich am meisten interessierte. Ich will nun schildern, was wir in den Borsigwerken sahen, und welchen Eindruck dies auf uns gemacht hat.

Es war an einem trüben, etwas regnerischen Tage, als wir uns frühmorgens vor den Toren der Borsigwerke versammelten. Duster und traurig lag dieser riesenhafte Komplex von Fabriken und Schornsteinen vor uns. An der Pforte der Werke wurden wir von einem freundlichen jungen Mann empfangen, der uns durch die einzelnen Abteilungen und Gebäude der Fabrik führen sollte. Zuerst betraten wir den sogenannten Montageraum. Hier werden, wie der Namen schon sagt, die einzelnen Maschinenteile zusammengesetzt und einander angepasst. Ein riesenhafter, unübersehbarer Raum, der diesem Zwecke diente. Schon beim Eintreten empfing uns ein ohrenbetäubender Lärm von dem Gerassele unzähliger Teile, Bohrmaschinen usw. Unser Führer machte uns auf eine riesige Schiffswelle aufmerksam, die auf beiden Seiten eingespannt war und von einer Hobelmaschine rund geformt wurde. Obgleich diese Welle so schwer war, dass 30 Männer sie unmöglich hätten anheben können, wurde sie von maschineller Kraft spielend leicht gedreht, und es dauerte nicht lange, da war aus einem ungefügen viereckigen Eisenklotz eine fein geformte, runde Schiffswelle hergestellt. An anderen Stellen dieses Gebäudes wurden Motoren zusammengesetzt, große Schwungräder befeilt und bearbeitet, Kessel ausgebohrt usw. Über unseren Köpfen wurden zentnerschwere Eisenteile durch ungeheure Kräne von einem Teil des Raumes an einen anderen befördert. Das ganze machte auf mich einen imposanten, fast erdrückenden Eindruck. Von dem Montageraum aus wurden wir über einen großen Hof in das sogenannte Lehrlingsgebäude geführt. Hier wurden 330 Lehrlinge angelernt, von denen jeder sein eigenes Arbeitsfeld hatte. Der eine fertigte einfache Schrauben an, ein anderer machte die Muttern dazu, wieder ein anderer schnitzte Holzmodelle zu irgendeiner herzustellenden Maschine. So hatte fast jeder etwas anderes zu tun. Wenn er in einer Abteilung firm ist, so wird er in eine andere versetzt, bis er alle durchlaufen hat und dann eine Prüfung ablegen muss. Er kann dann entweder als Monteur bei den Borsigwerken selbst angestellt werden, oder die Verwaltung sucht ihm wo anders eine passende Stellung. Auf diese Weise schafft sich das Werk selbst einen tüchtigen Nachwuchs an Technikern und Arbeitskräften, von denen man weiß, dass sie was gelernt haben und ihr Fach beherrschen. Von dieser Abteilung für Lehrlinge führte uns der Weg in das chemische Untersuchungslaboratorium. Hier sind mehrere Chemiker und Lehrlinge angestellt, die jedes Gussstück auf seine chemische Zusammensetzung zu untersuchen haben. Wir ersahen hieraus, mit welcher Gewissenhaftigkeit und Genauigkeit die Borsigwerke verfahren. Von der chemischen Abteilung aus gelangten wir in einen der interessantesten Zweige der Werke. Ich meine die Eisenschmiede. Glühend rote Eisenblöcke werden hier unter ungeheuren mechanischen Hämmern zu ihrem Bestimmungszweck verarbeitet und geformt. Rasend schnell ist so ein Block verarbeitet, und der nächste kommt an die Reihe. Jeder Arbeiter ist gerade auf seinen Berufszweig eingearbeitet, und dies trägt sehr zur Beschleunigung der Arbeit bei. Gerade in dieser Hammerschmiede spürte man die Gewalt des Menschen über die Materie. Unsere Besichtigung schloss ab mit der Eisengießerei. Flüssige Eisenmassen werden in vorher zusammengesetzte Formen gegossen, und hier lässt man sie dann zum Erstarren kommen. Auch in der Eisengießerei sind eine Unmenge von Arbeitern angestellt. Mit der Besichtigung der Gießerei schloss unser Weg durch die Borsigwerke.

Das ist das, was wir von den Borsigwerken gesehen haben. Die Borsigwerke, die früher eigentlich ausschließlich Lokomotiven herstellten, haben sich jetzt infolge der geringen Nachfrage nach Lokomotiven (denn wir dürfen ja nur eine gewisse Zahl bauen) ganz umgestellt und fertigen heute eigentlich alle Maschinenarten an. Sogar Staubsauger und Sauerstoffbehälter. Trotz alledem ist die finanzielle Lage dieses für die deutsche Wirtschaft so bedeutenden Werkes nicht gut. Hoffentlich gelingt es ihm, sich durch die wirtschaftliche Krise durchzuringen und wieder zu der Bedeutung zu gelangen, wie sie es vor dem Kriege besaß.

Heinrich Graf Lehndorff (OIr).

in:
Chronik der Anstalt
Roßlebener Nachrichten Nr. 4 Januar 1925

178

Arbeitszeit und Entlohnung der strafgefangenen Frauen

Aussenarbeitsstellen des Frauenstrafgefängnisses Berlin NO 18
Barnimstraße 10
über den Generalstaatsanwalt beim Kammergericht Berlin

22.5.1942 Schreiben des zuständigen Arbeitsamtes:
Arbeitsverträge für 40 Frauen auf dem Rittergut Groß-Behnitz Mark
auch für ein weiteres Gut
LAB A Rep. 365 Nr.49

Märzrechnung vom 12.4.44 für Dribbusch 30 Tage je 3,– RM = 90,– RM
u. Foske 30 Tage je 2,– RM = 60,– RM
Die Entschädigungen für die Kommandobeamtinnen sollen auch überwiesen werden.

13.4.44 Bescheinigung von der A.Borsig'schen Gutsverwaltung, *dass die strafgefangenen Frauen auf dem hiesigen Betriebe wöchentlich 57 Stunden beschäftigt werden. Die Aufsicht der Fräulein Dribbusch und der Frau Foske auf dem Felde erstreckt sich über die selbe Stundenzahl.*
LAB A Rep 365 Nr. 44

Fahrtkosten des Aufsichtspersonals sollen vom Betrieb erstattet werden.
Aufsichtspersonal für das Landkommando waren:
Dribbusch, Elisa
Foske, Martha

9.5.44 Telegramm an
REGIERUNGSRAETIN PAHL
FRAUENSTRAFGEFAENGNIS
BERLIN NO 18
BARNIMSTR 10

ERBITTE DRINGEND SOFORTIGE ZUSENDUNG WEITERER
ARBEITSKRAEFTE DA IN DER ARBEIT WEIT ZURUECK KOS-
TEN WERDEN UEBERNOMMEN = BORSIG

23.8.1944 Rechnung Herrn Dr. von Borsig
977 Tage für Landarbeit à 1.50 1466.25
Dribbusch 3,– 93.–
Foske 2.– 62.–
1621.25

Kopien der Berichte der Aufsicht führenden Frauen Elisa Dribbusch und
Martha Foske über die Tätigkeit, den Gesundheitszustand und den Spei-
seplan für die strafgefangenen Frauen in Behnitz. Es liegen auch positive
Berichte der kontrollierenden Beamten aus Berlin vor.
LAB A Rep. 365 Nr. 44

Treffen oppositioneller Freunde und der Kreisauer bei Ernst und Barbara von Borsig in Groß Behnitz

(Die fett gesetzten Daten markieren die Haupttreffen in Behnitz.)

5.–7. Juli 1941	Graf Peter und Gräfin Marion Yorck von Wartenburg, Heinz und Eva von Bodelschwingh
26.–28. Juli 1941	Constantin von Dietze, Agrarwissenschaftler und Theologe, BK
6.–8. September 1941	Friedrich Carl Siemens und Peter Yorck von Wartenburg
19.–21. September 1941	Christabel Bielenberg, Gerda und Gerhard Neuhaus, Bernhard von Trotha, Botho und Mary von Wussow
11.–13. Oktober 1941	Zur Landwirtschaft; Helmuth von Moltke, Adam und Clarita von Trott zu Solz, Botho und Mary von Wussow, Peter und Marion Yorck von Wartenburg
7.–9. Februar 1942	Carl Georg Bermann, Botho und Mary von Wussow
13.–16. März 1942	Zur Landwirtschaft; Fritz Christiansen-Weniger, Hans von Galli SJ, Helmuth von Moltke, Margarethe von zur Mühlen, geb. Ohle, Friedrich Karl von Zitzewitz-Muttrin
2.–4. Mai 1942	Zur Landwirtschaft; Heinz und Eva von Bodelschwingh, Otto und Waltraut von Rumohr, Adam von Trott zu Solz, Marion und Peter Yorck von Wartenburg
6.–8. Juni 1942	Bernhard von Trotha, Botho von Wussow
13.–14. Juni 1942	Karl von Spreti, Botho von Wussow
22. Juni 1942	Zur Außenpolitik; Oskar Schlitter, Karl von Spreti, Botho von Wussow
4.–6. Juli 1942	Karl Ludwig zu Guttenberg, Heinz und Eva von Bodelschwingh, Margret und Walter Martius, Renata und Wolf von Gersdorff, Hermann von H… [Unterschrift im GBBehn unleserlich], Adam von Trott zu Solz

11.–13. Juli 1942	Otto von Rumohr, Botho und Mary von Wussow, Usch von der Groeben
18.–20. Juli 1942	Horst von Einsiedel, Günter Schmölders, Carl Dietrich von Trotha, Marion und Peter Yorck von Wartenburg
25.–27. Juli 1942	Zur Landwirtschaft; Constantin von Dietze, August von Joest, StS. a.D. Hans Krüger, Freya Gräfin Moltke, Margarethe von zur Mühlen, Irmel von Wallenberg, Marion und Peter Yorck von Wartenburg
8.–9. August 1942	Zur Außenpolitik; Carl Georg Berman, von Hertzberg, Albrecht von Kessel, Botho und Mary von Wussow
26.–28. September 1942	Friedrich Carl Siemens und Bertha, genannt *Püzze,* Siemens, geb. Yorck von Wartenburg, Marion und Peter Yorck von Wartenburg
28.–29. November 1942	Hans-Jürgen Graf von Blumenthal, Heinz von Bodelschwingh, Ottmar von Loessl, Marion und Peter Yorck von Wartenburg
6.–7. Februar 1943	Zur Landwirtschaft; Fritz Christiansen-Weniger, Freya und Helmuth von Moltke
5.–17. Mai 1943	Zur Außenpolitik; Brebeck, Ottmar von Loessl, Oskar Schlitter, Adam von Trott zu Solz
7.–8. August 1943	Ulrich Wilhelm Graf von Schwerin von Schwanenfeld, Adam von Trott zu Solz
15.–16. August 1943	Hans-Jürgen Graf von Blumenthal, Heinz von Bodelschwingh, Ulrich Wilhelm Graf von Schwerin von Schwanenfeld
9.–10. Oktober 1943	Herbert Blankenhorn, Ulrich Wilhelm Graf von Schwerin von Schwanenfeld
9.–11. Juni 1944	Zur Außenpolitik; Heinz von Bodelschwingh, Usch von der Groeben, Oskar Schlitter, Carl Dietrich von Trotha, Adam und Clarita von Trott zu Solz, vor Trotts Reise nach Stockholm zu Verhandlungen mit hohen Vertretern der Kirche von England

Kurzbiografien

Dr. Horst von Einsiedel
Ein Jugendbewegter und später Freund
7.6.1905 in Dresden–25.2.1947 in Sachsenhausen

Horst von Einsiedel war zusammen mit Carl Dietrich von Trotha Mitglied der schlesischen Jungmannschaft der Deutschen Freischar. Einsiedel studierte ab 1924 Rechtswissenschaft und Volkswirtschaft in Breslau unter anderem bei Eugen Rosenstock-Huessy und in Kiel am Institut für Weltwirtschaft bei Adolf Löwe. Er lernte in der Löwenberger Arbeitsgemeinschaft, die er mit gegründet hatte, 1927 Moltke kennen, wurde Mitglied der SPD, arbeitete nach 1933 in der Reichsstelle Chemie und in der Wirtschaftsgruppe Chemische Industrie. *Einsiedel war ein hervorragender Kenner der Wirtschaftsverwaltung. Er war von brillanter Intelligenz. Es gab keinen unter uns, der sich nicht ihm befreundet gefühlt hätte. Doch das hervorragendste Merkmal Einsiedels war seine Bescheidenheit und seine Auffassung von der Notwendigkeit des „Dienens"*, schreibt Eduard Wätjen 1962 an Ger van Roon. Einsiedel war seit 1940 Mitglied des Kreisauer Kreises, besuchte mindestens vom 18. bis 20. Juli 1942 Behnitz und nahm am zweiten und dritten Treffen in Kreisau teil. Er entging der Verhaftung nach dem 20. Juli 1944. Gleich nach Kriegsende verwendet er sich brieflich für den Freund Ernst von Borsig. Er wurde jedoch aus seiner Nachkriegsposition in der SBZ heraus von den Sowjets verhaftet und starb am 25. Februar 1947 dort im Lager Sachsenhausen-Oranienburg.

Ruhm von Oppen, Beate (Hg.): Moltke, Helmuth James von: Briefe an Freya 1939–1945, München 2005.
Eduard Wätjen: Brief an Ger van Roon vom 25.8.1962, IfZ-Archiv ZS/A-18/09-39.
GBBehn

Abschrift des Gutachtens für Dr. Ernst von Borsig

Dr. Horst von Einsiedel Berlin-Wannsee, den 14. Sept. 1945
Kronprinzessinnenweg 22a

Hierdurch erstatte ich als ehemaliges Mitglied des Kreisauer Kreises, dessen meiste Angehörige von den Nationalsozialisten hingerichtet wurden (z.zt. bin ich Abteilungsdirektor der Zentralverwaltung der Deutschen Industrie in der Sowjetischen Besatzungszone) folgendes Gutachten über Herrn Ernst von B o r s i g, Gross-Behnitz, Krs. Rathenow:
Herr Ernst von Borsig, den ich erst 1942 kennenlernte, war mir seit langem als Antifaschist bekannt. Bereits im Jahre 1932 [es war 1931 in München, EFH] hat er bei den studentischen Kämpfen um den jüdischen Professor Nawiasky gegen die Nationalsozialisten Stellung genommen, ohne Handgemenge und Prügeleien zu scheuen. Er hat dann späterhin, wie ich von dritter Seite erfuhr, den Nationalsozialisten keinerlei politische Konzessionen gemacht, sodass er dauernd Schwierigkeiten mit ihnen hatte. Ernstere Maßnahmen wurden gegen ihn offensichtlich nur deshalb nicht ergriffen, weil sein Gut weithin als Musterbetrieb bekannt war.
Auch schon vor 1942 hörte ich davon, dass Borsig zahlreiche Juden und andere Gegner des Nationalsozialismus regelmäßig mit Lebensmitteln unterstützt hatte. In dieser Hinsicht hat er sich in den Jahren 1942–1945 in ausserordentlichem Umfange weithin betätigt, insbesondere hat er auch den Verhafteten des 20. Juli laufend Lebensmittel in die Gefängnisse zugeführt.
Als Borsig Anfang 1942 gebeten wurde, sich im Rahmen des Kreisauer Kreises aktiv an den Bemühungen für einen Umsturz zu beteiligen, stellte er sich hierfür sofort zur Verfügung. Er ermöglichte, dass zahlreiche Arbeitsbesprechungen in seinem Hause in Gross-Behnitz stattfanden. Ausserdem veranstaltete er einige grössere Arbeitstagungen, an denen bis zu 30 Personen beteiligt waren. Bei diesem Unternehmen handelte es sich in keiner Weise um eine Aktion, die sich auf typische Vertreter des Grossgrundbesitzes erstreckte, im Gegenteil hat Borsig niemals die Interessen des landwirtschaftlichen Grossbesitzes betont, er ist vielmehr für eine antifaschistische Zusammenfassung aller Richtungen, also auch der Vorkämpfer der Siedlungsbewegung eingetreten. So haben neben einigen Berufslandwirten auch Abgesandte der früheren Sozialdemokratischen Partei an diesen Tagungen teilgenommen (z. B. der kürzlich verstorbene Staatssekretär Krüger). Auch als viele Besucher der Besprechungen und Tagungen von Gross-Behnitz den Todesurteilen der Nationalsozialisten, zum Opfer

fielen, hat Borsig mit unverminderter Zähigkeit daran festgehalten, den Kampf fortzusetzen und insbesondere den Notleidenden zu helfen, wo er Gelegenheit dazu hatte.

Ich halte es für meine Pflicht, diese mir bekannten Tatsachen gerade jetzt auszusprechen.

Ich selbst habe herkunftsmäßig nichts mit dem Grossgrundbesitz zu tun und habe wirtschaftspolitisch stets weitreichende Sozialisierungsforderungen vertreten.

gez. Unterschrift

Einsiedel, Horst von: Eidesstattliche Erklärung über Ernst von Borsig. In: Johannes Tuchel: Schüler der Klosterschule Roßleben im Widerstand gegen den Nationalsozialismus. Lehrer, Schüler und Mitarbeiter der Klosterschule Roßleben als Opfer der sowjetischen Besatzungsmacht, eine Dokumentation der Gedenkstätte Deutscher Widerstand und der Stiftung 20. Juli 1944 in Kooperation mit der Stiftung Klosterschule Roßleben, Berlin 2014, S. 40.

Dr. Ulrich Heinemann
Rektor der Klosterschule Roßleben
(nach Prof. Dr. Walter Michaelis)
17. August 1880 in Pargow—18. November 1945 in Cottbus

Ulrich Heinemann wird 1880 geboren. Er ist Sohn eines Pastors und wird privat von seinem Vater bis zum zwölften Lebensjahr unterrichtet, danach besucht er verschiedene pommersche Schulen. Gleich nach dem Abitur, das er im Jahre 1900 ablegt, studiert er Pädagogik an verschiedenen Universitäten. In den Jahren 1904 bis 1906 wird Heinemann Privatlehrer auf Schloss Racknitz am Neckar, promoviert über Karl IV. in Halle. Nach der genügend bestandenen Prüfung fürs Höhere Lehramt an einer privaten Knabenschule in Vienenburg am Harz und nach der pädagogischen Ausbildung in Nordhausen wird er Lehrer im Kadettenkorps in Naumburg a/S. Er kommt, genau wie Wilhelm Weise, 1921 nach Roßleben, wird dort Rektor und verlässt die Klosterschule 1934, um als Rektor an das städtische Gymnasium Cottbus zu gehen. Nach Kriegsende stirbt er dort mit 65 Jahren.

Lebenslauf.

Ich, <u>Ulrich</u> Karl Otto Julius Heinemann, bin am 17. August 1880 als Sohn des Pastors Karl Heinemann und seiner Frau Maria geb. Wilhelmi in Pargow in Pommern geboren. Bis zu meinem 12. Lebensjahre wurde ich von meinem Vater unterrichtet. Ostern 1893 trat ich in die Untertertia des Marienstiftsgymnasiums zu Stettin ein. Nach der Versetzung meines Vaters nach Falkenberg in Pommern kam ich auf das Gröningsche Gymnasium zu Stargard in Pommern und erhielt hier Michaelis 1900 das Zeugnis der Reife. Ich studierte dann von Michaelis 1900 bis Ostern 1901 in München, von Ostern 1901 bis Michaelis 1901 in Tübingen, von Michaelis 1901 bis Ostern 1903 in Greifswald, von Ostern 1903 bis Michaelis 1904 in Halle a.S. Geschichte, Erdkunde und Deutsch. Vom 1. Oktober 1904 bis zum 1. April 1906 war ich Hauslehrer beim Frhn. v. Racknitz auf Schloß Ehrenberg am Neckar, mit dessen Familie mich bis heute die freundschaftlichsten Beziehungen verbinden. Mit viel Freude und Zufriedenheit denke ich an diese Zeit meiner ersten Lehrer- und Erziehertätigkeit zurück. Ostern 1906 bezog ich wieder die Universität Halle, und hier promovierte mich die philosophische Fakultät auf Grund meiner Dissertation „Lehnserteilung und lehnsrechtliche Verfügungen Kaiser Karls IV." zum Doktor der Philosophie. Nachdem ich am 22. Feb. 1908 die Prüfung für das Höhere Lehramt mit der Lehrbefähigung in der Erdkunde für die erste Stufe, in der Geschichte, der Deutschen Sprache und Religion für die zweite Stufe bestanden hatte und vom 1. Dez. 1907 bis zum 1. April 1908 an der Privat-Knabenschule Vienenburg am Harz tätig gewesen war, wurde ich zu meiner pädagogischen Ausbildung dem pädagogischen Seminar am Kgl. Realgymnasium zu Nordhausen a.H. überwiesen. Ostern 1909 trat ich in die Dienste des Kgl. Preuß. Kadettenkorps, wurde dem Kadettenhause in Naumburg a.P. überwiesen und hier am 1. Okt. 1909 zum Oberlehrer ernannt. Am 18. Dez. 1914 unterzog ich mich einer Erweiterungsprüfung in der Geschichte und besitze nunmehr die Lehrbefähigung in der Geschichte und Erdkunde für die erste Stufe, in der Deutschen Sprache und Religion für die zweite Stufe.
Ich bin verheiratet und Vater einer Tochter von 10 Jahren, eines Sohnes von 8 Jahren und eines Sohnes von 3 Jahren.

Ohne Unterschrift und Datum.
Handschriftlicher Vermerk auf Seite 1 rechts oben: Verstorben 18/XI.45
Handschriftlicher Lebenslauf von Dr. Ulrich Heinemann
Rektor der Klosterschule Roßleben von 1921 bis 30. April 1934, bis 1945 am städtischen Gymnasium Cottbus

RoßlArch, übertragen von Ernst-Friedrich Harmsen

Dipl. Ing. Ottmar Hans Julius Edler von Loessl
Teil eines Netzwerkes von Freunden rund um die Borsigs
20. August 1897 in Darmstadt–8. Juli 1983 in Köln

Ottmar von Loessl ist in seiner Kindheit ein begeisterter Sportler und Pferdenarr, so dass er den Ersten Weltkrieg bei den Feldzügen der Hannoverischen Königs-Ulanen mitmachte. Nach dem Krieg trifft er sich im Wettbewerb mit dem Hamburger Springreiter Eduard Pulvermann und der Springreiterin Armgard Prinzessin zur Lippe. Im Ingenieurstudium in Darmstadt lernt er im so genannten Sitte-Kreis, wo er wegen seines verwegenen Aussehens den Spitznamen Wladimir erhält, eine Reihe von Studenten um Victor Bausch, Theo Haubach, Oskar Henschel, Arnold von Borsig und Eberhard von Brauchitsch kennen, die ihm zu lebenslangen Freunden werden. Nach seinem Diplom reist er zusammen mit einigen ehemaligen Studienkollegen in die USA, wo er bei einem Vertreter der Maschinenfabrik A.BORSIG in den USA ein Praktikum macht. Bei BORSIG in Berlin wird er später bis 1932 Leiter des Kompressorenverkaufs, geht auf Vermittlung von Arnold von Borsig anschließend zur Maschinenfabrik Henschel nach Kassel. Da ihm die Firma zu „nazisch" ist, setzt er sich mit Brauchitsch in Verbindung, der ihn etwa 1937 in die Junkers-nahe Magdeburger Werkzeugmaschinenfabrik empfiehlt. Während des Krieges verlagert er Teile dieser Firma nach Straßburg, geht 1942 mit seiner Familie auch ganz dahin. Loessl erlebt den Anschlag auf Hitler am 20. Juli 1944 in Straßburg. Da er sich besonders in den Jahren 1942 bis 1944 zu Gesprächen mit Widerstandsleuten in Kreisau und in Groß Behnitz getroffen hatte, schickt er aus Furcht vor einer möglichen Sippenhaft seine Tochter mit einer französischen Hausangestellten zu deren Eltern und vernichtet alle schriftlichen Unterlagen, die ihn und seine Freunde hätten überführen können. Bis nach dem Kriegsende arbeitet er in der Leitung einer Offenburger Maschinenfabrik, bis deren Eigentümer aus der Gefangenschaft zurückkehrt. Nach 1947 wird er in die Geschäftsführung bei der Kölner Zuckerfabrik Pfeifer&Langen eintreten, immer in Kontakt mit den alten Freunden, auch mit Tet Arnold von Borsig und dessen Schwester Annelise Harmsen, mit der er gleich nach Kriegsende einen intensiven Briefaustausch zur Lage in Deutschland pflegt. Anfang der 1950er Jahre engagiert sich Loessl politisch in der FDP.

GBReih und GBBehn
Mitteilung Dr. Edla Loessl-Colsmann, 19. und 30.1.2012

Pastor Johannes Lux
Eine Pastorenlaufbahn und ihr Bezug zu Groß Behnitz in der Mark
Brandenburg
31. Januar 1874 in Ostrowo–22. Januar 1961 in Rostock

Karl Hugo Johannes Lux wird am 31. Januar 1874 in Ostrowo/Posen geboren und gut einen Monat später am 18. März 1874 getauft. Er stammt
aus einer vermutlich gutpreußischen Lehrerfamilie und wird mit fünfzehn
Jahren konfirmiert. Am 16. April 1889 erhält er das heilige Abendmahl bei
der Konfirmation. Seinen Großvater, der Geistlicher Prediger und Super-
intendent in Adelnau in Posen war, hat er nicht kennengelernt. Er verstarb
schon 1852.
Sein Vater Carl Lux war Königlicher Kreisschulinspektor in Posen, ging
nach der Pensionierung nach Bayern und starb dort am 25. Juli 1885. Seine
Ehefrau und Johannes' Mutter war Clara Lux geborene Schulz.
Johannes Lux hatte einen Bruder, den er von Behnitz aus unterstützte.

Johannes Lux besucht das Friedrich-Wilhelms-Gymnasium in Posen und
absolviert das Abitur dort einschließlich des Hebräischen, Lateinischen,
Griechischen und Französischen, alle mit gutem Ergebnis; er wird daher
von der mündlichen Prüfung befreit.
Anschließend studiert er in Breslau, Berlin, Marburg und wieder in Breslau
bis zum Sommersemester 1894 und meldete sich dann zu den theologi-
schen Prüfungen, die er in Posen absolviert.
1. theolog. Prüfung 18. April 1895 in Posen gut
2. theolog. Prüfung 27. Oktober 1896 in Posen gut
Seinen Grundwehrdienst leistet er im Landsturm mit der Waffe und wohnt
in Posen in der Luisenstraße 18.
Seine theologische Ausbildung vervollständigt Lux in den Jahren 1895–1896
als Helfer in den Zühlhorner Anstalten bei Stettin, anschließend wird er
1897–1899 Mitglied des Predigerseminares . Nach seiner Ordination zum
Geistlichen wird er vom 1. August 1900 bis zum 30. September 1901 Vikar
in Netzthal im Bezirk Bromberg, erhält am 1. Oktober 1901 seine erste
Pfarrstelle. Fünf Jahre ist Lux nun Pfarrer zu Padligar in der Diözese Zül-
lichau, wo ihm in Würdigung seiner Tätigkeit 1903 der Königliche Kro-
nenorden verliehen wird; er geht von dort am 1. November 1906 als dritter
Geistlicher zum Evangelischen Kirchlichen Hülfsverein und wird Militär-
pfarrer in Potsdam.

Noch im Kriege bewirbt er sich 1918 nach Behnitz, wo Ernst und Conrad von Borsig Patronatsherren sind, die ihn in sein Amt einführen. Am 1. Juni 1918 beginnt er als Pfarrer der Parochie Groß Behnitz an der Lehrter Bahn sein Amt und bleibt dort bis zur Verrentung aus Krankheitsgründen 1935 in Groß Behnitz.

Pastor Johannes Lux heiratet am 4. Februar 1919 die am 21. April 1875 geborene Hedwig Wendt, die bis zum Tode von Anna Borsig ihre Hausdame und treue Begleiterin gewesen war. Hedwig Wendt heiratet also mit 44 Jahren den gut ein Jahr älteren Pfarrer Lux.

Gelegentlich hilft „Wendtchen" noch bei Großmutter Anna Borsig, wird bald nach der Eheschließung schwanger und verhebt sich bei der Kranken, verliert ihr Kind dabei und wird nicht wieder schwanger.

1922 hatte sich Lux offenbar in Rostock beworben und wäre gerne positiv beschieden worden, wodurch die Pfarre Groß und Klein Behnitz verwaist gewesen wäre. Für die Gemeinde und Borsigs ein Schock, schätzte man doch die beiden Luxens außerordentlich. Mit Hinblick auf die immer wachsende Teuerung verzichtet Pastor Lux schließlich auf den Umzug und den Weggang von Behnitz.

Am 9. Oktober 1922 fragt Conrad von Borsig als Patronatsherr den Evangelischen Oberkirchenrat Berlin an wegen Neubesetzung der Pfarrstelle, da man die Kirche völlig neu instand gesetzt habe und die Weihe dann von einem neuen Pfarrer vornehmen lassen wolle, wenn Lux nicht bliebe. Am 23. November 1922 teilt der EOKR mit, dass Pfarrer Lux auf seine Berufung nach Rostock verzichtet habe (wegen der Teuerung), eine Erledigung der Pfarrstelle in Groß Behnitz also nicht eintrete.

Johannes Lux führt dann mit seiner Frau seine Gemeinde weiter bis zum Jahre 1935 bis in die Patronatszeit des jüngeren Ernst von Borsig, die dieser im September 1933 mit der Übernahme des Gutes antritt. Höchstes Kirchenlob hatte er zuvor 1930 nach einer Visitation durch Pfarrer Feller erhalten:

Betr.: Kirchenvisitation im Pfarrsprengel Groß Behnitz

Die Frauenhilfen beider Dörfer, sowie der Jungmädchenverein stehen in hoher Blüte [...]. Ein äußerer Beweis der gesegneten Wirksamkeit ist die Tatsache, daß trotz der überall sich bemerkbar machenden kirchenfeindlichen Mächte unserer Zeit wachsender Gemeindebesuch und der Abendmahlsgäste.

gez. Feller

Am 18. Januar 1933 will die Magdeburger Domgemeinde Pastor Lux aus Behnitz anstellen, er verzichtet darauf aber er auch wohl im Hinblick auf die politischen Spannungen und seinen dadurch geschwächten Gesundheitszustand. Er stellt einen Antrag auf Beurlaubung und sucht am 19. Februar 1935 um Pensionierung aus gesundheitlichen Gründen, die auch der Amtsarzt bestätigt, nach. Pfarrer Lux bittet das Konsistorium 1935, wegen Krankheit mit nun 61 Jahren in den Ruhestand gehen zu dürfen. Die ärztlichen und amtsärztlichen Untersuchungen bestätigen ihm seine Diensttauglichkeit, worauf er in den Ruhestand entlassen wird und die Gemeinde Behnitz verlässt. Er zieht mit seiner Ehefrau nach Rostock, wohin er schon 1922 als Pfarrer hatte gehen wollen, bleibt aber durch Besuche und Briefe in engem Kontakt zu der Familie Borsig und den Behnitzer Gemeindemitgliedern. Beide Luxens sterben kurz nacheinander Anfang 1961.

Akt Groß Behnitz des Evangelischen Zentralarchivs EZA Berlin
Akten des kgl. Consistorium der Prov. Brandenburg
ELAB 14/23568
GBReih und GBBehn
Schriftliche Todesanzeige an das Standesamt Rostock vom 25. Januar 1961.

Dr. Wilhelm Weise
Lehrer Ernst von Borsigs in Roßleben
4. Oktober 1891 in Luckenwalde (Sterbedatum nicht zu ermitteln)

Handschriftlicher Lebenslauf Dr. Wilhelm Weise
vom 17. März 1921

Lebenslauf.
Geboren wurde ich, Hermann Traugott Wilhelm Weise, evang. Konfession, am 4.
Oktober 1891 zu Luckenwalde, Provinz Brandenburg, als 2. Sohn des [...] Traugott Weise und seiner Ehefrau Paulina, geb. Rubold. Meine Schulbildung genoß ich zunächst auf dem Realgymnasium zu Luckenwalde, das ich 1907 nach bestandener Einjährigenprüfung verließ, dann auf dem königl. Realgymnasium zu Perleberg, wo ich 1910 ebenfalls unter Befreiung von der mündlichen Prüfung das Abiturientenexamen bestand. Ich ging Ostern 1910 nach Greifswald und widmete mich dort vom Sommersemester 1910 bis Sommersemester 1911 dem Studium der Mathematik, Physik und Geographie einschl. Geologie. Vom Wintersemester 1911 an bis Sommersemester 1914 setzte ich dann mein Studium in Halle fort. Bei Ausbruch

des Krieges meldete ich mich als Kriegsfreiwilliger und trat am 7. August 1914 als
Infanterist in den Heeresdienst ein. Durch Schrapnellschuß am 2.X.1914 schwer verwundet und für den Infanteriedienst untauglich geworden, ging ich nach meiner Genesung im Sommer 1915 zur Fliegertruppe, ließ mich als Flugzeugführer ausbilden
und gehörte – 1917 zum Leutnant d.R. der Fliegertruppe befördert – trotz noch
zweimaliger Verwundung im Luftkampf bis 23. November 1918 der Fronttruppe als
Kampfflieger an. Ich bin Inhaber des Eisernen Kreuzes I. und II. Klasse, des Ver-
wundetenabzeichens in weiß und des Flugzeugführerzeichens in Silber. Im Dezember 1918 kehrte ich nach Halle zurück, nahm mein Studium wieder auf und bestand
am 12. Dezember 1919 die Fachprüfung für die Lehrbefähigung in Mathematik,
Physik und Geographie für die I. Stufe, am 16. Dezember auf Grund einer Dissertation über „die Abhängigkeit der Dielektrizitätskonstanten flüssiger Kristalle von
der Temperatur" die Doktorprüfung und am 31. Juli 1920 auf Grund des Ministe-
rialerlasses vom 5.XI.17 die Prüfung in Philosophie. Das Provinzialschulkollegium
zu Magdeburg überwies mich zur Ableistung meines [Vorbereitungs]jahres am 18.
Dezember 1919 der Latina der Franckeschen Stiftungen zu Halle, wo ich am 2.
September 1920 die pädagogische Prüfung bestand. Da ich an der Latina weiterhin
nicht voll beschäftigt werden konnte als Mathematiker, nahm ich eine [Arbeits]stelle
an der Höheren Privatschule zu Querfurt an und heiratete am 2. Oktober 1920.
Am 22. Januar 1921 wurde ich vom Kuratorium der Schule zum Leiter gewählt als
Nachfolger des in den Staatsdienst zurückkehrenden Studienrates Dr. Schmidt.

Dr. Wilhelm Weise.
Querfurt, den 17. März 1921
MerseburgerStR 8.

Dr. Wilhelm Weises Bewerbung nach Roßleben

Querfurt, den 17. März 1921
Hochzuverehrender Herr Kammerherr!

Auf Veranlassung von Herrn Oberstudiendirektor Dr. Michaelis – Roßleben und
nach Rücksprache mit Herrn Oberschulrat Dr. Vogel, Provinzialschulkollegium
Magdeburg, erlaube ich mir, mich um die zu Ostern dieses Jahres freiwerdende Stu-
dienratsstelle eines Mathematikers und Naturwissenschaftlers an der Klosterschule
Roßleben auf Grund beiliegender Zeugnisabschriften und meines Lebenslaufes zu
bewerben.

Ich habe die facultas doc. für Mathematik, Physik und Geographie für die I. Stufe und bin als ehemaliger Realgymnasiast in der Lage, naturwissenschaftlichen Unterricht zu erteilen, der auch schon an der Latina zu Halle zu meinen Unterrichtsfächern gehörte. Für den Alumnatsdienst, den ich von den Franckeschen Stiftungen her kenne, habe ich großes Interesse und glaube mich dafür geeignet, da ich als ehemaliger Fliegeroffizier Sportliebhaber und außerdem großer Musikfreund bin.

Mein Bildungsgang geht aus beiliegendem Lebenslauf hervor. In Anbetracht meiner Kriegsdienstzeit ist meine Anziennität auf den 1.X.1917 festgesetzt worden, sodaß in dieser Hinsicht Schwierigkeiten für meine Anstellung nicht bestehen, da die Kriegsteilnehmer noch mit einer Anziennität bis 1.X.1918 in Studienratsposten einrücken können.

Auch der Lösung meines hiesigen Vertragsverhältnisses stehen Schwierigkeiten nicht entgegen, da ich mit Hilfe des Provinzialschulkollegiums einen Nachfolger für den Leiterposten an der hiesigen Schule in Vorschlag bringen kann.–

Einem günstigen Bescheide entgegensehend
zeichnet ganz gehorsamst

Dr. Wilhelm Weise, Studienassessor
Leiter der Höheren Privatschule Querfurt
Querfurt,
Merseburgerstraße 8.

Weise wird noch vor Beginn der Nazizeit von der Klosterschule Roßleben an seine Ausbildungsschule, der Lateinischen Hautschule der Franckeschen Stiftungen nach Halle zurückkehren und dort Schulleiter werden, ebenso wie vor ihm der ehemalige Roßlebener Schulleiter Prof. Dr. Walter Michaelis, der ihn wohl nach Roßleben geholt hatte.

RoßlArch, transkribiert durch EFH
Auskünfte Elke Wichmann, RoßlArch

[Johann-Georg, gen.] Botho von Wussow
Ein weltzugewandter Roßlebener um Yorck und
Borsig in Groß Behnitz
28. September 1901 in Lüneburg– 25. Mai 1971 in München

Wussows Eltern sind Waldemar von Wussow und Editha, geb. von
Dieskau. Der Vater war herzoglich sachsen-altenburgischer Wirklicher
Geheimer Rat, Staatsminister und Bevollmächtigter zum Bundesrat.
Botho von Wussow heiratet am 28. Juni 1937 die Engländerin Mary Pil-
cher. Ihr Sohn Peter wird 1938 geboren.

Als Schüler der Klosterschule Roßleben erreicht er die Unterprimareife
und macht in den Jahren 1921/22 eine Landwirtschaftslehre. 1923 geht er
zu Studien nach München und wandert 1924 nach Chile aus. Dort verwaltet er landwirtschaftliche Güter. Am 30. April 1935 kehrt er nach Deutschland zurück.
Vom 15. Juni 1935 bis zum 31. Dezember 1938 ist er Referent im England-
referat, dann Hauptreferent West in der Dienststelle Ribbentrop in Berlin;
während Joachim von Ribbentrops Botschafterzeit in London ist er auch in
London an der Botschaft. Bis zum 1. September 1939 übt er anschließend
eine Beratungstätigkeit für einen Versicherungsmakler aus. Ab dem 1. September 1939 ist er als „Wissenschaftlicher Hilfsarbeiter" im Auswärtigen
Amt in der Informationsabteilung, ab November 1942 Wirtschaftssachverständiger an der Gesandtschaft in Lissabon, wo er bis zum Kriegsende
und später bleibt, bis er am 23. August 1946 in britische Internierung nach
Neuengamme kommt.
In den Jahren 1947 bis 1958 lebt und arbeitet er wiederum in Chile und
wird dann Referent beim Bundesnachrichtendienst.
Als enger Freund des Diplomaten und Alt-Roßlebeners Albrecht (Teddy)
von Kessel und von Ulrich Wilhelm Graf von Schwerin von Schwanenfeld ist Wussow, obwohl älter, auch Ernst vertraut, da beide seine engen
Freunde sind und schon früher regelmäßig auf dem Borsigschen Reiherwerder und in Behnitz gewesen waren.
Zwischen dem 31. Mai 1941 und Oktober 1942 ist Wussow häufiger Besucher in Behnitz, zusammen mit Yorcks und Trotts, mit Gersdorffs, zuletzt wohl Anfang Oktober 1942, bis er mit Hilfe von Admiral Canaris und
der Freunde im Auswärtigen Amt im Rahmen der Informationsabteilung
als Wirtschaftssachverständiger an die Gesandtschaft nach Lissabon versetzt
wird, wo der mit Gudrun von Borsig verheiratete Oswald Freiherr von

Hoyningen-Huene deutscher Gesandter ist. Dieser bereitet 1941 gerade den Austausch der Mitglieder der deutschen Vertretungen in den USA mit denen der amerikanischen Botschaft in Berlin unter dem damaligen Gesandten George F. Kennan vor, denn diese deutschen Botschaftsangehörigen waren nach der deutschen Kriegserklärung an die USA drüben interniert worden und darauf vorbereitet. Über das neutrale Portugal können sowohl die amerikanischen wie auch die deutschen Diplomaten ausgetauscht werden und dann nach Hause zurückkehren.

PolArchAA zu Wussow und Hoyningen-Huene
GBBehn

Abkürzungen

AA	Auswärtiges Amt
AGD	Archiv Arndt-Gymnasium Dahlem Archiv – Abgangszeugnis HORS
APC	Akademisch-Politischer Club e.V. in München
ArchEFH	Archiv Ernst-Friedrich Harmsen
Ass.	Studien-Assessor im Schuldienst, Roßleben
AvB	Tet Arnold von Borsig
AvT	Adam von Trott zu Solz
BK	Bekennende Kirche des evangelischen Pfarrer-Notbundes während des Nationalsozialismus
DStA	Domstiftsarchiv Brandenburg, Ephoralarchiv Nauen, Parochialakte
EB	Geheimer Kommerzienrat Dr. ing. h.c. Ernst von Borsig
EFH	Ernst-Friedrich Harmsen
ELAB	Evangelisches Landeskirchliches Archiv Berlin
EOK	Evangelischer Oberkirchenrat, auch: Evangelischer Oberkonsitorialrat
E.O.	Evangelischer Oberkirchenrat Berlin-Charlottenburg
EZA Berlin	Evangelisches Zentralarchiv Berlin
GBBehn	Gästebuch Behnitz von 1934 bis 1945, Archiv Manfred von Borsig
GBReih	Gästebuch Reiherwerder, ArchEFH, 1898 bis 1931
HORS	Humboldt Oberrealschule Tegel, heute Humboldt-Gymnasium
IfZ	Institut für Zeitgeschichte München – Archiv, ED448/23 Ger van Roon
LAB A Rep. 226	Landesarchiv Berlin zu Borsig
LAB A Rep. 358	Landesarchiv Berlin zu den Auseinandersetzungen zwischen Nationalsozialisten und Kommunisten in Behnitz 1931
LMU	Ludwig-Maximilians-Universität München
MB	Moltke Briefe
NSDStB	Nationalsozialistischer Deutscher Studentenbund
oHG	offene Handelsgesellschaft

OStR	Oberstudienrat – Klosterschule Roßleben
PG	Parteigenosse, Mitglied der NSDAP
PolArch AA	Politisches Archiv des Auswärtigen Amtes Berlin
RoßlArch	Archiv der Klosterschule Roßleben
SJ	Societas Jesu; Angehörige des Jesuitenordens stellen diese Buchstaben ihren Namen nach
SMAD	Sowjetische Militäradministration in Deutschland nach der Besetzung 1945
StR	Studienrat – Klosterschule Roßleben
StS.	Staatssekretär
TBEB	Tagebuch Geheimrat Ernst Borsig in den Jahren 1903–1907, ArchEFH
TH	Technische Hochschule
UAM	Universitätsarchiv München

Quellen und Literatur

Akademisch-Politischer Club e.V. 1931, Satzung und Mitgliederliste, IfZ-Archiv ED 448/3 und ED 448/23

Alphabetisches Verzeichnis der Stadt- und Landgemeinden im Gau Niederschlesien mit den dazugehörigen Ortsteilen, Kolonien, Siedlungen, Dresden 1939.

Barth, Ilse: Zeitzeugenbefragung durch Hans-Christoph Harmsen, unveröffentlicht, Groß Behnitz 2008, übertragen von Ernst-Friedrich Harmsen.

Behrendt, Michael: Hans Nawiasky und die Münchner Studentenkrawalle von 1931, in: Michael Behrendt: Wissenschaft und Tagespolitik. Unruhen im Vorfeld der nationalsozialistischen „Machtergreifung". Unveröffentlichte Magisterarbeit, München 1999 UAM, G-XVI-34 Band 1, München o.J.

Berger, Joachim: Mark Brandenburg, freiheitlich und rebellisch, Berlin 1992.

Bernstorff, Dagmar Gräfin von: Behnitz 1945 – Das Ende einer Epoche. Dem Andenken an Ernst von Borsig gewidmet, unveröffentlicht, Neu Delhi 2009.

Bleistein, Roman (Hg.): Dossier: Kreisauer Kreis, Dokumente aus dem Widerstand gegen den Nationalsozialismus. Aus dem Nachlass von Lothar König S. J., Frankfurt a. M. 1987.

Bodelschwingh, Heinz von: Gästebucheintrag, GBBehn 21.6.1943.

Bodelschwingh, Heinz von: Brief an Arnold von Borsig, 27.1.1946, ArchEFH.

Borsig, (Tet) Arnold von Borsig: Briefe an den Bruder Ernst, LAB A Rep. 226 Nr. 1703, Dok 182/183 und Dok 184–188.

Borsig, Barbara von: Korrespondenz mit Ger van Roon, Über Adam von Trott zu Solz: IfZ-Archiv München, ZS/A-18/01-140.

Borsig, Barbara von: Über Forstwirtschaft in Behnitz und die Landarbeiterhäuser, IfZ-Archiv München, ZS/A-18/01-13.

Borsig, Barbara von: Über Peter Graf Yorck von Wartenburg am 30.6.1963, IfZ-Archiv München, ZS/A-18/01-138/39.

Borsig, Conrad von: Wo findet die deutsche Jugend neuen Lebensraum? ms Denkschrift, 28.08.1930, LAB A Rep. 226 Nr. 1601.

Borsig, Ernst: Briefe an Arnold von Borsig. Hs, übertragen von Ernst-Friedrich Harmsen, ArchEFH.

Borsig, Ernst: Briefe an Ernst von Borsig. Hs, übertragen von Ernst-Friedrich Harmsen, ArchEFH.

Borsig, Ernst: Briefe ins Feld an seinen Sohn Arnold von Borsig 1917/18. Hs, übertragen von Ernst-Friedrich Harmsen, ArchEFH.

Borsig, Ernst: Tagebucheinträge zwischen 1903 und 1907. Hs, übertragen von Ernst-Friedrich Harmsen, ArchEFH.

Borsig, Ernst von: Abituraufsatz 1925, RoßlArch, übertragen von Ernst-Friedrich Harmsen.

Borsig, Ernst von: Brief an die Eltern aus München, 27.6.1932 aus München: Hs, übertragen von Ernst-Friedrich Harmsen, ms Abschrift, LAB A Rep. 226 Dok Nr. 83.

Borsig, Ernst von: Briefe an Annelise von Borsig. Hs, übertragen von Ernst-Friedrich Harmsen, ArchEFH.

Borsig, Ernst von: Briefe an Arnold von Borsig. Hs, übertragen von Ernst-Friedrich Harmsen, ArchEFH.

Borsig, Ernst von: Reagrarisierung Deutschlands? Eine Untersuchung über ihre Möglichkeiten und Grenzen, Münchener Volkswirtschaftliche Studien N.F. Heft 21, Jena 1934.

Borsig, Ernst von: Schreiben an den Vorstand des Frauengefängnisses am 12.3.1945, LAB A Rep. 365 Nr. 44.

Borsig, Margarethe von: Reisetagebuch Mai 1910. Hs, übertragen von Ernst-Friedrich Harmsen, ArchEFH.

Brakelmann, Günter: Helmuth James von Moltke. 1907–1945, München 2009.

Brakelmann, Günter: Mitteilung vom 26.6.2011 an Ernst-Friedrich Harmsen.

Brandt, Karl: Brief an Arnold von Borsig, 10.8.1932, LAB A Rep. 226 Nr. 1360.

Brauchitsch, Eberhard von: Schreiben an Professor Dr. Rosenstock in Breslau, 17.1.1933, LAB A Rep. 226 Nr.1360.

Bredow, Gabriele von: Erinnerung an Behnitz, unveröffentlichtes Manuskript, o.O., o.J.

Burger, Adolf: Des Teufels Werkstatt. Die größte Geldfälscheraktion der Weltgeschichte, München 2007.

Conze, Eckart u.a.: Das Amt und die Vergangenheit. Deutsche Diplomaten im 3. Reich und in der Bundesrepublik, München 2010.

Dörner, Christian/Dörner-Fazeny, Barbara: Theodor von Hornbostel 1889–1973, Wien/Köln/Weimar 2006.

Dudek, Peter: Arbeitslagerbewegung und freiwilliger Arbeitsdienst 1920–1935, Opladen 1988.

Eckert, Hanns-Jörg: Mitteilung über Besucher in Behnitz an Ernst-Friedrich Harmsen am 2.9.2009, ArchEFH.

Einsiedel, Dr. Horst von: Briefstellungnahme an die SMAD vom 14.9.1945, Abschrift, ArchEFH.

Fritzsche, Kurt: Predigttext bei der Trauerfeier für Dr. Ernst von Borsig, 20.1.1946 Groß Behnitz, ms. Durchschrift, ArchEFH.

Gästebuch Behnitz von 1934–1945 [GBBehn], Archiv Manfred von Borsig.

Gästebuch Reiherwerder 7.5.1891–24.10.1931 [GBReih], ArchEFH.

Geyken, Frauke: Freya von Moltke. Ein Jahrhundertleben 1911–2010, München 2011.

Gollwitzer, Helmut: Kondolenzbrief an Arnold von Borsig, 13.3.1956, ArchEFH.

Gossweiler, Kurt: Kapital, Reichswehr und NSDAP 1919–1924, (Ost) Berlin 1982.

Grünfeld, Walter: Rückblicke. E-Publikation unter www.gutenberg.org/files/7049/old/8rblk10.txt.

Haak, Torbjörn: Mitteilung an Ernst-Friedrich Harmsen am 11.11.2011.

Harmsen, Annelise: Brief an Arnold von Borsig, Hamburg (Ende 1946), ArchEFH.

Harmsen, Annelise: Erinnerungen, unveröffentlicht, 1985.

Harmsen, Ernst-Friedrich: Tet Arnold von Borsig, 1899-1972, Firmenerbe, Ingenieur und Fotograf, unveröffentlichtes Manuskript, Berlin-Duschanbe 2014.

Helldorf, Hans-Peter von: hs Gedicht, GBReih 31.3.1925, übertragen von Ernst-Friedrich Harmsen.

Hildmann, Ina-Maria: Informationen zur Studienzeit ihrer Mutter Margarethe von Kries an Ernst-Friedrich Harmsen 2013.

Jantzen, Kyle T.: National Socialism as a Force for German Protestant Renewal? in: Dietrich, Donald J. (Hg.): Christian responses to the Holocaust: moral and ethical issues, New York 2003, S. 52-71.

Kunckel, Erna: Erinnerungen des ehemaligen v. Borsigschen Hausmädchens Erna Kunckel, geb. Schönbach an ihre Behnitzer Zeit, Interview durch Rita Jung, Schriften des Heimatvereins Behnitz e.V., Groß Behnitz 1999.

Landmann, Heinz: Schreiben an Ernst von Borsig und Einladung zur Tagung 23.–27.10.1931 vom 17.7.1931, ArchEFH.

Löcher, Bernhard: Das österreichische Feldkirch und seine Jesuitenkollegien „St Nikolaus" und „Stella Matulina". Höheres Bildungswesen und Baugeschichte im historischen Kontext, Frankfurt a. M. 2008.

Loessl-Colsmann, Edla Edle von: Mitteilungen an Ernst-Friedrich Harmsen, 19.1.2012 und 30.1.2012.

Moltke, Helmuth James Graf von: Abschrift Dankschreiben an Barbara von Borsig vom 12.10.1941, IfZ-Archiv, ZS/A-18/01-142.

Obst, Helmut/Raabe, Paul: Die Franckeschen Stiftungen zu Halle (Saale). Geschichte und Gegenwart, Halle 2000.

Perske, Frieda: Zeitzeugenbefragung durch Hans-Christoph Harmsen, unveröffentlicht, übertragen von Ernst-Friedrich Harmsen, Groß Behnitz 2008, ArchEFH.

Personenstand der Ludwig-Maximilians-Universität München, Sommerhalbjahr 1926, München 1926.

Personenstand der Ludwig-Maximilians-Universität München, Winterhalbjahr 1932/33 , München 1932.

Richter, Erik/Richter, Walter: Interview durch Hans-Christoph Harmsen, Groß Behnitz, 18.8.2008, übertragen von Ernst-Friedrich Harmsen, ArchEFH.

Rosenstock-Huessy, Eugen: hs an Arnold von Borsig, 9.7.1933, LAB A Rep. 226 Nr. 1703, Dok 182/183, übertragen von Ernst-Friedrich Harmsen.

Rosenstock-Huessy, Eugen: hs an Arnold von Borsig am 10.8.1933, LAB A Rep. 226 Dok 184–188 übertragen von Ernst-Friedrich Harmsen.

Rosenstock-Huessy, Eugen: hs an Ger van Roon, IfZ-Archiv, ZS/A-18/06 – 174–182, übertragen von EFH.

Roßleber Nachrichten, Chronik der Anstalt Nr. 4, Januar 1925, ArchRoßl.

Ruhm von Oppen, Beate (Hg.): Helmuth James von Moltke: Briefe an Freya 1939–1945, München 2005.

Rüstow, Alexander: Briefe an Ger van Roon, 12.12.1962, 20.12.1962 und 1.2.1963, IfZ-Archiv ZS/A-18/06 – 192–195.

Schulz, Margret: Erinnerungen in einem Filminterview durch Hans-Christoph Harmsen, unveröffentlicht, Berlin 2011, übertragen von Ernst-Friedrich Harmsen, ArchEFH.

Spreti, Ina von: Gästebucheintrag, GBBehn 22.6.1942.

Stober, Michael: Bericht eines Zeitzeugen zum Brand im Schloss Groß Behnitz, Mitteilung an Ernst-Friedrich Harmsen am 24.2.2015.

Thun, Hans-Peter: Agrarpolitische Weekends, Groß Behnitz, Borsigs und die Kreisauer, in: *Reichwein forum*, Nr.16, Mai 2011, S. 50–60.

Trotha, Bernhard von: hs Gedicht, GB Reih 31.3.1925, übertragen von Ernst-Friedrich Harmsen.

Trott zu Solz, Adam von: Zwei Briefe an Barbara von Borsig. Briefabschriften im IfZ-Archiv, Brief vom 6.5.1942 in ZS/A-18/01-143, Brief vom 16.6.1943 in ZS/A-18/01-141.

Trott zu Solz, Clarita von: Adam von Trott zu Solz. Eine Lebensbeschreibung, Berlin 2009.

Tuchel, Johannes: Schüler der Klosterschule Roßleben im Widerstand gegen den Nationalsozialismus. Lehrer, Schüler und Mitarbeiter der Klosterschule Roßleben als Opfer der sowjetischen Besatzungsmacht, eine Dokumentation der Gedenkstätte Deutscher Widerstand und der Stiftung 20. Juli 1944 in Kooperation mit der Stiftung Klosterschule Roßleben, Berlin 2014.

Turner, Henry Ashby: Die Großunternehmer und der Aufstieg Hitlers, Berlin 1985.

Völkischer Beobachter, Reichsausgabe, München, Sonntag/Montag, 28./29.6.1931.

Volksbund Deutsche Kriegsgräberfürsorge: Mitteilung Nr. 846143 der Abteilung Gräberdienst vom 10.8.2011 an Ernst-Friedrich Harmsen, ArchEFH.

Vollmer, Antje: Doppelleben. Heinrich und Gottliebe von Lehndorff im Widerstand gegen Hitler und von Ribbentrop, Frankfurt a. M. 2010.

Wätjen, Eduard: Brief an Ger van Roon vom 25.8.1962, IfZ-Archiv ZS/A-18/09-39.

Winckler, Stefanie: Die Grabanlage der Familie von Borsig auf dem Kirchhof in Groß Behnitz, Mitteilungsblatt Heft 3, S. 121–128, 110. Jg. (2009), Landesgeschichtliche Vereinigung für die Mark Brandenburg e.V., o.O. 2009.

Wrangel, Georgia von: Mitteilung über Töschwitz an Ernst-Friedrich Harmsen, 27.12.2011.

Wussow, Botho von: Brief an Dr. Ulrich Sahm am 4.12.1954 aus Santiago de Chile, PolArchAA.

Personen- und Ortsregister

Riehm, Konsistorialrat 109, 111, 114

Rösch, Augustin 135

Roosevelt, Franklin D. 137, 139

Rosa, polnisches Kindermädchen bei Borsigs 92

Rosenstock-Huessy, Eugen 126 f., 137, 183

Roßleben 14 f., 19–24, 26–31, 33, 82, 142, 144, 178, 185 f., 190–193, 207

Rüstow, Alexander 127, 139

Rummelsburg 49

Rumohr, Gabriele von (verheiratete von Bredow; siehe dort)

Rumohr, Otto von 21, 24, 74, 88, 146, 152, 181 f.

Rumohr, Waltraut von 123, 152, 157, 181

Sayn-Wittgenstein, Gustav-Albrecht Erbprinz von 29 f., 33 f., 88

Scharfenberg, Schulfarm 21 f., 177

Schlange-Schöningen, Hans 135

Schlitter, Oskar 151, 181 f.

Schmidt, Friedrich 110, 113 f.

Schmidt, Pfarrer in Flatow 101

Schmölders, Günter 182

Schnitzler, Cornelia von, verheiratete von Kries, später von Blumenthal 19, 66, 145

Schnitzler, Hedwig von, geborene Borsig 58, 169

Scholl, Hans 59 f., 149 f.

Scholl, Sophie 59 f., 149 f.

Schondorf/Ammersee, Landheim 137

Schubert, Hedwig 122

Schulenburg, Detlev Graf von der 62, 68

Schulenburg, Edelgard Gräfin von der 29

Schulenburg, Werner Graf von der 119

Schulpforta 19

Schwerin von Schwanenfeld, Ulrich Wilhelm Graf von („Uwi") 30, 88, 91, 134, 144 f., 182, 193

Sellin/Pommern 49

Senß, Hermann 109, 114

Seuffert, Walter 56 f. 59, 61, 64, 66 f., 68, 91

Siemens, Annabel („Mummi") 129, 153, 160 f.

Siemens, Bertha, geborene Gräfin Yorck von Wartenburg („Püzze") 182

Siemens, Friedrich Carl („Fritz") 129, 181, 182

Siemens, Elise von 83 f., 88 ff.

Siems, Friedrich Wilhelm 103, 108, 115

Spreti, Karl Graf von 62, 181

Stackebrandt, Reinhold 104 ff., 108

Stauß, Emil Georg von 95

Stolp 49, 135

Stauffenberg, Claus Schenk Graf von 128, 142, 145, 153

Strieder, Jakob 56

Stülpnagel, von, Gutssekretärin 153

Talbendorf 40 f.

Thomé, Eugenie 28

Tindall, Richard Gentry 139

Töschwitz/Niederschlesien 15, 37, 40–51, 131

Treviranus, Gottfried 55

Danksagung

Zahlreiche Menschen haben geholfen, dass diese Studie entstehen konnte. Ich nenne hier nur Elke Wichmann von der Klosterschule Roßleben, bereitwillige Helfer im Arndt-Gymnasium Dahlem, Archivare im Landesarchiv Berlin, im Evangelischen Landesarchiv Berlin und im Domstiftsarchiv Brandenburg. Unter den Zeitzeugen sei Dagmar Gräfin von Bernstorff sowie ihrer jüngeren Schwester Gabriele von Bredow, geborene von Rumohr gedankt, insbesondere aber dem Sohn von Ernst von Borsig, Manfred von Borsig, der Wesentliches zum familiären und Freundesumfeld seiner Eltern beitrug. Ohne die forschende Tätigkeit von Hans-Christoph Harmsen wären Zeitzeugenberichte sowie Informationen zur Entwicklung in Behnitz nach dem Krieg und nach der deutschen Wiedervereinigung wohl nicht mehr greifbar. Im Übrigen danke ich dem Verlag für die unermüdliche Betreuung bei den Korrekturen und das Zusammenfügen der Unterlagen zu dieser Form.